清末直隶警政研究

谢明刚　著

群众出版社
·北　京·

图书在版编目（CIP）数据

清末直隶警政研究/谢明刚著．—北京：群众出版社，2019.6

ISBN 978-7-5014-5946-9

Ⅰ.①清…　Ⅱ.①谢…　Ⅲ.①警政—研究—中国—清后期　Ⅳ.①D691.6

中国版本图书馆 CIP 数据核字（2019）第 095918 号

清末直隶警政研究

谢明刚　著

出版发行：群众出版社
地　　址：北京市丰台区方庄芳星园三区 15 号楼
邮政编码：100078
印　　刷：三河市荣展印务有限公司

版　　次：2019 年 6 月第 1 版
印　　次：2019 年 6 月第 1 次
印　　张：16
开　　本：787 毫米×1092 毫米　1/16
字　　数：250 千字

书　　号：ISBN 978-7-5014-5946-9
定　　价：55.00 元

网　　址：www.qzcbs.com
电子邮箱：qzcbs@sohu.com

营销中心电话：010-83903254
读者服务部电话（门市）：010-83903257
警官读者俱乐部电话（网购、邮购）：010-83903253
综合分社电话：010-83901870

目　录

前　言

清末，清政府实行新政，在此大背景下直隶警政创办。而西方警政思想的日渐传播，天津租界和都统衙门的示范效应，直隶地区官民思想的日趋开化及多任直隶总督的开明思想，都为直隶省能够在全国率先创办警政提供了必要条件；帝国主义列强为维护自身在华利益对清政府改革的呼吁，特别是归还天津的种种苛刻条件①，则成为清末直隶警政创办的直接原因。

清末直隶警政最先于省城保定试办，发展于商埠天津。清政府收回天津后，将在保定训练的部分巡警调往天津，并在天津设立了天津南段巡警总局，统辖天津警务。保定、天津巡警在稳定地方社会秩序、加强社会控制方面作用明显，成绩显著，于是直隶总督决定在直隶所属各州县大力推广警政。随着警政在直隶全省各地的推广，建立一个统一的警务领导机构成为迫切需要。光绪三十二年，直隶警务处在保定设立，它是直隶全省警政的最高领导机构。直隶警务处采取切实措施督促直隶所属各州县认真兴办警政，有力地促进了直隶警政建设。借鉴直隶的成功经验，光绪三十三年五月，清政府决定在全国各省设置巡警道，管理全省警察事务。但是，由于种种原因直隶巡警道迟迟未设，直到宣统二年才将警务处裁撤，设置巡警道，此时距清朝灭亡只有一年多时间了。在这有限的一年多时间里，直隶巡警道还多次易人，历任巡警道实际任职时间都不长，最长的也只有七个月而已，因此直隶巡警道对直隶警政建设的作用是有限的。直隶巡警道自设置后，主要作用在于设官建制，遵章统一警制等方面。

对于清末直隶警政的研究，除了对其发展过程的考察，其制度设计、警察的职能与实效、警政与地方社会的关系、清末直隶警政的特点、正向效应与不足等也都是必不可少的内容。

清末直隶警政的制度设计，主要从巡警官兵来源、警察教育、督查奖惩及抚恤、警薪及办警经费筹措等方面进行了分析。

清末直隶警察的职能可分为两大部分。首先是维护社会治安，巩固政府统

① 1900 年八国联军侵华，攻占天津，设立都统衙门统治，1902 年列强将天津归还清政府，但提出了种种苛刻条件，详见本书第二章第二节天津警政的创办。

治，这也是清政府建立近代警察制度的根本出发点。为此，清政府赋予了警察清查户口、管理游民乞丐、禁赌禁烟、查禁缉捕、监管报刊舆论与集会结社等职能。其次，近代警察制度的建立不仅是政府统治的需要，也是社会发展的需要。清末近代城市迅速兴起，就直隶来说，保定尤其是天津，城市规模不断扩大，经济繁荣，人口众多。近代城市需要新型的市政管理机构来负责，这一责任大部分落到了近代警察的肩上，如市场营业管理、卫生防疫管理、路政交通治理、陋俗陋习整顿等。因此，虽然警察的根本职能是维护政府统治，但也在客观上促进了清末城市的发展。不过，在实际运行过程中，由于受到巡警官兵素质、警政经费、传统观念等多方面的影响和制约，直隶警政的实际效能还需要进行认真全面的分析，才能得出客观公正的评价。

清末直隶警政与地方社会的关系主要涉及与直隶地方自治、地方士绅和旧治安组织等三方面。清末新政时期，地方自治兴起，社会各界人士较为普遍地将警政视为地方事务或地方绅民必须要切实关心的事务，因此在地方自治兴办后自然地将警政视为地方自治范围内的重要事务之一，对警政的兴办产生了较大影响。与此同时，警政又在选举区划、人口调查、卫生治理、道路工程等许多方面为地方自治的兴办预先进行了准备，对直隶地方自治的兴办具有积极的作用。士绅在中国地方社会治理中长期扮演着重要角色，发挥着举足轻重的作用。清末直隶警政的兴办过程中，地方士绅也发挥了重要作用。他们不但直接参与办理警政，而且为警政建设慷慨捐款，并通过多种途径监督警政建设，建言献策。至于保甲、团练、绿营等旧治安组织，在兴办警察的过程中，直隶各地采取了不同的处理措施。有些州县是对旧治安组织予以保留，并加强整顿；有些州县是将旧治安组织改练为新式警察；有些州县则是对其进行了彻底裁撤。这一情况导致清末直隶省就全省而言是警察与旧治安组织交融并存，共同维持地方社会治安，而具体到某些城市、州县也是如此。

与同时代其他各省警政建设相比，直隶警政的成绩是非常突出的，不仅为全国各省办警所仿效，而且对清廷的办警政策也产生了极大影响，在中国近代警察制度的创建过程中产生了极其深远的影响。但是，清末直隶警政也存在深受经费不足的长期困扰，警政发展不平衡，警政建设因人而异，人治特征明显等不足之处。

绪　论

一、选题缘由

加强社会控制、维护社会稳定，是一个国家政权稳定的前提和保障，也是社会发展的基础。社会的稳定有序依赖治安组织的发展与完善。在现代社会中，这一治安组织可以统称为警察。但是对中国来说，“警察”却是个舶来品，“警察”一词是清末时从日文翻译而来的，是近代才出现的新生事物，确切地说是清末新政时期才出现的新生事物。中国传统社会中虽然也有行使警察职能的组织力量，如绿营、团练、保甲、官府衙役等，但它们都是部分地承担警察的职能。清末在建警过程中也部分地吸收了这些传统治安组织的人员、装备等，但更多是对近代西方警察体制的移植。虽然警政①在清末仅创建了十年左右，但它的开创之功、奠基之劳，都是无可厚非的。清末的建警模式、警政思想等，对后来的北洋军阀统治时期和南京国民政府时期的警政建设也都产生了重大影响。警察制度作为一种新的社会控制手段，其在中国社会的发展演进、建设状况、效果评价、对近代社会的影响等等，均值得我们深入思考与研究。这是本书选择清末警政作为研究对象的一个重要原因。

---

① 对于警政的界定，北京警察学院万川教授主编的《中国警政史》认为“警政是指按照统治阶级意志所规范的，由国家警察机关具体实施的，围绕维护国家安全和社会治安秩序等内容展开的一系列管理活动”。随后该书又对警政的概念进行了具体解释，指出：警政是对有关警察的国家和政府事务的统称。有关警察的国家事务，主要是指国家权力机关有关警察事务的立法活动，具体包括对警察机关性质职能的规范，对警察机关设置、队伍建设和管理体制的规范，对警察机关的业务范围和权力义务的规范，对警察机关的后勤保障的规范等内容。有关警察的政府事务，主要是指国家行政机关有关警察事务的具体执法或管理活动，具体包括机构设置、队伍建设、业务活动、后勤装备等内容。从具体业务上看，警察的政府事务包括政权保卫、犯罪侦查、治安秩序管理、特种行业管理、危险物品管理、交通管理、消防管理、户籍管理、国籍管理、出入境事务管理、国（边）境地区治安秩序管理、司法秩序管理、罪犯改造与监狱管理等内容。韩彦龙、苏一功所著的《中国近代警察史》一书中大量使用了“警政”一词，但是并未对该词进行概念界定，不过综观全书，显然与《中国警政史》的理解相似。本书对警政的概念理解采用《中国警政史》的解释。

本书选择清末警政作为研究对象的另一个重要原因是，清末新政是近年来史学界的研究热点之一，相关的著作论文数不胜数，但是与这些研究成果相比，警政史的研究却是相对薄弱的。著作只有寥寥几部，论文较之于著作还算丰富，但是，“研究主题和内容过于狭窄，这一现象集中表现为就警察研究警察，内容多为警察制度、警察教育、经费等，没有把警察放在国家和社会的背景下加以考察，例如，警察与国家政权的关系，警察与地方实力派的关系，警察与社会的关系等”①。（本书绪论“既往成果举要”部分将对此进行详细论述）

本书之所以在清末全国各省中选择直隶省警政作为研究对象有以下几点原因：第一，直隶省位置特殊。直隶省位于天子脚下，拱卫京师，现在北京市所辖的房山、通州、顺义、昌平、大兴、怀柔、平谷、密云等地在清末都是直隶省顺天府的辖地，因此直隶省的一举一动都会对清廷产生很大的影响。第二，直隶省在清末各省中较早地受到西方的冲击和影响，直隶省所属重要港口城市天津更是深受西方的侵略和影响，美、英、法、德、日、意等国列强都在天津建有租界，并将西方的市政管理方式、理念以及西方的生活方式、思想等慢慢输入，使得直隶人耳濡目染，对直隶人民的生活方式和思想等产生了着潜移默化的影响，其中也包括世人对警察的认识与践行。第三，直隶总督位高权重，尤其是在晚清，直隶总督的影响更是巨大，在晚清的外交、军事、经济、新政等方面都起着举足轻重的作用，是史学界研究的重点领域之一。晚清名臣曾国藩、李鸿章先后出任过直隶总督，此二人对清朝乃至近代中国的影响自不待言，学界的研究也都比较深入。李鸿章之后北洋军阀的鼻祖袁世凯先后三次出任直隶总督，前后任职长达六年之久。他苦心经营直隶和北洋势力，借此走上了权力的巅峰。外国学者也认为“作为直隶总督的袁世凯政治势力非常强大，任何一个地方总督都无法与之相比”②。袁世凯除担任直隶总督兼北洋大臣外，还同时在朝廷中身兼数职，如督办政务处参预政务大臣、练兵处会办大臣、会议商约大臣、督办电政大臣，督办关内外铁路、津镇铁路、京汉铁路大臣，等等。他既直接参与了朝廷的新政决策，又积极推动了地方新政的实施。许多重要的新政措施，往往都是先从直隶试办，然后向全国推广，由各省具体施行。因而在清末新政中，直隶新政举措成为各省效仿的典范，所谓“中国各省新政之布，必资模范于北洋”③。警政也是如此。直隶警政正是在袁世凯任直隶

---

① 陈静：《中国警察史研究的回顾与展望》，载《学理论》2011年第16期。

② Stephen R. Mackinnon：Power and Politics in Late Imperial China：Yuan Shi-kai in Beijing and Tianjin，1901—1908，University of California Press，1980年，第61页。

③《学员李廷玉、臧守义、陈宝泉、刘宝和、陈清震等筹议义务教育办法十四条禀并批》，甘厚慈：《北洋公牍类纂》，文海出版社1966年版，第828、829页。

总督时兴办的。因此，直隶警政的研究对于进一步深入研究直隶总督特别是对袁世凯的研究都是非常有帮助的，也是非常必要的。第四，直隶警政不但是当时全国各省中兴办较早的，而且是兴办最好的，是各省效仿的榜样。清末，虽然清政府在庚子之役后即光绪二十七年七月三十日（1901 年 9 月 12 日）颁布办警上谕，但是地方警政的兴办热潮却是从直隶省兴办警政之后开始的。光绪二十八年四月（1902 年 5 月），袁世凯在直隶省城保定创办巡警，成效卓著，并于同年七月五日（1902 年 8 月 8 日）将巡警创办情形具折上奏。清廷对直隶警政的创办极为重视，而且对袁世凯所取得的成绩很是满意，在此折上奏两个月后即下谕："前据袁世凯奏定警务章程，于保卫地方一切甚属妥善，著各直省督抚仿照直隶章程奏明办理，不准视为缓图，因循不办。"① 随后，全国各省开始遵旨大力兴办警政，直隶警政更成为他们的仿效对象。所谓"各行省推行警政以北洋为模范，各行省之采用警员以北洋为渊薮，北洋实为警界众矢之的"②。第五，清末直隶警政的系统研究不但可以进一步加深中国近代警察史研究，而且对完善中国警政史乃至中国政治制度史的研究也有所裨益。同时，近代直隶警政的系统研究对进一步深化近代河北地方史研究也是有积极意义的，对当下河北省大力推行的燕赵文化研究也是有帮助的。

本书选择清末直隶警政作为研究对象，除上述原因外，还有以下两个方面的原因。第一，笔者对警察史的研究一直比较感兴趣。早在硕士研究生期间就以《清末直隶警政述论》为题，对清末直隶警政进行了粗浅探讨，毕业几年来对此问题也是一直关注，并时刻注意搜集资料，整理思想，越来越感觉到当年的硕士论文限于当时材料收集渠道、方式和水平能力等方面的原因，研究还不完善、深入，需要进一步加强，以达到对清末直隶警政有一个更为客观、公正、全面的认识。第二，与笔者的工作经历有关。自硕士毕业后笔者即进入警校任教，至今已有十余年，对当今的警务工作有着切身的实践感受，对警政史的研究也有着不同于他人的感知。而且，十年来借助警校这一优势平台在警政史方面积累了一定的资料。

二、既往成果举要

警察制度本身在中国建立的时间相对较晚，警察这一新生事物在清末才在中国大地上出现；加之，在相当长的一段时间里，"关于警政史的研究，在一

① 朱寿朋：《光绪朝东华录》，中华书局 1958 年版，第 4935 页。

② 《直隶警察杂志》第一期，发刊词，北京大学图书馆藏。

般学者的心日中，总觉得算不上是一门大学问，故多不屑一顾”[①]；同时，新中国成立后直至改革开放前的一段时间，由于思想意识、史学研究方法与模式等方面的原因，警察史的研究一直未提上日程。这些情况导致了中国近代警察史的研究起步晚，成果少，总体研究薄弱的现象。正如中国近代警察史研究专家韩延龙所说："在我国，维护社会治安的机构和官员早已有之，但警察称谓及其相关制度则是近代社会的产物。从警察出现到其制度基本确立，大约经过了半个多世纪的历史。然而长期以来，对中国近代警察及相关制度的研究却是一块亟待开拓的园地，据我们所知，建国以前没有出版过近代警察史的专门著作，建国后对这门专史的研究也未受到足够的重视。"[②]

此种现象到了二十世纪八十年代才发生变化。改革开放之后，大陆学术界解放思想，学术研究开始百花齐放、百家争鸣。与此同时，港台学界也开始重视中国近代警察史的研究。一些高质量的中国近代警察史研究成果陆续问世，但是到目前为止，有关中国近代警察史的著作还是屈指可数的，主要著作有以下几部：（1）《清末民初我国警察制度现代化的历程（一九〇一——一九二八）》（1984年）[③]，该书是台湾方面较早的具有重要学术价值的警察史研究专著，分我国传统保安制度的探讨、国人对于近代警察之认识及我国警察的萌芽、警察制度的创立、各省警政之建立与发展、民国初年警务之发展与演变等五个部分，论述了1901年至1928年中国近代警察制度产生、发展的历程。该书虽然较完善地论述了中国近代警察的发展情况，但是对一部探讨整个中国近代警察史的专著来说，还不够详尽，所参考的资料也有限。(2)《中国近代警察制度》（1993年）[④]，该书是大陆学者系统研究中国近代警察史的第一部著作，对中国近代警察史的研究具有开拓意义。作者大量利用了档案等原始资料，对中国近代警察制度的产生、形成、发展进行了系统论述，并探究了中国近代警察的性质、职能、教育及其主要规章制度等。(3)《中国近代警察史》(2000年)[⑤]，该书与上书为同一作者，是上书研究成果的进一步深化，与上书相比资料更为翔实丰富，全书分清末、民初和南京国民政府三个历史阶段对中国近代警察史进行了较全面的论述，值得一提的是该书的“地方警政”部

---

① 王家俭：《清末民初我国警察制度现代化的历程（一九〇一——一九二八）》，商务印书馆1984年版。

② 韩延龙、苏亦工等：《中国近代警察史·序言》（上册），社会科学文献出版社2000年版。

③ 王家俭：《清末民初我国警察制度现代化的历程（一九〇一——一九二八）》，商务印书馆1984年版。

④ 韩延龙主编：《中国近代警察制度》，中国人民公安大学出版社1993年版。

⑤ 韩延龙、苏亦工等：《中国近代警察史》，社会科学文献出版社2000年版。

分，对直隶、广东、四川等省份的警政史进行了探讨，但是篇幅较小，深度不够。这与该书主要注重对中国近代警察史进行整体研究的思路是一致的。(4)《中国警察近代化研究——以法文化为视角》(2006 年)①，该书为作者的博士论文，作者试图“以法文化为视角，考察中国警察法制及其环境，论证中国警制的近代化”②。围绕这一思路，全书从近代警制的引进与警察法制的创建、中国近代警制的统一化、中国近代警制的社会化、中国近代警制的法制化、中国警制近代化环境的考查等几个方面进行了论述。

除上述四部中国近代警察史的研究专著外，还有一些中国警察通史的研究著作，其中也涉及了近代警察史。较早的如《中国警察制度简论》(1985 年)③，该书是一部有关中国历代警察问题的论文集，论述了中国历代警察机构、刑侦情报、治安管理、边防工作、宫廷警卫等多方面的内容。但是该书详古略今，涉及中国近代警察的论文只有三篇。此外，林伟业的《中国警察史》(1993 年)④、万川的《中国警政史》⑤、穆玉敏的《北京警察百年》⑥ 等著作对中国近代警察史也有涉及。

较之于著作而言，论文产量是比较丰富的，涉及近代警察史的方方面面。鉴于此，本书主要就清末警察史的相关论文做一归纳与述评。到目前为止，有关论文主要集中在清末警察制度的创建与发展、警察教育、清末人士与警政、地方警政等方面。由于文章众多，本书只能选择其中有代表性的文章做一列举和简述。

关于清末警察制度的创建与发展的文章有：金旭的《我国近代的警察》⑦，帅建祥的《清末巡警制度述论》⑧，于树斌的《清朝末年与民国时期警察机关

① 孟庆超著：《中国警察近代化研究——以法文化为视角》，中国人民公安大学出版社 2006 年版。

② 孟庆超著：《中国警察近代化研究——以法文化为视角》，中国人民公安大学出版社 2006 年版，第 1 页。

③ 中国社会科学院法学研究所法律史研究室编著：《中国警察制度简论》，群众出版社 1985 年版。

④ 林维业等著：《中国警察史》，辽宁人民出版社 1993 年版。

⑤ 万川著：《中国警政史》，中华书局 2006 年版。

⑥ 穆玉敏著：《北京警察百年》，中国人民公安大学出版社 2004 年版。

⑦ 金旭：《我国近代的警察》，载《电大法学》1984 年第 3 期。

⑧ 帅建祥：《清末巡警制度述论》，载《四川师范学院学报（社会科学版）》1997 年第 2 期。

预审制度探究》[1]，黄晋祥的《论清末警政演变的历史轨迹》[2]、《日本与清末警政》[3]、《绅商与清末的办警方式及其经费问题》[4]，吴沙的《清末传统治安制度向近代警察制度的转变》[5]，孟庆超的《简论清末巡警的创建》[6]、《论近代中国警察权力的程序化》[7]、《论近代中国警察权力行使的统一化》[8]、《清末建警失败原因分析》[9]，夏敏的《晚清时期中国近代警察制度建设》[10]，杨玉环的《论中国近代警察制度的开创》[11]，侯利敏的《中国近代警察制度的形成与发展》[12]，刘增合的《鸦片税收与清末警政改革》[13]，李宁的《略论促成清政府建立近代警察制度的主要原因》[14]，郭玉家、马学春的《清末新政与中国警政近代化》[15]，赵平的《论近代警察制度在中国的形成与发展》[16]，孟庆超、牛爱

---

① 于树斌：《清朝末年与民国时期警察机关预审制度探究》，载《中国人民公安大学学报》1997 年第 5 期。

② 黄晋祥：《论清末警政演变的历史轨迹》，载《社会科学家》1997 年第 2 期。

③ 黄晋祥：《日本与清末警政》，载《历史教学》1998 年第 3 期。

④ 黄晋祥：《绅商与清末的办警方式及其经费问题》，载《晋阳学刊》2002 年第 6 期。

⑤ 吴沙：《清末传统治安制度向近代警察制度的转变》，载《公安研究》2001 年第 2 期。

⑥ 孟庆超：《简论清末巡警的创建》，载《理论探索》2002 年第 6 期。

⑦ 孟庆超：《论近代中国警察权力的程序化》，载《云南大学学报（法学版）》2005 年第 6 期。

⑧ 孟庆超：《论近代中国警察权力行使的统一化》，载《武警学院学报》2006 年第 2 期。

⑨ 孟庆超：《清末建警失败原因分析》，载《中国人民公安大学学报》2002 年第 5 期。

⑩ 夏敏：《晚清时期中国近代警察制度建设》，载《江苏警察学院学报》2003 年第 4 期。

⑪ 杨玉环：《论中国近代警察制度的开创》，载《辽宁大学学报（哲学社会科学版）》2003 年第 6 期。

⑫ 侯利敏：《中国近代警察制度的形成与发展》，载《河南政治管理干部学院学报》2004 年第 6 期。

⑬ 刘增合：《鸦片税收与清末警政改革》，载《江苏社会科学》2004 年第 4 期。

⑭ 李宁：《略论促成清政府建立近代警察制度的主要原因》，载《河北法学》2004 年第 1 期。

⑮ 郭玉家、马学春：《清末新政与中国警政近代化》，载《许昌学院学报》2003 年第 3 期。

⑯ 赵平：《论近代警察制度在中国的形成与发展》，载《郑州航空工业管理学院学报（社会科学版）》2004 年第 4 期。

菊的《中国警政近代化过程中的文化阻力》[①] 和《试论近代中国警政遭遇的经济困惑》[②]，鄢定友、郝骥、倪根宝的《清末巡警部创建的历史考察》[③]，杨玉环的《试论中国近代警察制度的特点》[④]，王良胜的《扩张与困顿：从警政经费看晚清地方警政建设》[⑤]，吕惠玲、杨亚敏的《从新制度经济学角度看晚清近代警政的创建》[⑥]，夏菲的《论清末我国对西方警察制度的移植》[⑦]，周执前的《清末警政与中国城市管理的法治化》[⑧]，苏全有、殷国辉的《清末巡警部成立的原因探析》[⑨]，彭雪芹的《晚清"巡警军"考析》[⑩] 和《晚清议设巡警道初探》[⑪]，梁翠、杨晓辉、王好的《巡捕与警察——论我国近代警察产生的萌芽》[⑫]，梁翠的《论清末政府的警政建设及其得失》[⑬]，汪勇的《略论清末警政建立对租借警察的借鉴》[⑭] 和《中国近代警察勤务制度的早期探索》[⑮]，李

① 孟庆超、牛爱菊：《中国警政近代化过程中的文化阻力》，载《湖南公安高等专科学校学报》2005 年第 2 期。

② 孟庆超、牛爱菊：《试论近代中国警政遭遇的经济困惑》，载《山东警察学院学报》2005 年第 1 期。

③ 鄢定友、郝骥、倪根宝：《清末巡警部创建的历史考察》，载《湖北警官学院学报》2007 年第 6 期。

④ 杨玉环：《试论中国近代警察制度的特点》，载《齐鲁学刊》2007 年第 2 期。

⑤ 王良胜：《扩张与困顿：从警政经费看晚清地方警政建设》，载《贵州文史丛刊》2008 年第 1 期。

⑥ 吕惠玲、杨亚敏：《从新制度经济学角度看晚清近代警政的创建》，载《云南警官学院学报》2008 年第 6 期。

⑦ 夏菲：《论清末我国对西方警察制度的移植》，载《新疆警官高等专科学校学报》2008 年第 4 期。

⑧ 周执前：《清末警政与中国城市管理的法治化》，载《长沙大学学报》2008 年第 6 期。

⑨ 苏全有、殷国辉：《清末巡警部成立的原因探析》，载《河南科技大学学报（社会科学版）》2008 年第 3 期。

⑩ 彭雪芹：《晚清"巡警军"考析》，载《历史教学》2009 年第 8 期。

⑪ 彭雪芹：《晚清议设巡警道初探》，载《史学月刊》2009 年第 11 期。

⑫ 梁翠、杨晓辉、王好：《巡捕与警察——论我国近代警察产生的萌芽》，载《河南公安高等专科学校学报》2009 年第 6 期。

⑬ 梁翠：《论清末政府的警政建设及其得失》，载《辽宁警专学报》2010 年第 2 期。

⑭ 汪勇：《略论清末警政建立对租借警察的借鉴》，载《山西大学学报（哲学社会科学版）》2010 年第 1 期。

⑮ 汪勇：《中国近代警察勤务制度的早期探索》，载《中国人民公安大学学报（社会科学版）》2010 年第 6 期。

宜超的《试论绅商与清末警政改革》[①] 等。这些论文的主要观点是：（1）对清末警察制度的创建给予了较高评价，认为清朝最后十年间建立的警察与警察制度以及警察法规的确定，是近代中国警政发展的开端。尽管清末建警时间仓促，内容粗糙，却为以后中国警政的发展留下了许多可供借鉴的经验。（2）认为清末警察制度的建立是内忧外患的结果，是中国近代社会发展的结果。促成清政府建立近代警察制度的主要原因有，西学东渐尤其是近代警政思想的传播、社会治安的混乱、旧治安体制的腐败不堪、帝国主义列强维护自身利益的要求等。（3）1898 年，湖南保卫局的创设可视为中国近代警察制度的萌芽，而清政府正式创办警政则始于“清末新政”之初。从地方警政的奉旨试办，再到巡警部的设立及其被民政部取代，渐次推进。清政府希望用“警察”这一近代化的治安组织来加强统治，巩固政权，因此对警政是比较重视的，这也是清末警政相较于其他新政措施取得较好成绩的原因之一。（4）警察制度自创建后，逐渐发展，机构体制逐渐健全，警察教育逐步实施，警察法规制定并完善，同时还建立了专职警察，如消防警察、铁路警察、司法警察等。（5）清政府建警过程中遇到了许多问题，如人才问题、经费问题、文化阻力等，尤其是经费问题是学者们比较关注的问题之一。他们认为经费问题是清末警政建设中所遭遇的重大问题之一，严重制约着清末警政的推广与效果。由于当时国家财政已经捉襟见肘，清廷不得不谕令地方自筹经费开办。在实际运作过程中，地方政府因财力不济，不得不采取加重捐税、增加税种以及与地方士绅合作等办法开办警政。同时，经费的缺乏也导致警政效能的低下与腐败的滋生，使得必要的职业训练无法完成，装备建设无从落实。

有关清末警察教育的代表性论文有：袁小红的《中国近代警察教育考略》[②]，任士英的《略论〈警察学〉与清朝警察行政创立时期的警察教育》[③]，徐乃龙的《中国近代警察高等教育述论》[④]，黄晋祥的《清末警察教育述论》[⑤]，孟庆超、宫淑艳的《近代中国警察教育之探索》[⑥]，肖朗、施峥的《日

---

① 李宜超：《试论绅商与清末警政改革》，载《湖北警官学院学报》2011 年第 4 期。

② 袁小红：《中国近代警察教育考略》，载《湖南公安高等专科学校学报》1999 年第 2 期。

③ 任士英：《略论〈警察学〉与清朝警察行政创立时期的警察教育》，载《中国人民公安大学学报》2003 年第 4 期。

④ 徐乃龙：《中国近代警察高等教育述论》，载《公安教育》2003 年第 12 期。

⑤ 黄晋祥：《清末警察教育述论》，载《安庆师范学院学报》2003 年第 2 期。

⑥ 孟庆超、宫淑艳：《近代中国警察教育之探索》，载《山东警察学院学报》2005 年第 5 期。

本教习与京师警务学堂》[①] 和《中国近代高等警察教育综论》[②]，孟庆超、王志宇、祁俊远的《近代中国警察教育的职业化及其反思》[③]，孟庆超、牛爱菊的《论近代中国警察教育的统一及层次化》[④]，刘海文、殷国辉的《清末巡警部与高等巡警学堂》[⑤]，董纯朴的《略论中国近代警察教育制度及影响》[⑥] 等。这些论文的主要观点是：（1）从中央和地方两个方面考察了清末警察教育，认为警察教育在清末职业教育中占有重要地位，受到了清廷的极大重视。警察教育的发展对清末警政建设具有非常重要的积极作用。但是，总体来说，清末警察教育效果没有达到理想的目标。（2）对京师警务学堂给予了较高评价，认为它在清末警务人才培养和警政建设方面功不可没，对清末各省警察学堂的建立产生了很大的影响。（3）日本在清末警察教育中扮演了重要角色，对中国的警察教育近代化起了一定的作用，对清末警政产生了很大的影响。

有关清末人士与警政的代表性论文有：袁小红的《黄遵宪警政思想述略》[⑦] 和《戊戌维新运动中的警政思想初探》[⑧]，邱远猷的《黄遵宪的狱政警政思想》[⑨]，鄢定友、郝骥的《黄遵宪警政改革思想的历史学分析》[⑩]，田玉洪的《黄遵宪的警政思想及其实践活动探析》[⑪]，梁翠、杨晓辉、王智新的《论

---

① 肖朗、施峥：《日本教习与京师警务学堂》，载《近代史研究》2004 年第 5 期。

② 肖朗、施峥：《中国近代高等警察教育综论》，载《浙江大学学报（人文社会科学版）》2007 年第 1 期。

③ 孟庆超、王志宇、祁俊远：《近代中国警察教育的职业化及其反思》，载《湖北警官学院学报》2006 年第 1 期。

④ 孟庆超、牛爱菊：《论近代中国警察教育的统一及层次化》，载《铁道警官高等专科学校学报》2006 年第 3 期。

⑤ 刘海文、殷国辉：《清末巡警部与高等巡警学堂》，载《河南大学学报（社会科学版）》2006 年第 1 期。

⑥ 董纯朴：《略论中国近代警察教育制度及影响》，载《云梦学刊》2007 年第 5 期。

⑦ 袁小红：《黄遵宪警政思想述略》，载《中国人民公安大学学报》1999 年第 1 期。

⑧ 袁小红：《戊戌维新运动中的警政思想初探》，载《湖南公安高等专科学校学报》1999 年第 4 期。

⑨ 邱远猷：《黄遵宪的狱政警政思想》，载《江苏警官学院学报》2006 年第 5 期。

⑩ 鄢定友、郝骥：《黄遵宪警政改革思想的历史学分析》，载《河南公安高等专科学校学报》2008 年第 2 期。

⑪ 田玉洪：《黄遵宪的警政思想及其实践活动探析》，载《山东教育学院学报》2002 年第 4 期。

黄遵宪的警政理念和实践尝试》①，冷光伟的《郑观应警政思想述评》②，迟永恒、庞虎的《康有为警政思想探析》③，姚岚的《康有为的警政思想》④，邱华东、史群的《张謇的警政思想及其实践》⑤，吴沙的《论郑观应的警政思想》⑥，何洪涛的《清末早期改良派警政思想刍论》⑦，柳卫民的《试论张之洞的警察教育思想》⑧、《徐世昌警察教育思想探析》⑨、《岑春煊警察教育思想述评》⑩，陈彩霞的《张之洞与湖北近代警察制度的创建》⑪，廖一中的《袁世凯与巡警的创建》⑫，王飚的《袁世凯与近代巡警制度》⑬，刘锦涛的《袁世凯警政思想初探》⑭ 和《论袁世凯警政思想历史借鉴意义》⑮，何洪涛的《直隶时期袁世凯警政建设的路径与成就探析》⑯，王飚、徐广的《善耆与中国近代警政》⑰，苏全有的《徐世昌与中国军警近代化》⑱，贾蕊华的《清末广东警政建

① 梁翠、杨晓辉、王智新：《论黄遵宪的警政理念和实践尝试》，载《辽宁警专学报》2011 年第 3 期。

② 冷光伟：《郑观应警政思想述评》，载《贵州师范大学学报（社会科学版）》2005 年第 6 期。

③ 迟永恒、庞虎：《康有为警政思想探析》，载《江西公安专科学校学报》2008 年第 2 期。

④ 姚岚：《康有为的警政思想》，载《法制与经济》2010 年 4 月。

⑤ 邱华东、史群：《张謇的警政思想及其实践》，载《南通大学学报（社会科学版）》2006 年第 5 期。

⑥ 吴沙：《论郑观应的警政思想》，载《公安研究》2001 年第 7 期。

⑦ 何洪涛：《清末早期改良派警政思想刍论》，载《人民论坛》2011 年第 8 期。

⑧ 柳卫民：《试论张之洞的警察教育思想》，载《湖北警官学院学报》2005 年第 4 期。

⑨ 柳卫民：《徐世昌警察教育思想探析》，载《湖北警官学院学报》2011 年第 1 期。

⑩ 柳卫民：《岑春煊警察教育思想述评》，载《教育教学论坛》2010 年第 14 期。

⑪ 陈彩霞：《张之洞与湖北近代警察制度的创建》，载《湖北警官学院学报》2011 年第 2 期。

⑫ 廖一中：《袁世凯与巡警的创建》，载《天津社会科学》1984 年第 5 期。

⑬ 王飚：《袁世凯与近代巡警制度》，载《湖南公安高等专科学校学报》2001 年第 5 期。

⑭ 刘锦涛：《袁世凯警政思想初探》，载《历史档案》2008 年第 4 期。

⑮ 刘锦涛：《论袁世凯警政思想历史借鉴意义》，载《兰台世界》2009 年 11 月。

⑯ 何洪涛：《直隶时期袁世凯警政建设的路径与成就探析》，载《社科纵横》2011 年 4 月。

⑰ 王飚、徐广：《善耆与中国近代警政》，载《湖南公安高等专科学校学报》2002 年第 2 期。

⑱ 苏全有：《徐世昌与中国军警近代化》，载《福建论坛》1996 年第 3 期。

设中的两广总督》[①]，夏敏的《川岛浪速与晚清警政建设》[②] 等。这些论文主要观点是：(1) 整体来说，清末国人对警察的认识有着从直观粗略到全面系统的趋势。不同群体因社会角色与思想资源有别，警察观念与建警立意也区别明显。他们对西方警制不同侧面的选择共同影响了晚清移植警察制度的样貌。(2) 清末早期改良派的警政思想对警察创立、警察职能和作用做了初步的探索和介绍，为警政在中国的实践提出了初步的构想，是我国最早的、比较系统的警政理论。他们的警政思想为戊戌维新派在湖南试办警政以及庚子之役之后清政府办理警政提供了实践先导，具有一定的历史进步意义。(3) 对黄遵宪、张之洞、徐世昌、善耆、袁世凯等人的警政思想、建警措施、与中国近代警政的关系等比较关注，对这些人的警政思想、建警措施等给予了较高的评价。

清末地方警政研究方面，论文相对较少，而且主要集中在警政建设较有成绩的几个省份，如北京、直隶、广东、广西等地方。涉及北京警政的代表性论文有：张文武的《超负荷下的蹒跚步履——谈谈走向近代化过程中的北京警察机构》[③]，公一兵的《北京近代警察制度之区划研究》[④]，袁广林的《中国近代警察教育的滥觞：京师警务学堂》[⑤]，江卫社的《清末警务学堂消防队：警察教育与警务实践有效结合的历史个案》[⑥]，李自典的《从警政发展看近代北京治安——以警察队伍建设为视角》[⑦]、《近代京师警察职业群体略论（1901—1927 年）》[⑧]、《警察与近代北京城市治安管理——以 1901—1937 年为中心的

① 贾蕊华：《清末广东警政建设中的两广总督》，载《齐齐哈尔大学学报（哲学社会科学版）》2008 年第 1 期。

② 夏敏：《川岛浪速与晚清警政建设》，载《湖北警官学院学报》2007 年第 4 期。

③ 张文武：《超负荷下的蹒跚步履——谈谈走向近代化过程中的北京警察机构》，载《北京档案》1996 年第 11 期。

④ 公一兵：《北京近代警察制度之区划研究》，载《北京社会科学》2004 年第 4 期。

⑤ 袁广林：《中国近代警察教育的滥觞：京师警务学堂》，载《公安教育》2006 年第 7 期。

⑥ 江卫社：《清末警务学堂消防队：警察教育与警务实践有效结合的历史个案》，载《北京人民警察学院学报》2007 年第 2 期。

⑦ 李自典：《从警政发展看近代北京治安——以警察队伍建设为视角》，载《北京人民警察学院学报》2009 年第 4 期。

⑧ 李自典：《近代京师警察职业群体略论（1901—1927 年）》，载《历史档案》2010 年第 2 期。

考察》[1] 和《清末十年北京治安管理述论》[2]。涉及广东警政的代表性论文有：贾蕊华的《清末广东警察职能分析》[3]，沈晓敏的《清末广东巡警（警察）制度述略》[4] 和《清末民初的广东警察》[5]，何文平的《清末广东巡警的创建与官绅关系》[6]。涉及广西警政的代表性论文有张乐讯的两篇文章：《清末广西近代警政初探》[7] 和《清末广西近代警政创建及其阻碍因素探研》[8]。另外还有涉及其他地方警政的研究论文，如郑晓红的《中国近代警政的滥觞：湖南保卫局》[9]，张利荣、邓智华的《清末新政与近代甘肃警政的创办》[10]，张利荣的《近代甘肃警政研究初探》[11]，杨雪英的《清末山东警察制度的创建》[12]，黄霞的《略论近代四川警察教育》[13]，冷琪雯的《清末云南省会警察制度创设初探》[14]，吴冰清的《略论清末武汉警政变迁》[15]，谢国兴的《近代安徽的警政》[16]等。这些论文对北京、广东、广西、甘肃、安徽、武汉等部分省市的地方警政进行了初步研究，虽然未能对这些省市的地方警政进行全面系统的研究，但却是有益的探索，对清末地方警政研究和清末全国警政研究都具有积极意义。

---

① 李自典：《警察与近代北京城市治安管理——以1901—1937年为中心的考察》，载《北京社会科学》2010年第4期。

② 李自典：《清末十年北京治安管理述论》，载《首都师范大学学报（社会科学版）》2010年第2期。

③ 贾蕊华：《清末广东警察职能分析》，载《广东工业大学学报（社会科学版）》2007年6月，第7卷第2期。

④ 沈晓敏：《清末广东巡警（警察）制度述略》，载《政法学刊》1997年第3期。

⑤ 沈晓敏：《清末民初的广东警察》，载《广东史志》2001年第2期。

⑥ 何文平：《清末广东巡警的创建与官绅关系》，载《中山大学学报（社会科学版）》2006年第5期。

⑦ 张乐讯：《清末广西近代警政初探》，载《传承》2008年第6期。

⑧ 张乐讯：《清末广西近代警政创建及其阻碍因素探研》，载《考试周刊》2008年第33期。

⑨ 郑晓红：《中国近代警政的滥觞：湖南保卫局》，载《安庆师范学院学报（社会科学版）》2003年第5期。

⑩ 张利荣、邓智华：《清末新政与近代甘肃警政的创办》，载《青海师范大学学报（哲学社会科学版）》2007年第1期。

⑪ 张利荣：《近代甘肃警政研究初探》，载《青海社会科学》2008年第3期。

⑫ 杨雪英：《清末山东警察制度的创建》，载《山东教育学院学报》2007年第3期。

⑬ 黄霞：《略论近代四川警察教育》，载《四川警察学院学报》2009年第5期。

⑭ 冷琪雯：《清末云南省会警察制度创设初探》，载《思想战线》2008年第5期。

⑮ 吴冰清：《略论清末武汉警政变迁》，载《武汉交通职业学院学报》2009年6月，第11卷第2期。

⑯ 谢国兴：《近代安徽的警政》，载《安徽史学》1990年第4期。

在清末地方警政的研究方面，一些硕士、博士论文值得关注，这些论文篇幅较大、论述全面、对地方警政的研究比较深入。例如，暨南大学贾蕊华2006年硕士论文《试论清末广东警政》，文章论述了清末警察制度在广东的推行过程，分析了地方独特社会环境对广东警察的职能和效能的影响，从清末警政建设与广东社会关系的角度着重论述了广东警政建设与地方政府、地方绅商的关系，总结分析了清末广东警政建设的历史作用和区域特点。暨南大学方靖的2010年博士论文《近代西方警政的东渐及其在广州的实践》，文章在分析西方近代警察制度楔入中国的过程和晚清中国社会“以警御侮”观念逐步形成的基础上，详细论述了清末民国时期广州城市警政建设情况，并对此段时期的警政建设进行了归纳总结。山东师范大学杨雪英的2008年硕士论文《1902—1928年山东警政研究》，文章分清末和北洋政府两个历史时期对山东地方警政创建、发展的历史过程进行了系统描述和分析。在清末山东警政部分，作者对清末山东警察机构的设立、警政措施、人事管理、警察职权、警政经费、警政建设特点、警政建设的成就、警政建设的不足与原因等进行了系统地描述和分析。云南师范大学贺雩的2008年硕士论文《略论近代云南警察制度》，文章系统分析了云南警察制度建立的背景、概况、得与失，并运用新制度经济学的理论观点，对云南近代警察制度的建设与发展从诱致性制度变迁和强制性制度变迁角度进行了分析。浙江大学许雪溢的2008年硕士论文《清末浙江警政建设述论》，文章分析了清末浙江警政创建背景、创办过程和具体施行状况，揭示了清末浙江警政的特点。暨南大学张利荣的2007年博士论文《清末民初甘肃的警政建设》，文章系统分析了清末民初甘肃警政的创建、发展历程，论述了清末民初甘肃的警察教育，并对清末民初甘肃警政的实效与困境进行了客观分析。

有关清末直隶地方警政建设的论文有：王宏伟的《浅析晚清直隶州县巡警几个特点》①，认为晚清直隶州县巡警具有以下四个特点：直隶省州县巡警的发展具有从天津向周边辐射的特点；各地仿照天津经验，实行分区管理；由于经费是本地筹措，绅士在举办巡警过程中发挥了重大作用；各地财政状况不一，导致巡警员发展受到经费不足的严重制约。王先明、张海荣的《论清末警察与直隶、京师等地的社会文化变迁——以大公报为中心的探讨》②，认为清末警察在直隶、北京等地的社会文化变迁中扮演了复杂的角色。王培利的

① 王宏伟：《浅析晚清直隶州县巡警的几个特点》，载《首都师范大学学报（社会科学版）》2004年增刊。

② 王先明、张海荣：《论清末警察与直隶、京师等地的社会文化变迁——以大公报为中心的探讨》，载《河北师范大学学报（哲学社会科学版）》2005年第1期。

《近代天津“警区”的形成》[①]，文章分析了天津警区的形成过程，认为天津的城市型政区——区级政区来源于警区，“警区”是天津城市型政区确立的第一基石。王良胜的《清末警察与天津城市管理的近代化》[②]，认为清末天津警察的建立稳定了社会秩序，促进了城市公共事业的发展和城市文明形象的树立，有力地推动了天津城市管理的近代化，促使天津加快了向近代化城市转型的步伐。张红侠、张振毅的《天津近代的警察组织》[③]，论述了天津警察机构的设立，天津近代警察权限的划分，警察机构内部设置及其职守。何洪涛的《直隶时期袁世凯警政建设的路径与成就探析》[④]，文章简略分析了清末袁世凯在直隶效仿西方创办警政的情况，总结了其成就，并给予了较高评价。笔者的《清末直隶警政述论》，是笔者2002年硕士毕业论文，文章分清末直隶警政的兴办、清末直隶警政的运作要项分析、清末直隶警察的种类、清末直隶警政的特点与影响等四部分对清末直隶警政做了浅显探讨。由于受当时材料收集渠道、方式的限制和个人水平能力等方面的影响，现在看来还有许多不足之处，需要进一步完善、深化。

涉及清末直隶地方警政的著作有：徐建平的《清末直隶宪政改革研究》[⑤]，该著作是研究清末宪政特别是地方宪政的力作。该书对清末直隶宪政改革的社会背景，清末直隶行政体制改革、清末直隶司法制度改革、清末直隶地方自治与政治参与、顺直咨议局的议政实践与社会改革等进行了深入研究。该书对清末直隶警政的某些方面有所涉及，不过没有进行专门论述，其所涉及的内容分散在各个章节中。董丛林、徐建平等所著的《清季北洋势力崛起与直隶社会变动》，旨在“揭示清季直隶社会的变动与北洋势力崛起之间的密切关系”，论述了“在崇厚和湘系人物‘前奏’的基础上，从李鸿章集团到袁世凯集团，以直隶为基地经营多年，使该省先后成为洋务运动和清末新政的要区，使之在政治、经济、军事、文化教育、社会风习等各方面发生了醒目的变化”[⑥]。该书对于清末直隶警政也有涉及，不过所占篇幅很少，所涉及内容重点论述了清末直隶警察制度的建设在加强直隶社会控制方面的作用。

---

① 王培利：《近代天津“警区”的形成》，载《历史教学》2006年第12期。

② 王良胜：《清末警察与天津城市管理的近代化》，载《乐山师范学院学报》2007年第1期。

③ 张红侠、张振毅：《天津近代的警察组织》，载《法制与社会》2009年1月（上）。

④ 何洪涛：《直隶时期袁世凯警政建设的路径与成就探析》，载《社科纵横》2011年第4期。

⑤ 徐建平著：《清末直隶宪政改革研究》，中国社会科学出版社2008年版。

⑥ 董丛林、徐建平等：《清季北洋势力崛起与直隶社会变动》，科学出版社2011年版，第2页。

第一章 清末直隶警政创行背景

清末直隶警政创行的背景可从传统治安体制、清末新政、直隶地方社会、租界和都统衙门的示范效应等四个方面进行分析。

清末警政也是全国警政创行的重要原因之一是传统治安体制的疲乏。清代基层治安体制主要是由县政权（具体执行者为州县差役等人）、保甲组织、团练组织和绿营等构成。传统基层治安体制在清末呈现出王朝末世的种种腐败乱象，不能有效地发挥维持治安、控制社会的应有职能。对于传统治安体制在清末的种种乱象描述和研究论著较多①，因此本书对清末传统治安体制的疲乏这一警政创办的原因不再详述。以下主要从清末新政、清末的直隶社会、租界和都统衙门的示范效应等三个方面具体分析清末直隶警政创行的原因。

第一节 清末新政的实行

清末，面对维新党、继之而来的革命党和外国侵略者的内外压力，面对“国势阽危，人心浮动，内忧外患，岌岌堪虞”② 的局面，历经了甲午惨败、戊戌维新、义和团运动和八国联军入侵的庚子事变的清王朝，开始意识到

① 相关研究论著有：刘锦涛：《论清末创建近代警察制度的历史动因》，载《北京人民警察学院学报》2012 年第 7 期；黄细嘉：《近代的团练和团练制度》，载《历史教学》1997 年第 10 期；崔岷：《“抗粮”与“敛费”：咸同之际山东田赋锐减的团练因素》，载《山东师范大学学报（人文社会科学版）》2012 年第 4 期；崔岷：《“靖乱适所以致乱”：咸同之际山东的团练之乱》，载《近代史研究》2011 年第 5 期；魏光奇：《有法与无法——清代的州县制度及其运作》，商务印书馆 2010 年版；牛贯杰：《从“守望相助”到“吏治应以团练为先”——由团练组织的发展演变看国家政权与基层社会的互动关系》，载《中国农史》2004 年第 1 期；罗尔纲著：《绿营兵志》，中华书局 1984 年版；王宏伟：《晚清州县保甲组织探析：以直隶为中心》，载《求索》2006 年第 3 期；孟庆超著：《中国警察近代化研究——以法文化为视角》，中国人民公安大学出版社 2006 年版；周保明：《清代地方吏役制度研究》，华东师范大学 2006 年博士论文；张德美：《清代保甲制度的困境》，载《政法论坛》2010 年第 6 期；谢明刚：《清末直隶警政述论》，河北师范大学 2002 年硕士论文。

② 朱寿朋：《光绪朝东华录》，中华书局 1958 年版，第 5916 页。

“欲救中国残局，惟有变西法一策”①。于是，光绪二十六年十二月初十（1901年1月29日），清政府发布上谕，宣布实行“新政”。“清末新政”的序幕就此拉开。在这道变法上谕中，清廷指出“世有万古不易之常经，无一成不变之治法。穷变通久见于大易，损益可知著于论语。盖不易者三纲五常，昭然如日星之照世；而可变者令甲令乙，不妨如琴瑟之改弦。伊古以来，代有兴革；即我朝列祖列宗因时立制，屡有异同。入关以后，已殊沈阳之时；嘉庆、道光以来，岂尽雍正、乾隆之旧？大抵法积则敝，法敝则更，要归于强国利民而已。”此时的清廷不但要求变法，而且要求进行更为广泛、深入的变革，要求突破洋务运动“中学为体、西学为用”的藩篱，由“西艺之皮毛”进到“西政之本源”。“近之学西法者，语言文字、制造器械而已。此西艺之皮毛，而非西政之本源也……舍其本源而不学，学其皮毛而又不精，天下安得富强耶？”为此，清廷表态要进行更加全面的改革。“总之，法令不更，痼习不破；欲求振作，当议更张。著军机大臣、大学士、六部九卿、出使各国大臣、各省督抚，各就现在情形，参酌中西政要，举凡朝章国故、吏治民生、学校科举、军政财政，当因当革，当省当并，或取诸人，或求诸己，如何而国势始兴，如何而人才始出，如何而度支始裕，如何而武备始修，各举所知，各抒所见，通限两个月，详悉条议以闻。再由朕上禀慈谟，斟酌尽善，切实施行。”②

清廷变法上谕发布两个月之后，在确定了朝廷的变法诚意以后，内外臣工开始就新政改革问题提出建议，其中也涉及仿照西法设立近代警察的建议。江西巡抚李兴锐上《议复新政事宜疏》，“就平日所见闻，参合中西之政要，条陈十事”，分别是举行特科、整顿学校、考课官吏、广设银行、行用银纸、维持圜法、仿行保险、修举农政、讲求武备、遍设巡捕。在“遍设巡捕”一条中，李兴锐描述了西制巡捕和上海租界巡捕的情况，指出在现今团练保甲已成具文、制兵防勇无力、治安不靖的情况下，应该仿照西法，设立巡捕。③ 署浙江巡捕余联沅《议复变法事宜折》中提出“一改律例，二变科举，三设巡捕，四行印税”四条建议，认为“改律例，则用人行政耳目自可一新；变科举，则设学专科，人才自能日出；设巡捕，则既可多裁防营以裕饷；行印税，则更可筹集巨款以练兵”。并认为变律例为最急之要务，但其他三方面也必须要重视，因为“今日非变科举无以取材，非行印税无以筹款，而不设巡捕则亦终

① 《致西安鹿尚书》，见苑书义、孙华峰、李秉新编：《张之洞全集》第十册，河北人民出版社1998年版，第8527页。

② 朱寿朋：《光绪朝东华录》，中华书局1958年版，第4601、4602页。

③ 《赣抚议复新政事宜疏》，载《北京新闻汇报》光绪辛丑五月初十日。

不能行印税"[①]。在此，余联沅将设立巡捕视为"行印税"，是保证筹款顺利进行的前提条件。

在众多议复新政事宜的奏折中，以刘坤一、张之洞联衔的《江楚会奏变法三折》最为著名，它是清末新政前期的总纲领[②]。在《遵旨筹议变法谨拟整顿中法十二条折》第六条去差役、第十一条裁绿营中，提出了仿照西法，设立警察取代差役，以裁撤绿营之费筹设警察的建议。对于差役，张、刘二人认为，差役之弊积重难返，害民甚重，必须裁汰，"差役之为民害，各省皆同……去此巨害，则民气渐纾，教养有所施矣"。差役裁汰之后，其所担负的职能如何办理呢？其办法是"令州县自行募勇，以供驱遣"，而这里的"勇"，他们指出和近代警察之意是相近的，"令州县用勇，即与用捕兵之意相近"。他们指出"各国清查保甲，巡街查夜，禁暴诘奸，皆系巡捕兵之责。其人并非下流猥贱之人，其头目即系武弁。日本名为警察，其头目名为警察长，而统之以警察部。其章程用意，大要以安民防患为主，与保甲局及营兵、堆卡略同。然警察系出于学堂，故章程甚严，而用意甚厚，凡一切查户口、清道路、防火患、别良莠、诘盗贼，皆此警察局为之。闻京城现拟设立巡捕，将来外省自可仿办。兹拟令州县用勇，即与用捕兵之意相近。当于繁盛城镇采取外国成法，并参酌本地情形，先行试办，依次推行。警察若设，则差役之害可以永远革除，此尤为吏治之根基，除莠安良之长策矣。"[③] 对于绿营，张、刘二人认为，绿营积弊甚深，无法整顿改良，就是改为警察也是不可取的，"或谓绿营虽无用而难遽裁，可改为巡捕兵，以资弹压防缉。不知绿营官弁兵丁层层积弊，已入膏肓，既甚骄顽，又极疲弱，欲望其练成可战之兵，固断无其术，即改为警察，不惰废旷误，即索扰生事，亦如差役地保而已"。因此，对于绿营只有全部裁汰之一法，而且裁汰绿营必须要注意两个问题。"然则既不能整顿变化而用之，自非裁汰不可。特是裁汰之要义有二，一则宜筹从容消散之方，一则宜筹抵补弹压地方之具。"他们的对策是，各省绿营分为二十年逐步裁撤，用裁撤绿营所省之饷编练新兵、设立警察。"惟是此项省出之饷，只能改为养缉勇、设警察之费，不能指为充裕库储之计。"他们进一步指出，要区

---

① 余联沅：《署浙抚余中丞议复变法事宜折稿》，载《北京新闻汇报》光绪辛丑七月初四日。

② 一般研究者认为《江楚会奏变法三折》是清末新政的总纲领或总方案，其实这个说法不是很确切。如果以 1905 年为界限将清末新政分为两个阶段，则第一阶段的各项新政确实大都是以《江楚会奏变法三折》为纲领而展开的，但是第二阶段却远远超出了《江楚会奏变法三折》的内容。详见张海鹏主编：《中国近代通史（第五卷）——新政、立宪与辛亥革命（1901—1912）》，江苏人民出版社 2007 年版，第 15、16 页。

③ 朱寿朋：《光绪朝东华录》，中华书局 1958 年版，第 4743 页。

分、更改制兵防勇的编制与功能，分为三种编练：一为“精练备战之营，只可屯扎省城及要隘重镇两三处，断不宜各处分扎，又蹈营汛之失”；二为“省外府县，亦未便听其空虚，可即以此项省出之饷，酌设缉捕勇营，派赴外府，择要分防”；三为“设警察之勇，归州县调度”。他们认为这样做有许多好处，“不过改募勇丁，则整饬去留，其权在地方官，勇可随时裁募，弁可随时更换，于弭乱安民，既有实际，而经费可免另筹，此即与新增巨款无异矣”。①

《江楚会奏变法三折》是一个全面系统的新政改革方案，得到了清廷的肯定和采纳。光绪二十七年八月二十日（1901 年 10 月 2 日），慈禧太后发布懿旨：“刘坤一、张之洞会奏整顿中法、仿行西法各条，事多可行。即当按照所陈，随时设法，择要举办。各省疆吏应一律通筹，切实举行。”② 从此，清末新政正式进入了具体实施阶段。

第二节　清末的直隶社会状况

清末直隶省能够在全国率先举办警政并取得成就，不是偶然的，而是与清末直隶社会变迁有着一定的联系。

首先，直隶地区地理位置特殊，是清末新旧思想的冲突要地，官民思想相对开放，容易接受新生事物。

直隶省位于天子脚下，所辖州县紧紧围绕着首都北京。直隶所属之天津更是北方重要的出海口，国都北京的门户。清末，国都北京既是封建顽固派的大本营，又是爱国维新人士的汇集之地。因为不管哪一派，只有获得统治阶级上层人士的支持才能取得最后的胜利。清末的洋务运动是如此，戊戌变法也是如此。

直隶省的特殊位置不但使得它成为新旧思想冲突激烈之地，而且也使得它成为较早受到西方列强入侵并且侵害严重之地。鸦片战争揭开了中国近代史的序幕，两次鸦片战争中，西方列强为迫使清政府就范，都曾进犯天津。在第二次鸦片战争中，西方列强先是攻占大沽，进犯天津，迫使清政府签订了《天津条约》；后又进占天津，并以天津为基地进犯北京，迫使清政府签订了《北京条约》。从此，天津成为北方地区为数不多的通商口岸。随后英、法、美租界在天津先后设立，一些外国教会如英圣道堂、英伦敦会、美公理会、法天主教会纷纷派传教士来天津设堂传教。在义和团运动中，直隶省更是受到了西方列强的大肆侵略、破坏。

① 朱寿朋著：《光绪朝东华录》，中华书局 1958 年版，第 4750、4751 页。

② 朱寿朋著：《光绪朝东华录》，中华书局 1958 年版，第 4771 页。

在多种因素的作用下，西方事物开始越来越多地出现在直隶地区。除租界、传教士、教堂外，近代化的工厂如天津机器局、天津织呢厂、开平煤矿、磁州煤矿、井陉矿务局等开始出现。据不完全统计，"光绪二十一年，直隶拥有资本在一万元以上的新式工矿企业62家"①。一些近代报刊也陆续出现。同治十一年（1872年），华北地区最早的近代化报纸《中西闻见录》在北京创刊；光绪十二年（1886年），英国人在天津创办《时报》；光绪二十一年（1895年），资产阶级改良派在国内出版的第一个报刊《万国公报》在北京创刊，同年底改名为《中外纪闻》；光绪二十一年（1895年），德国人在天津创办《直报》；光绪二十三年（1897年），以倡导维新思想而闻名的《国闻报》在天津创刊；光绪二十五年（1899年），日本人在天津创办《咸报》；光绪二十七年（1901年）后《顺天时报》《北京公报》《燕都报》《大公报》等众多报刊在京、津创办。清末京津地区的报刊数量虽然无法与南方的香港、广州、上海等地相比，但在北方地区却是领先的。这些报刊中既有外国人创办的，又有中国人自己创办的，虽然创办目的不同，但是都对中国内地情况和西方各国情况进行介绍，对扩展国人视野、启发民智有一定的作用。天津《国闻报》的办报宗旨就是"一曰通上下之情，一曰通中外之故"②，即开通社会风气，灌输维新思想。所有这些都使得西方的市政管理方式、理念以及西方的生活方式、思想等慢慢输入，使得直隶人耳濡目染，对直隶人民的生活方式和思想等都起着潜移默化的影响，其中也包括对近代警察的认识。

光绪二十一年闰五月（1895年7月），曾担任过天津道、顺天府尹并在天津小站编练过"定武军"的清末大臣胡燏棻上《变法自强疏》，条陈变法事宜，提出变法建议十条。其中第六条为"减兵额以归实际"，提出裁减绿营，仿照西方设立巡捕的建议。他认为"粤捻事平以后，绿营之无功效，已可显见……倘虑水陆各汛，捕务一无专责，或将保甲、守望等局，仿照西国巡捕之制，城乡市镇，人物辐辏之区，改设巡捕。款项不足，亦如西法收巡捕捐。官督率，而分稽查之职于绅董，事更可得实际。但求朝廷排斥群疑，破除成例，毅然行之，未有不立见功效者也"。③ 光绪二十八年正月（1902年2月），当时任御史、襄办京畿善后营务事宜署工部右侍郎的胡燏棻又上《筹议京师善后拟请创设工巡局以期整顿地面条陈》，建议仿照上海租界设立的管理地方事务的工程局在北京设立工巡局，以期整顿地面。

① 苑书义等主编：《河北经济史》第三卷，人民出版社2003年版，第199页。

② 方汉奇著：《中国近代报刊史》，山西人民出版社1981年版，第101页。

③ 中国史学会主编：《中国近代史资料丛刊·戊戌变法》（二），上海人民出版社1961年版，第284页。

曾在直隶省顺天府教书十余年的兵部员外郎、出使德国的大臣吕海寰①，光绪二十四年（1898年）四月十五日上书，从保护教堂，避免中外交涉的角度，指出了设立近代警察的必要性。他认为办理外交重在“安教”，而“安教”之策在于预防，预防办法之一就是仿照西方设立巡捕。他指出：“外洋每于都会之地及繁盛镇市处所，各段派设巡捕，以相弹压。凡有聚众拥挤，以致喧哗闹嚷者，巡捕不时驱散。故城中扰攘之区，从无斗殴启衅之事，是亦消弭争端之一法。如中国亦于通都大邑及人烟辏集之地，照外洋设立巡捕之法，分段各派兵勇，日夜梭巡，于教堂所设地方，或巡查更加周密，则既可以防奸民之窃发，并可以弭盗贼之潜踪。盖有巡捕以时为之防，使不能聚党成群以滋事端者，实为保护教堂之善法。”②

甲午战争前后担任天津海关道的盛宣怀，光绪二十二年九月（1896年10月）向清廷上奏《条陈自强大计折》，从练兵、理财、育才三方面提出建议。在练兵方面，盛宣怀认为应该裁汰绿营练勇，参酌西法，简练新兵。至于绿营裁撤，其所担负的防汛、护饷、解犯等职能由谁来承担的问题，盛宣怀建议留存一些绿营兵丁，仿效西方警察制度，由州县统属，专备应差。“至绿营向有城守防汛之责，护饷解犯等差，或酌留若干，属于州县，略如西国警察巡捕之意，而责成整饬之，自无偏废之虞。”③

直隶普通民众也对租界、天津都统衙门巡捕有所称赞。早在清光绪十年（1884年），久居天津的士绅张涛在其所著《津门杂记》一书中就介绍了天津租界工部局巡捕的活动，并对其赞赏有加。其中专门有“租界工部局巡捕”一部分，作者写道：“工部局，亦曰巡捕房，以分派巡捕，平治道途，是其专责也。看街巡捕衣有左右圆圈，内有中西号码，使人易识。手持木棍，昼夜看守，分段巡查，风雨无阻。遇有小窃及争斗等事，立即扭送捕房，以凭究办。总捕头为洋人，其等级在衣袖上有金线三环、四环者，人因以三道、四道呼之。其平治道途，雇佣夫役甚伙。每日扫除街道，灰土瓦砾，用大车载于旷野倾倒之。夜晚则点路灯以照人行。立法皆善。巡查贼匪，宵小潜踪，人得高枕安居。清理街道，无秽气熏蒸，不致传染疾病。为益甚大，何乐如之。”④ 天津收回前夕，光绪二十八年六月（1902年7月），天津《大公报》登载了一

---

① 吕海寰，出生在莱州府掖县（今烟台莱州市），1863年以童生资格取得了顺天府大兴县县籍，任兵部员外郎十余年，出任过驻德国、荷兰大臣，1861年至1869年在顺天府以教书为生，晚年定居天津。

② 《出使德国大臣吕海寰折》，沈云龙主编：《近代中国史料丛刊续编》第32辑，文海出版社1976年版，第22、23页。

③ 夏东元：《盛宣怀年谱长编》（下），上海交通大学出版社2004年版，第538页。

④ 张涛：《津门杂记·卷下》，光绪十年刻本，第25页。

篇《天津交还后问题》的论说，作者提出了对天津交还后十二个方面的忧虑。在这篇文章中，作者对都统衙门巡捕制度持肯定态度，并且担心天津收回后清政府改革西方巡捕制度，天津又会回到原来的“顽梗”状态。“自各国设都署以来，孜孜求治，竟使一破烂天津成一完美天津。天津街道之修洁，市面之整齐，自有天津来未必有如此政治家也。都署重捐各商民，而商民报捐者毫无怒色，尤吝色。若非奉行者力，商民之讬足获福，恐输资者不能如此踊跃也。北京未交还以前何其服化，既交还以后何其顽梗，此又可引为天津比例也。交还天津以后，都署所设巡捕等政，中国官府其将仍旧惯耶？抑将有所改作耶？吾恐又成一北京之现象矣。”① 六月二十七日（1902 年 7 月 31 日）《大公报》刊载《开官智法》一文，认为“开官智”第一要义是裁撤差役改设巡捕：“夫今日官制之坏不仅在鬻爵，不仅在保举，不仅在夤缘，而所以蒙蔽官智、紊乱官常者，其天下之蛊役乎……差役一日不去，官智一日不开。天下多干役，天下无好官矣。为今之计，惟先于通商各埠设立巡捕，正其名曰巡兵或曰捕勇。其目下已行者，如上海、宁波、福建、汉口、天津，其事事认真尤为众目共睹。今欲各埠一律仿照，只须译巡捕所办之要事，抄禁令之章程，讲解详明，诵记烂熟，有功必赏，有罪必惩。所需薪金，即取房捐舟车等捐，已觉有赢，无绌行之。既久，则凡弓兵差役即可渐次删除矣。商埠既设，然后推行内地，各府及各州各县一体仿立，酌量加增，则旧弊可一洗而空，而缉捕提案各差自能奋勉出力。其差役果能束身自爱，亦可改业承允。上欲举一事也，交巡捕以下于民。下欲陈一言也，付巡捕以达于上。风行雷厉，又何有官民隔膜之虞乎？此实开官智之第一要义也。”②

可见，清末直隶官民思想相对开放，容易接受新生事物。侯欣一教授就指出：“自李鸿章主政直隶以后，直隶特别是天津成了北方洋务运动和西方文化传播的中心，许多新的制度都是从这里经过实验而走向全国的，1870 年至 1890 年又先后有九个国家在此设立了租界，成了当时国内设立租界最多的地区，这种特点的历史背景使直隶特别是天津的士绅较之其他地区的士绅对西方文化和制度了解相对更多一些，同时也更加直观，心态上也相对较为开放。”③ 在直隶近代警察制度建立之前，直隶部分官绅已经对近代警察有所认识，并持肯定、称赞之态度。这就为直隶近代警察的创办准备了舆论

① 《天津交还后问题》，载《大公报》光绪二十八年六月十一日（1902 年 7 月 15 日）。

② 《开官智法》，载《大公报》光绪二十八年六月二十七日（1902 年 7 月 31 日）。

③ 侯欣一：《清末法制变革中的日本影响——以直隶为中心的考察》，载《法制与社会发展》2004 年第 5 期。

环境。

其次，近代多任直隶总督是同时代思想相对开放的官僚，积极主张向西方学习。这一点在传统的人治国家是非常重要的。

在晚清历任直隶总督中，任职时间比较长的有曾国藩（1868—1870年）、李鸿章（两次出任直隶总督，分别是1883—1895年、1900—1901年）、袁世凯（三次出任直隶总督，分别是1898年、1901—1902年、1902—1907年）等。其中曾国藩、李鸿章是洋务派的代表人物，在他们的主持或支持下清政府开始派遣留学生、开办学堂、延聘外国人、建立近代工业、建设新式军队等。晚清中国第一批官费留学生就是在曾国藩和李鸿章的会奏下促成的。洋务运动期间天津更是汇集了西方先进技术和先进文化，创造出诸多全国第一，引领当时风气之先。洋务运动开通了社会风气，为进一步向西方学习奠定了基础。李鸿章不但推动、领导着洋务运动，而且在清末新政中也发挥了重要作用。作为地方督抚大臣，屹立清末政坛数十载的重臣，他的意见对清廷决策影响很大。在清末新政上谕发布之前，清廷还在犹豫之时，李鸿章于“十一月间有疏陈请革政”①。光绪二十八年（1902年）新政改革上谕发布后，为了显示实行新政的决心，并且统筹未来的新政，清廷设立了督办政务处，李鸿章被任命为督办政务处大臣之一。

继李鸿章之后出任直隶总督的是袁世凯，他也是继李鸿章之后任职时间最长的直隶总督。袁世凯先后三次出任直隶总督，任职达六年之久。正是在袁世凯督直期间创办了近代警察制度。因此，我们有必要对袁世凯进行重点考察。目前已有研究者对袁世凯与清末警政建设进行了研究，但是这些研究文章侧重于警政创办后袁世凯的研究，无法完整地反映出袁世凯办警思想的前后脉络。袁世凯在两次科举考试失败后，即放弃了科举之路，转而参军。青年时期较少的封建教育使得袁世凯没有一般封建人士的顽固，墨守成规。袁世凯从军后，投奔于淮军将领吴长庆。随后，在朝鲜“壬午兵变”“甲申政变”两次重大历史事件中，袁世凯临机处置，表现突出，为吴长庆、李鸿章所看重。不久，袁世凯受命帮助朝鲜编练新军。他抛弃中国传统练兵之法，仿照西法练兵。在袁世凯的组织和推动下，新军训练成绩突出，袁世凯也因此受到朝鲜国王的赞赏。可以说，这时的袁世凯已经感受到了西方军事教育的先进性，迈出了向西方学习的步伐。光绪十一年（1885年），袁世凯被清廷任命为“钦命驻朝总理交涉通商事宜”大臣，直至光绪二十年（1894年），担当了十年的总领事外交官。而这时的朝鲜正是各国争逐的热点地区，因此他与各国公使进行了广泛的接触。十年外交官的经历，开阔了袁世凯的眼界，使得他与国内官员相比，较

① 孙宝瑄：《忘山庐日记》（上册），上海古籍出版社1983年版，第301页。

早地、较广泛地了解了西方。光绪二十年（1894 年）中日甲午战争爆发，战争的失败进一步刺激了袁世凯，使他深感西方文化尤其是军事的先进性，明确提出了适时而变、向西方和日本学习的思想："天下大势递变不穷者也，变局之来惟变法以应，则事变乃消弭于无形。此次军兴失利，势诚岌岌，然果能中外一心，不忘仇耻，破除积习，因时变通，不过十数年间而富强可期，是亦更始之一转机也。"① 在这份奏折中，袁世凯提出练兵建议十二条，建议练兵参用西法，聘用德国教练。庚子事变之后，清政府决定实行新政，发布变法上谕，广征意见之时，由于担心清廷变法的诚意，担心步戊戌之后尘，各省督抚迟迟不敢上奏变法条陈，是袁世凯首先打破了沉寂。光绪二十七年三月初七日（1901 年 4 月 25 日），还在山东巡抚任内的袁世凯上奏《遵旨敬抒管见上备甄择析》，提出慎号令、教官吏、崇实学、增实科、开民智、重游历、定使例、辨名实、裕度支、修武备等十条建议。② 总之，在对西方的了解和向西方学习等方面，晚于曾国藩、李鸿章的袁世凯比曾、李要求更加强烈，走得也更远。当代外国学者认为与同时代的中国官僚人物相比，"袁世凯及其幕僚是更加进步的开明人物，他们更具西方思想"③。袁世凯的经历以及他的政治素质、思想，使得他能够较早地接受西方的新事物，包括警察制度。

袁世凯应该在担任直隶总督前就有了仿照西方，创办近代警察的想法。根据日本黑龙会《东亚先觉志七传记》所言，"义和团事变后，袁世凯由山东巡抚转任直隶总督而入京谒见时，有一天川岛（作者按：即清末在清政府兴办警政过程中担任过重要角色的日本浪人川岛浪速）与青木宣纯中佐同去袁的旅寓访问，讲述了振兴警察制度的意见，袁当即表示赞成，并言称上任后尽快实行。到保定上任后不久，袁派冯国璋接川岛来谈创设警察的方法。川岛在保定居住了十几日，和袁任命的委员等商议，结论是要创立模范警察"④。

---

① 袁世凯：《为奉谕条陈储材理财练兵交涉各款时务要政管见事呈文》，中国第一历史档案馆馆藏档案，军机处全宗，档案号：03—5612—001。

② 《遵旨敬抒管见上备甄择析》，天津图书馆、天津社科院历史研究所编：《袁世凯奏议》，天津古籍出版社 1987 年版，第 272、273 页。

③ Stephen R. Mackinnon：Power and Politics in Late Imperial China：Yuan Shi—kai in Beijing and Tianjin，1901—1908，University of California Press，1980 年，第 87 页。

④ 转引自［日］吉泽诚一郎、张利民译：《光绪末年天津巡警的创设和城市行政的变化》，天津城市社会学研究会、天津社会科学院历史研究所：《城市史研究》第 10 辑，天津古籍出版社 1995 年版，第 128 页。

第三节　租界和都统衙门的示范效应

清末警察制度的建设包括直隶警政都是“仿行西法”，以英、美、日等尤其是日本警察制度为蓝本。但是，中国与近邻日本隔海相望，两国之间最近的距离也有几百海里，以当时的交通条件需要十几天的时间，至于说英、美等西方国家，至少需要半年以上的时间。加之，清末的中国还处于半封闭状态，国人思想封闭守旧者居多，他们对外面的世界一点儿也不了解，或者不甚了解，或者不耻于了解。因此，能够去日本、英美游历的人毕竟是少数的。同治十一年（1872 年），清政府才派出中国首批留学生，即容闳所率领的中国幼童留美学生。同治十五年（1876 年），中国才首次派出驻外公使，即派郭嵩焘为驻英公使。所以，对日本、英美等国家的了解，当时的绝大多数中国人只是道听途说，并没有真实的观感，对西方的警察制度也没有切身的体会。因此，在当时的历史条件下，外国人在中国建立的租界就成为清朝人了解西方世界的窗口，租界也为清朝人提供了对英、美等国家的直观认识，让一部分人得以亲身体验西方人的生活方式和市政管理模式，其中当然也包括不可或缺的警察制度。

清朝，最早提到西方近代警察制度的人是旅居上海十五年的葛元煦，他在光绪二年（1876 年）出版了一部有关上海开埠以来的风俗人物及租界情况介绍的小册子——《沪游杂记》。葛元煦在此书中介绍了上海租界内的西方警察制度。对“仿照西法，设立巡捕”① 鼓吹最力的早期改良思想家，如郑观应、陈炽等，主要也是通过香港、上海等地租界认识到西方近代警察制度的治安效果，从而对西方近代警察制度大加赞赏，并主张仿照办理。戊戌维新派的代表人物康有为也是在香港等地对西方警察制度产生直观认识的。光绪六年（1880 年）前后，康有为游历香港、上海等地后认为：“览西人宫室之瑰丽，道路之整洁，巡捕之严密，乃始知西人治国有法度，不得以古旧之夷狄视之。”② 早在光绪二十一年（1895 年）就提出仿照西法设立巡捕的清末大臣胡燏棻也是通过上海租界认识西方近代警察制度的。光绪二十四年（1898 年）湖南创办保卫局，为解决人才问题，黄遵宪更是打算从上海租界内聘请巡捕来

---

① 郑观应：《盛世危言》，夏东元：《郑观应全集》（上），上海人民出版社 1982 年版，第 513 页。

② 中国史学会主编：《中国近代史资料丛刊·戊戌变法》（四），上海人民出版社 1957 年版，第 115 页。

长沙，教练保卫局的巡查人员。“现请上海巡捕来教巡丁，俟来乃能定期。”①

天津作为清末直隶省的大城市，作为清末中国北方的重要港口城市，早在第二次鸦片战争《北京条约》中，就被迫开辟为通商口岸。天津被辟为通商口岸后，外国侵略者在天津办理的第一件事便是强划租界。在租界内，各国按照自己国家的城市管理模式进行管理。在治安管理方面，英租界首先设立巡捕，随后日、法、德等国租界也陆续设立巡捕。

光绪二十六年（1900 年）八国联军侵华，攻占天津，设立都统衙门统治天津。都统衙门除了采用一些临时性军事管制措施，还根据西方国家的城市管理经验和他们在上海、天津等地租界推行的方法统治天津。都统衙门一成立就按照天津英、法租界工部局方法，设立巡捕局负责维护天津城内外的治安和交通秩序，管理城区街道的环境卫生等。都统衙门首先招募了七百余名法、英、俄、日等国军队士兵组成洋人巡捕队，不久又招募了一千余名华人组成华人巡捕队。华洋巡捕队皆由巡捕局领导。此外，巡捕局还设立了消防队负责城市火灾治理，建立了监狱管理罪犯。为了保障河道运送粮食等商品的安全，都统衙门还建立了河道巡捕局，设立了水上巡捕队。于是天津的原中国辖区第一次出现了专门负责城市治安、卫生等任务的城市警察，成为城市管理的重要组成部分。都统衙门巡捕局将城区划分为八段，城内四段、城外四段，派巡捕进行分段管理。另外，为筹措办理巡捕的经费，都统衙门设置了工巡捐局，征收房、铺、车等捐。

清政府预筹收回天津后的治安管理而创办近代警察，首先在保定试办。其在警察制度、办警经费的筹措、警察服制等方面都学习了租界和天津都统衙门的办法。对于保定警政的创办，直隶总督袁世凯在奏折中说道：“自联军驻境，各国都统衙门参照西法厘订章程抽收房铺、车辆各捐，用以添募警兵，展辟道路，大抵就地方之财，办地方之事，取诸民者仍资以卫民。臣莅直后，以保定兵燹之余，伏莽未靖，曾于上年夏间，仿照天津巡警办法，奏定章程，分别捐办。”② 保定巡警的服装也借鉴了租界巡捕服制。天津租界巡捕服制是“其等级在衣袖上有金线三环、四环者，人因以三道四道呼之”③。保定巡警服制是“总办天青长袖马褂，袖上五道银绦。巡官四道，巡弁三道，巡记二道，

① 皮锡瑞：《师伏堂日记》，光绪二十四年四月初一日，载《湖南历史资料》1959 年第 1 期。

② 《津埠照旧捐办巡警片》，天津图书馆、天津社科院历史研究所编：《袁世凯奏议》，天津古籍出版社 1987 年版，第 784 页。

③ 张涛：《津门杂记・卷下》，光绪十年刻本，第 25 页

巡长一道，正巡目红绦二道，副巡目一道”①。

光绪二十八年七月十二日（1902 年 8 月 15 日），清政府从天津都统衙门接收天津。接收初期由于初来的巡警对地面情形不熟，直隶总督袁世凯还特请外国巡捕官协助管理治安，并将各国原设之华捕一千余人酌留执勤。“各处驻段华捕，前经统带巡警营曹都戎谕令，仍在原段驻防……都戎复传各段华捕等，面谕充差仍照旧章，并须另发军衣云。”② 在办警经费的筹措方面，天津南段巡警总局也借鉴了都统衙门的办法。生活在清末的天津人王守恂在其所著的《天津政俗沿革记》中对此记载道：“光绪二十六年联军据城，外人在天津设立民政公署，俗称曰‘都统衙门’，开办工巡捐局，收铺捐、房捐、车捐。二十八年直隶总督袁世凯接收天津，因仍其旧。其房捐也分瓦、灰、土三等，市房、住房等类均按时价每百抽三。其铺捐也分商铺、客栈、当铺，各名目又分各等级，但土房在三间以内者及夫善堂房及小本营生一律免捐。其车捐也分大车、小车、地扒车、人力车、过路车各项，按月抽捐，而人力车又有年捐、季捐之别。此皆二十六年外人据城时所创办也。”③ 不但如此，从后来直隶创办警察的实况来看，其分区管理的警政模式，官督绅办的办警方式，以及其他一些警察条例规章等都是对租界和都统衙门巡捕局所采取方式的借鉴。

---

① 《创设保定警务局并添设学堂拟定章程呈览折》，天津图书馆、天津社科院历史研究所编：《袁世凯奏议》，天津古籍出版社 1987 年版，第 607 页。

② 《捕衣将换》，载《大公报》光绪二十八年七月十六日（1902 年 8 月 19 日）

③ 王守恂：《天津政俗沿革记》卷六《田赋》，1938 年刻本，第 8 页。

第二章　清末直隶警政创行与发展

第一节　保定警政的创办

光绪二十八年四月（1902 年 5 月），直隶总督袁世凯委派候补道员赵秉钧，在保定创办巡警，作为全省警政的实验。同时，在保定创办警务学堂，培养警务人员。在创设保定警务局和警务学堂的奏折中，直隶总督袁世凯上奏道："臣前奉光绪二十七年七月三十日上谕：各省制兵防勇，积弊甚深，著将原有各营严行裁汰，精选若干营，分为常备、续备、巡警等军，认真训练，仍随时严切考校。等因……臣窃惟备军所以御外侮，警兵所以清内匪。中国自保甲流弊，防盗不足，扰民有余，不得不改弦更张，转而从事于巡警。查各国警察，为内政之要图，每设大臣领其事。盖必奸宄不兴，而后民安其业。国本既固，而后外患潜销。且国家政令所颁，于民志之从违，可以验治理之得失，而官府所资为耳目，藉以考察舆情者，亦惟巡警是赖。直隶自庚子以来，民气凋伤，伏莽未靖，非遵旨速行巡警，不足以禁暴诘奸，周知民隐。"① 从袁世凯的奏折中，可以发现他将警察作为内政管理的需要，从官与民的关系上看待巡警的作用，"禁暴诘奸，周知民隐"是袁世凯最为看重的警察职能。这一思想在保定警务局的局所设置和警务章程上也有反映。

保定警务局设总局一所，总局下设东、西、南、北和四关共五分局，分局下设巡所，以赵秉钧为总办，统辖全局。因事属草创，保定警务局内部组织比较简单。总局内仅设有总办一员，提调兼发审一员，正、副文案各一员，收支一员，正、副医官各一员，考功一员，卫生一员，除秽一员，书办两名。五分局各设巡兵六十四名，巡兵之上设正、副巡目八名，巡目之上设巡长四名，巡长之上设巡弁一员，以巡官为分局最高管理人。

对于警察的职责，保定警务局认为：警察以清查户口为第一要政，"警察

---

① 《创设保定警务局并添设学堂拟订章程呈览折》，天津图书馆、天津社科院历史研究所编：《袁世凯奏议》，天津古籍出版社 1987 年版，第 604、605 页。

入手以清查户口为先”①。清查户口有两种方法：定时清查和随时清查。清查户口时，要区分官员、绅士、平民、无业游民、曾犯刑律者等，详细分类记录其姓名、年岁、籍贯、田产等。除清查户口外，警察对治安、交通、卫生、防火救火等项也要特别注重。在救火方面，保定警务局设有消防队，备有水机、梯子、挠钩等器具，并有专门的救火操法。

为了确保警察职责的正确履行，督促巡警官兵勤勉任事，认真工作，保定警务局制定了一系列警察章程规定。如《保定警务局章程》《保定警务局站岗规矩》《保定警务局巡逻规矩》《保定警务局管理旅店法》等，这些章程规定了警察巡逻站岗的各种注意事项、职权范围、行使方式和奖惩规定等。

保定警政创办初期收到了一定的治安效果，直隶总督袁世凯上奏道：“按照章程行之两月，地方渐臻静谧，宵小不至横行，似已颇有成效。”② 民间对警政效果也是比较认可的。《大公报》光绪二十八年五月二十六日（1902 年七月初一）载：“袁宫保近派巡警营兵丁在城厢内外昼夜梭巡，清理街道，盘诘奸宄，夜间按时换班尤为慎重。宵小为之敛迹，百姓称诵，有夜不闭户之风。”③

光绪三十年（1904 年），保定警政进行了整顿调整，保定警务局与保定工程局合并，组建保定工巡总局。工巡总局如警务局设总办统辖全局之事，下设提调、总稽查、副稽查、收支、文案、医官、庶务、巡查等职员。总局下辖探访局、工程局、民事三所（民事所、刑事所和检事所）、警务分局和书记科、监工科、支应科、街道科、铺捐科、房捐科、门捐科、车捐科、船捐科等。工巡总局如警务局也设置五分局，分局设巡警七十名，巡警分为一、二、三等级，其中三等巡警五十四名、二等巡警十名、一等巡警六名；巡长九名，巡长也分三等，三等巡长五名、二等巡长二名、一等巡长二名；巡长之上设巡弁一名，巡弁之上设巡官一名。

保定工巡总局是保定警政发展到一定阶段的产物，与保定警务局相比，具有以下特点：

① 《创设保定警务局并添设学堂拟定章程呈览折》，天津图书馆、天津社科院历史研究所编：《袁世凯奏议》，天津古籍出版社 1987 年版，第 609 页。

② 《创设保定警务局并添设学堂拟订章程呈览折》，天津图书馆、天津社科院历史研究所编：《袁世凯奏议》，天津古籍出版社 1987 年版，第 605 页。

③ 《巡警认真》，载《大公报》光绪二十八年五月二十六日（1902 年七月初一）。

第一，保定工巡总局职权进一步扩大。保定工巡总局不但继承了此前保定警务局的职权，还接收了工程局的职权。如管理房、铺、车、门、船等各捐，管理道路维修、街道卫生、防疫等。保定工巡总局设有房捐科、铺捐科、车捐科、门捐科、船捐科、监工科、街道科等科。工巡总局所设医官，除负责巡警官兵医疗外，还负责查视腐坏肉菜、不熟瓜果，概禁贩卖；随时查视城内外井水，并及时淘洗，去陈引新，俾令清洁以益卫生；四时不正，设遇时疫发萌，要制造臭油石灰消毒水解疫，以防传染。

第二，保定工巡总局加强了“禁暴诘奸，周知民隐”的职能。为了强化这一职能，保定工巡总局设立了暗查、探访。保定工巡总局规定：暗查，负责查性情阴险，作事嫁害于人者；天性聪敏而所作不典，干犯王章者；街市闲谈，妇孺偶语，无心流露而有关于政治者；辖境人民性情之恶劣，交接之不良者；密语接谈，偶有可侦之事者；预谋偷开河堤泄水者；妓馆、酒店窝藏偷窃者；幼年子弟游荡不务正业，易犯奸盗者；终日群聚，造谣生事，诽谤国政及煽惑阴谋不轨者；聚众有发现抢劫现象者；邪教惑人者；盗卖公家之物者；霸占妇女，逼良为娼者；伪造欺人者；私铸者等。探访，须明白各处情形，平素须知辖境殆人心术行为，须通达下流社会人的事情并伪与交接以通消息，探人心术狠毒欺压良善之人，探访盗匪土棍踪迹，探访贼窝票匪聚会之所，探访阴谋人民财产之事，探访阴谋拐诱良民子女之事，捕拏已经犯罪之人，查缉剪绺小窃人犯，捕拏私铸伪造印信币纸人犯，捕拏私造军火人犯，捕拏破毁电杆电线之人，捕拏图害人民之人，捕拏现犯有凭证之人，探访居民无故携眷潜行者，探铺户潜运货物钱财者等。

第三，保定工巡总局实行分科办事，明确各科职责，这对于细化工作，提高工作效率具有积极意义。在总局内日常工作方面，保定工巡总局设有书记科、支应科。其中，书记科负责总理公牍稿件，遵奉传示各局命令，批饬各项禀牍，收发来往文件，收掌各项卷宗，标判各种文牍。支应科负责决算常年出入经费，收发一切薪饷，收核各项捐款，核支各项工程款项，核发军装款项，遵发本局差弁暨分局长警考试各等奖赏，经理拘留犯人口粮，核发医院购买药品价值，经理全局报销。在民事、刑事案件管理方面，保定工巡总局设有民事所、刑事所。民事所，负责绅商士民凡有关于社会公务因而争执者，银钱账目控求追索者，户婚田产纠葛涉讼者。刑事所，负责拿获有罪人犯应行研审案件，中等以下社会并非正事案件，下等社会狂徒案件，定归违警罪名案件，判定违警罪名案件，民事判定罪名得实核办案件。在捐务管理方面，保定工巡总局设有房捐科、铺捐科、车捐科、门捐科、船捐科等科。各科负责按照定章收受捐项，并密查隐匿不报及以多报少等情弊，但是各科查有情弊只能呈请惩罚，不得私自处理完结。

第四，保定工巡总局加强了对巡警和职能科室工作的监督，预防各种情弊的发生。除规定总办、提调、巡官、巡弁、巡长等逐级监督外，保定工巡总局还设立有总稽查、副稽查等专职人员，以进一步加强对巡警官兵的监督；设立检事所，加强对刑事所、民事所的监督，防止刑事、民事案件出现舞弊等情况。保定工巡总局规定：稽查，负责查警察职守勤惰，司法捕拿有无株连无辜，警官行政、司法名誉等情弊，查地方现行各事有无妨害于公共治安。检事所，要对已准控诉案件盖印图章分别转送民事、刑事所判官判理；凡遇控诉案件，须查视禀词，分别驳准，请示办理；已准控诉案件须分别差传质证搜索等事；凡案件出票差传后，应查执票人是否遵行；判后须核对判情有无出入；判后须审阅判情，设有曲直未当，可令复为判讯；控诉案件事涉犹疑或不明晰之处，先将原告、被告预审；民事、刑事两所判定案件逐一查看，盖用图章。

第二节　天津警政的创办

清末八国联军侵华，攻占天津，于光绪二十六年七月初五日（1900 年 7 月 30 日）在天津设立都统衙门，对天津进行殖民统治。天津的地理位置重要，既是北方最大的商埠，又是清王朝首都的门户，在经济上和军事上地位非常重要。因此，《辛丑条约》签订后，清政府立即开始与各国商谈收回天津之事。其间，围绕归还天津的条件，中外双方进行了长期的交涉。列强提出了许多苛刻条件，甚至以发动战争相威胁。在中国政府的努力和各占领国矛盾冲突的情况下，光绪二十八年六月（1902 年 7 月）中外双方达成有关接收天津的协议，其中涉及警察的规定有：一、“都统衙门裁撤后，联军仍应接续照旧在现今所屯各处驻扎”，其所需物品概免各项赋税。该军队有操练、打靶及野外大操之权，无庸预先照会。为避免驻津各国军队与中国士兵“相撞滋事”，“故拟由中国国家禁止华兵距驻扎天津之军队二十华里内前进或屯扎”；二、“直隶总督有权在天津城内置亲兵一队，其数额不得过三百名，外并允直隶总督设立警察勇一队”。①

在列强的倡议和逼迫下，考虑到义和团运动和八国联军侵华后天津的治安困局及旧有治安组织的疲乏，直隶总督袁世凯决定在天津兴办巡警，并以保定作为实验。“臣于莅任之初，即预筹津地收回必当有以善其后，而尤虑华洋交替之际，匪徒乘间思逞，情形较内地尤为紧要，是非举办巡警无以靖地面而清盗源。查各国都统衙门驻津时，本有警察，而中外情形隔膜，流弊滋多，未便

① 《天津交还紧要公文》，载《大公报》光绪二十八年六月十六日（1902 年 7 月 20 日）。

仍旧制。臣前驻保定即经陆续招募警兵，勤加训练，限以速成，为未雨绸缪之计。惟津郡及海口地方，或负山控海，或华洋错居，在均须设备，约非四五千人不能分布，无如饷源支细，罗掘为难，不得不立以始基，徐图开拓，因先招募三千名，编列十局，于二十八年五六月间，先后成队，暂住省垣，拟俟地面收回，即分驻要区以资捍卫。迨至交津有期，而各国订立条约，复有距天津二十华里，华兵不能驻扎之议。迭经电请外部向各国公使磋商，始议明巡警不在此列。维时天津盗贼繁多，疮痍满目，兵力既不能到，则惟赖巡警以镇慑而绥靖之。"① 袁世凯在这里强调了义和团运动和八国联军侵华之后天津的治安困局，并指出都统衙门时期的警察制度不完全适应中国的情况，不能全盘照搬。因此，在保定创办巡警作为实验，并在保定为天津训练了数千巡警，以备接收天津后维持治安之用。

光绪二十八年七月十二日（1902 年 8 月 15 日），清政府从列强手中收回了天津。此前，袁世凯已派员将在保定招募的巡警 2000 人预调天津，并将都统衙门原在津服务的华人巡捕 1000 余人酌留。袁世凯以其中的 1500 名巡警组成天津北段巡警总局，以段芝贵为总办；以另外 1500 名巡警留津驻扎，组建天津南段巡警总局，天津城区的治安任务由其负责，以曹嘉祥为总办。曹嘉祥任职不到一年即被撤差，光绪二十九年三月（1903 年 4 月）赵秉钧接任总办。② 天津南段巡警总局初建时，内部机构设置还比较简单，外部机构设置东、西、南、北、中五个巡警分局，光绪三十年（1904 年）又增设了天津四乡海河巡警总局。

宣统二年（1910），直隶省在天津设置巡警道，同时将天津警区设置进行了整顿，将天津南、北段巡警总局合并，重新划分为东、南、西、北、中五大区，原天津四乡海河巡警总局从南段巡警总局分离出来。翌年，南、北两段复分，南段巡警总局隶属于巡警道；北段巡警总局隶属于新练军，仅辖西、北两个区；四乡海河巡警总局又附辖于南段巡警总局。总之，在袁世凯担任直隶总督期间，天津南段巡警总局机构设置、局章规制等已基本定型。袁世凯之后的数任直隶总督时期虽有一些增减，但基本上没有大的改变。

天津南段巡警总局管理天津市区及其周围地区，因地理位置重要、城市发展的需要和直隶总督袁世凯等官员的重视，发展比较迅速。光绪三十一年（1905 年）时，根据《天津南段巡警总局现行章程》，总局有巡警一千一百七十七名，其中不包括巡官、副官、夫役；马巡队五十三名；河巡队五十名；消

① 袁世凯：《奏报天津及海口一带设立巡警情形事》，中国第一历史档案馆馆藏档案，军机处全宗，档案号：03—5518—090。

② 《改委总办》，载《大公报》光绪二十九年三月二十七日（1903 年 4 月 24 日）。

防队九十一名；差遣队四十六名；备差队一百零一名；乐队二十一名；电线队三十七名。[①] 此时，可计算巡警为一千六百七十六名，加上没有说明具体人数的巡官、副官、夫役，总人数当在两千人左右。这一数字还不包括天津四乡海河巡警总局的巡警数目。

天津南段巡警总局设有值日所、稽查所、发审处、财政董理处、马巡队、河巡队、探访队、电线队、消防队、差遣队、备差队、军乐队、拘留所等，总局下设东、西、南、北、中五个巡警分局，每分局由正巡官负责。分局下设五队，每队设巡弁负责管理。每队下设若干巡警棚，每棚设若干巡警。光绪三十年二月（1904 年 3 月），更改局章，"将旧设之分局五处正巡官五员改名总区官名目，其每分局内旧设之五队将第五队巡弁裁撤，所遣之兵四十名分拨四队中听用，每分局内改分四队名为四区"[②]。各分局第一区设正巡官，由分局局长兼理，第二、三、四区设副巡官。本次巡警分局改设四区，先从第一局开始，依次进行，光绪三十一年五月（1905 年 6 月）改设工作结束。后区官又改成区长名称。天津南段巡警总局实行分区管理对直隶的警政建设产生了直接的影响，此后直隶各州县兴办警政，大都实行划分警区的模式（文后《直隶部分州县办警概况简表》可为佐证）。后来清政府通令全国设立巡警道，划分五警区办理警务，与天津南段巡警总局的首创警务分区管理也不无关系。此次改制之后，天津南段巡警总局警区、官弁警员的设置是：每局划分四区，每区分布十二岗（加岗不在内）。每局设局长一员兼管第一区，为各分区之领袖；每区设区长一员、副官一员、检事一员、头等巡长一名、二等巡长一名、三等巡长三名、巡警五十名、伙夫五名、局役四名；每区巡警五十名，分为五棚，每棚十人轮流更替值班。

近代警察制度虽然最早出现于保定，但其发展却是在天津。与保定警政相比，天津警政具有以下特点：

第一，在警察宗旨理解方面，天津南段巡警总局更为深刻。保定警务局创建时，统治者仅将警察看作是统治人民的工具，是对人民进行监督、侦查的工具，将"禁暴诘奸，周知民隐"[③] 作为警察的重要职能和创办初衷。天津南段巡警总局与之相比前进了一步，它规定"总局精神作用，专以保护

---

① 《天津南段巡警总局现行章程》，甘厚慈：《北洋公牍类纂》，文海出版社 1966 年版，第 561 页。

② 《警局新章》，载《大公报》，光绪三十年二月初七日（1904 年 3 月 23 日）。

③ 《创设保定警务局并添设学堂拟订章程呈览折》，天津图书馆、天津社科院历史研究所编：《袁世凯奏议》，天津古籍出版社 1987 年版，第 605 页。

一般人民，维持治安为宗旨”[①] “巡警以维持秩序，保护安宁为宗旨”[②]。可见，此时已经认识到保护人民、维持治安是警察的首要职能，而不是监督人民、侦查人民。

第二，机构设置健全，分工进一步细化。天津南段巡警总局内设有值日所、稽查所、发审处、财政董理处、马巡队、河巡队、探访队、电线队、消防队、差遣队、备差队、军乐队、拘留所等。值日所，为全局公务总汇之区，所有上行下行各项公事均由值日所转行。值日所下又分为总务课、庶务课、考绩课、审判课四课，这一进步显示了天津南段巡警总局分课办事，工作细化。

第三，警务监督机制进一步完善。保定工巡总局仅设有稽查以加强对巡警官兵的监督。天津南段巡警总局不但设有稽查、巡查等监督人员，而且专门设立稽查所、值日所考绩课。稽查所负责管理稽查员和稽查事项，值日所考绩课负责对官弁长警进行考核。此外，值日所庶务课也有监督职能，负责查阅报刊中的有关警察事件。光绪三十一年（1905 年），天津南段巡警总局制定了《天津南段巡警总局现行章程》，对稽查、稽查所、值日所考绩课、庶务课等职责、人员办公要求等进行了明确规定，进一步加强对稽查人员、稽查部门的管理。[③]

第四，警察法规建设备受重视，陆续颁布了一系列警务章程、条例和办法等。天津收回，警政创办伊始，光绪二十八年七月（1902 年 8 月）天津南段巡警总局就制定颁布了《巡警条规》[④]，列举了十八项现象作为取缔对象。光绪三十年（1904 年），天津增设四乡巡警，制定了《天津四乡巡警现行章程》[⑤]。光绪三十年（1904 年）创办罪犯习艺所，制定了《天津罪犯习艺所章

---

① 《天津南段巡警总局现行章程》，甘厚慈：《北洋公牍类纂》，文海出版社 1966 年版，第 557 页。

② 《天津南段巡警总局详送改定局厅权限章程》，甘厚慈：《北洋公牍类纂》，文海出版社 1966 年版，第 628 页。

③ 《天津南段巡警总局现行章程》，甘厚慈：《北洋公牍类纂》，文海出版社 1966 年版，第 562-566 页。

④ 《巡警条规》，载《大公报》光绪二十八年七月二十日（1902 年 8 月 23 日）。

⑤ 《天津四乡巡警现行章程》，甘厚慈：《北洋公牍类纂》，文海出版社 1966 年版，第 632-635 页。

程》[①]《天津罪犯习艺所办事规则》[②]《天津罪犯习艺所看守兵办事规则》[③]《天津罪犯习艺所增订员司职守章程》[④] 等，规范对罪犯习艺所的管理。光绪三十一年（1905 年）天津南段巡警总局将陆续制定颁布的一系列章程、条例和办法等斟酌合并，制定颁布了《天津南段巡警总局现行章程》，设总纲、局制、权限、职守、办法、通则、赏罚、额数八章五万多字。《天津南段巡警总局现行章程》可谓警察法规的汇总，囊括了警察工作的方方面面，是当时中国最完备的警察章程，被清廷巡警部推崇和各地警察机构借鉴。《天津南段巡警总局禀定违警罪目百二十五条》[⑤]，对应由巡警总局审理的具体违警行为进行了规定。清政府于光绪三十四年（1908 年）制定颁布《违警律》，天津南段巡警总局逐将自定的违警罪目一百二十五条废除，依照大清《违警律》执行。

第五，警政建设官民重视。对于天津警政的建设，官府是十分重视的，不但积极建章立制，制定一系列警务章程、条例和办法等，而且非常注重对巡警的稽查，严惩不法之徒，以维持警纪。这一点在天津接收初期尤为明显。《大公报》有许多这方面的记载。例如，光绪二十八年七月十五日（1902 年 8 月 18 日）载："前日袁宫保谕饬巡警队队官，严饬所属，谨慎当差，不得骚扰闾阎，至于稽查、巡逻更须认真云云。一面又谕饬亲信之文武员弁，明查暗访站岗之巡警是否可靠，能否免为外人指摘窃笑，着将实在情形分别禀覆。"[⑥] 七月十八日（1902 年 8 月 21 日）天津南段巡警总局总办曹嘉祥告诫巡警："本总办奉督宪檄饬，办理天津警务。现在天津地收还，所有城厢内外地面，当经派巡丁昼夜梭巡，以安行旅而卫闾阎。该巡丁等务须恪遵条规，奉公守法，不得妄滋事端，扰累居民。如购买什物，悉照市价，公平交易，不准稍有抑勒。倘有以上情弊，一经察觉，定即从严惩办，绝不宽贷，各宜凛遵毋违。"[⑦] 赵

---

① 《天津罪犯习艺所章程》，甘厚慈：《北洋公牍类纂》，文海出版社 1966 年版，第 399-402 页。

② 《天津罪犯习艺所办事规则》，甘厚慈：《北洋公牍类纂》，文海出版社 1966 年版，第 402-404 页。

③ 《天津罪犯习艺所看守兵办事规则》，甘厚慈：《北洋公牍类纂》，文海出版社 1966 年版，404、405 页。

④ 《天津罪犯习艺所增订员司职守章程》，甘厚慈：《北洋公牍类纂》，文海出版社 1966 年版，第 405-411 页。

⑤ 《天津南段巡警总局禀定违警罪目百二十条》，甘厚慈：《北洋公牍类纂》，文海出版社 1966 年版，第 630-634 页。

⑥ 《明察暗访》，载《大公报》光绪二十八年七月十五日（1902 年 8 月 18 日）。

⑦ 《巡警员示》，载《大公报》光绪二十八年七月十八日（1902 年 8 月 21 日）。

秉钧接任总办后，经常亲身巡查，严厉惩治舞弊者。光绪二十九年四月十三日（1903 年 5 月 9 日）夜间一点钟时，赵秉钧亲身巡查，查有第四局巡兵张连魁在鼓楼东站岗，在街中慢步行走，岗规可嘉，立刻奖赏洋银两元，并记名注册提升，以示鼓励。同时查有第一局巡兵李金声及第五局巡兵郝竹清有玩法误公情事，遂将二兵立即拿送回局。① 四月二十一日（1903 年 5 月 17 日）赵秉钧又夜间亲身巡查，查出擅离职守之队长、巡弁约数十名，均行分别注名，进行盘诘申斥。② 严厉稽查巡警舞弊、误工、玩忽职守等，也从一个侧面反映出官方对警政建设的重视。

对于警政建设不但官府重视，民间也是很重视的。一些人对天津警政直陈利弊，建言献策。例如，光绪二十八年九月（1902 年 10 月）有人针对天津盗贼滋扰之事时有所闻的情况，提出整顿巡警条议五条，即兵宜熟悉地方、兵数宜增、兵皆持械、家置巡哨、宜立赏罚。③ 光绪三十三年十二月（1908 年 1 月）有人针对天津“自入冬以来，抢窃之案在所不免，防范虽甚严紧，而地面仍难保”的情形，提出三点建议，一是区址宜重为划分，二是夜岗易改为会哨，三是奖赏宜重于惩罚。④《大公报》对警政建设更是重视，其有关警政的新闻报道占据了相当篇幅，对一些警察规条、示谕等还进行大篇幅的报道和连载。

巡警局的设立和巡警勤务的运转，使得保定、天津的治安状况得到很大的改善。《大公报》指出，直隶巡警“虽曰事属创举，组织尚未尽完全，然所得效果已自不少。但就天津而论，棍徒群殴之风素炽，而今则恶党潜踪；盗贼偷窃之案频闻，而今则深宵安枕。他如维持市面之危险，审理琐细之案情，设探访以查地面于无形，设暗查以窥兵弁之勤惰，种种利益不一而足”⑤。光绪三十二年（1906 年），湖南善化县生员叶芳上书巡警部尚书徐世昌密陈湖南警政之弊端，他还将湖南警政与天津警政作比较，指出：“芳尝见天津警察，街衢洁净，灯柱密柱，巡兵往来不得错乱，巡弁、巡长查察，复有巡逻稽查，时刻梭巡，簿录功过，规矩严谨，条理分明。以湖南察视天津，诚有天壤之别。噫！我湖南何不若天津哉？今俺得湖南亦如天津哉？警察改良，予曰望之，予

① 《有赏有罚》，载《大公报》，光绪二十九年四月十六日（1903 年 5 月 12 日）。

② 《亲查警兵》，载《大公报》光绪二十九年四月二十二日（1903 年 5 月 18 日）。

③ 《整顿巡警条议》，载《大公报》光绪二十八年九月二十一日（1902 年 10 月 22 日）。

④ 《改良天津警务议》，载《大公报》光绪三十三年十二月初八日（1908 年 1 月 11 日）。

⑤ 《论巡官责人宜定限制》，载《大公报》光绪三十年十一月初六日（1904 年 12 月 12 日）。

曰望之！”① 不但中国人称赞，外国人也大加赞扬：“天津交还后，巡警更加整顿，道路更见清洁，实出人意料之外，倘中国各处皆然，何患不自强而为天下之强国耶？”②

保定、天津警政的成功使得直隶总督袁世凯对近代警察制度的建立更加迫切并充满了信心，于是他决定在直隶各州县大力推广巡警，直隶警政开始全面兴办。

第三节 直隶警政的推广与直隶警务处的建立

在直隶警政成绩的鼓励下，在全国治安形势恶化的逼迫下，清廷对近代警察制度越来越重视。为进一步推动全国警政建设，清廷采取了切实措施，于光绪三十一年九月十日（1905 年 10 月 8 日）设立了巡警部，作为督办京师及各省警政的专门机构。巡警部以徐世昌为尚书，毓朗为左侍郎，赵秉钧为右侍郎。巡警部成立一年后，于光绪三十二年九月（1906 年 11 月）改为民政部，并扩大职权范围。巡警部、民政部的建立对于全国警政建设起到了积极的作用。

在清廷的批准认可下，在巡警部、民政部的督促下，直隶总督袁世凯在全省大力推广警政。到光绪三十一年（1905 年）直隶所属一百二十余州县陆续禀设者已达到了九十余处③，而且天津四乡、海河，保定四乡及直隶其他一些州县还兴办了乡镇巡警。但这只是表面的数字，其真实情况并不乐观，就连直隶总督袁世凯本人也承认“现据各州县陆续禀设者，虽已有九十余处，而大半有名无实。惟天津为通商巨埠，华洋杂处，办理尤为注意，三年以来，次第改良，奸宄不行，闾阎安堵，成效昭著”④。如怀来县，“城乡巡警创办已三年之久，原分为六局二十一区，统计马步巡兵二百七十余名，卑职逐处履勘，仅城堡镇市地面徒有外表可观，察其内容殊欠讲求……即充当巡兵者亦皆乡愚无知，未经训练”⑤。满城县，“初办警察在清光绪三十一年，当时任其事者初为外委武汛，试辄弊继以典吏兼之，雇募警兵十余人，聊以塞责而已，佥曰无用

---

① 《叶芳禀呈》，中国第一历史档案馆馆藏档案。转引自韩延龙、苏亦工等著：《中国近代警察史》（上），社会科学文献出版社 2000 年版，第 143 页。

② 《译件》，载《大公报》光绪二十八年八月二十一日（1902 年 9 月 22 日）。

③ 朱寿朋：《光绪朝东华录》，中华书局 1958 年版，第 5393 页。

④ 朱寿朋：《光绪朝东华录》，中华书局 1958 年版，第 5393 页。

⑤ 《怀来县王令忠荫禀到任后整顿学堂巡警工业树艺情形文并批》，全国图书馆文献缩微复制中心：《清末官报汇编 · 北洋官报》（光绪三十四年正月二十六日），新华书店 2006 年版，第 861 页。

也。及上檄催严急，乃于三十二年招集绅耆，创办亩捐，购备枪械，分区设置区长，并添设警董相助为理。上宪委派警学专门人才督带，称总巡官，自是稍具警模矣。”① 武强县，“卑县巡警系前署县杨令鸿义任内创设，周令学渊继之，因风气未开，经费无出，惟城内即小范镇两处为人烟稠密之所，匪徒出没之场，设有警董岗兵，以资镇慑。其余各局区悉沿保甲之久，岗兵雇募于临时，警董权摄于村正，虽规模初具，皆有名无实”②。

为了进一步推动、督促直隶全省的警政建设，加强对全省警政的管理，直隶省决定建立直隶警务处（又称保定警务处）作为全省警政的最高领导机关。直隶总督袁世凯认为：“筹办通省巡警，必先设一总汇之区，以资提挈……应于保定省城设立警务处，以臬司督理其事。”③ 光绪三十二年（1906年）直隶警务处在省城保定设立，负责“整理全省警务及各职员进退更换委派之事”④。在警务创办初期，各省省城与州县警务局互不统属，一省警务尚无专门管理机构的情况下，直隶警务处的创设无疑是一种制度上的创新，它突破了固有直隶省警制散漫的缺陷，使得全省警务有了统一的管理。直隶警务处管理全省警务的地方警制模式，提示了警务管理的一个发展方向，即设立省级专门的警务机构，专管全省警务。直隶警务处与巡警道专管一省警务的性质已经十分相似。

直隶警务处设督办一人为最高长官；会办一人，协助督办管理警务处及全省警务；参事官二人，职责是禀承督办、会办经理本处全体事务分布于各股长。以下设行政股、司法股、保安股长、会计股长、编译股。各股下设各所。此外，直隶警务处还设有总稽查八人、暗查十名、高等探访若干员。⑤

---

① 《民国满城县志略》卷五《县政·机关组织》（中国地方志集成·河北府县志辑·第40辑），上海书店出版社2006年版，第445页。

② 《武强县韩令炳枢禀到任后改良巡警办法请立案文并批》，全国图书馆文献缩微复制中心：《清末官报汇编·北洋官报》（光绪三十四年三月二十五日），新华书店2006年版，第1025页。

③ 《督宪袁札设省城警务处办理通省巡警文》，国家图书馆分馆编选：《（清末）时事采新汇选》（第15册），北京图书馆出版社2003年版，第8164页。

④ 《直隶警务处试办章程》，甘厚慈：《北洋公牍类纂》，文海出版社1966年版，第533页。

⑤ 《直隶警务处试办章程》，甘厚慈：《北洋公牍类纂》，文海出版社1966年版，第533-536页。

表 2-1　直隶警务处机构设置表

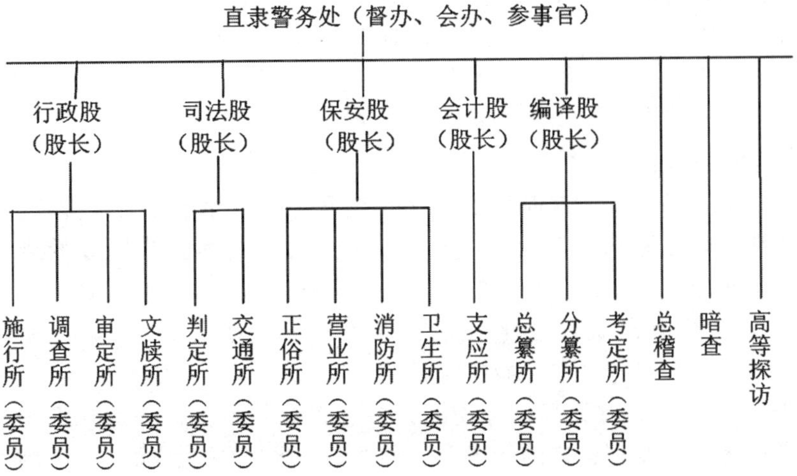

直隶所属之顺天府地位特殊，具有相对独立性，所以在直隶警务处之外专门设立了顺天警务处，管理顺属二十四州县的警务事宜。但是，此制度的实行使得顺天警务独立于直隶警务之外，警政建设落后于直隶其他地方。为此，顺直咨议局于宣统二年（1910 年）提出《整顿顺天警务案》，提议顺天府尹设法筹办，使顺天警务与直隶全省警务归于一致；或者整顿顺天警务处，认真办理顺天警务。后来直隶总督与顺天府尹经过咨商，决定采用第一条办法，将顺直警务划一，顺天警务由直隶警务处统筹办理。但是，此措施实施不久顺天府又另行设立警务公所。

直隶警务处成立后，统筹全省警政，采取切实措施督促直隶所属各州县认真兴办警政，有力地促进了直隶的警政建设。

首先，督促各属警政建设。前已述及，直隶警务处设有暗查、总稽查，专门负责考查办警成绩。根据《直隶警务处试办章程》的规定，暗查负责“分赴各处，改装密查，经报本处，以便派员覆查。如果属实，即行核办。其情形较重者，由督办、会办禀候核办”。总稽查负责“考查各属传习所教员授课之疏密，学生肄业之勤惰，官弁长警办事之程度，军装器械服制之整齐。凡关系巡警之名誉，均宜悉心考核，禀明督办、会办随时整顿”。为防止此项人员借机要挟地方官员，收受贿赂，直隶警务处特别规定“该员专司查察，并不干预地方官政治上之权限，亦不准收受地方官丝毫供应”①。邢台县即经暗查访

① 《直隶警务处试办章程》，甘厚慈：《北洋公牍类纂》，文海出版社 1966 年版，第 533-536 页。

查警政建设不力而报告直隶警务处，直隶警务处命令邢台县切实筹划，补足警额："前据暗查员禀称，该县四乡巡警多行解散，业经本处札查切实筹办在案。嗣据该县禀覆，拟秋收后邀集四乡绅董，遵照颁发章程妥筹办法，以期进步。兹又据暗查员禀称，该县四乡巡警今春尚有数十名，自点验后即全行解散，现在除城关有七十二名外，四乡并无一名，因此以至入秋来该县四乡人民皆藉演戏聚赌，其状不一而足等情。据此，查地方治安全赖警察维持，况冬防在即，盗贼易生，巡警所关尤为重要。该县四乡巡警既成复散，恐赌风既炽，盗贼亦将因之而起，急宜思患预防，设法筹备。况该县为顺郡首县，若不速行整顿，他县亦将效尤，殊于警政大有阻碍。为此，合行札饬，札到，仰该县即行切实筹划，速行招集，补足原额，毋相延迟，仍将办理情形迅速禀报。"①晋州警政，直隶警务处根据稽查员、访查员的汇报指出："据本处稽查员禀称，该州巡警二百六十四名，内有不合格者数人已当场斥退，至操法惟中区尚可，余皆持枪应名而已。经费，除总局外，皆按村摊派，无从稽核。又据访查员禀称，该县巡官齐克定，品行尚好，惟于职权不无滥用之处，每逢查获小偷，非用鞭责打，即用绳悬吊各等情。据此，查巡警之有操法，原为强健身体，备后日应事之需，务当时时教练，以期一律娴熟。经费亦须妥筹划一方法，不得随意摊派，致难稽核。至于巡官职权，业有定章，私自用刑尤干禁令。果如委员等所称，是该巡官不但怠于教授，并且滥用职务。为此，合行札饬，札到该县，仰即确切查明，照章办理。"②

直隶警务处不但时常派人分赴各地调查，还对全省警政进行统一考察，并对各属办警成绩进行评比，根据成绩进行奖惩。如直隶警务处成立后，即"陆续派出稽查委员，并饬谙习警务、法政留学毕业生，分赴各府厅州县，逐次点验"，随后上报直隶总督，"各属比较表现正饬各该稽查等一律填送，兹将已经点过填表呈送之正定、河间、顺德、赵州、定州、易州所属各州县筹办警务成绩并一切巡警情形由本司道覆加查核，其各属办法固自不同，而集款之难易，名数之多寡，以及军械、服式、操法、礼节亦不无殊异。现就其所办之高下以定各州县之比较"。③ 其正定、河间、顺德、赵州、定州、易州所属各州县点验巡警数目如下：

---

① 《札饬补足警额》，载《大公报》光绪三十四年十一月初十日（1908年12月3日）。

② 《饬查巡官职务》，载《大公报》光绪三十四年七月二十三日（1908年8月19日）。

③ 《直隶警务处详送州县巡警比较表恳请奖叙文并批》，甘厚慈：《北洋公牍类纂》，文海出版社1966年版，第654、655页。

表 2-2 直隶警务处考评部分州县巡警成绩表

	县　份	巡警数目		县　份	巡警数目		县　份	巡警数目		县　份	巡警数目
正定府	获鹿县	314	河间府	河间县	395	顺德府	沙河县	505	赵州	隆平县	441
	正定县	523		献　县	368		任　县	310		赵　州	297
	无极县	314		任邱县	374		南和县	236		宁晋县	758
	晋　州	269		交河县	194		巨鹿县	341		柏乡县	282
	新乐县	242		景　州	600		广宗县	147		高邑县	108
	栾城县	224		吴桥县	400		平乡县	227		临城县	65
	藁城县	247		故城县	460		内邱县	123	定州	定　州	652
	灵寿县	218		宁津县	220		唐山县	196		深泽县	353
	井陉县	152		东光县	290		邢台县	87		曲阳县	262
	元氏县	189		肃宁县	124				易州	易　州	153
	赞皇县	82		阜城县	152					涞水县	135
	平山县	52								广昌县	165
	行唐县	21									
	阜平县	28									

资料来源：《直隶警务处详送州县巡警比较表恳请奖叙文并批》，甘厚慈辑：《北洋公牍类纂》，文海出版社 1966 年版，第 654-657 页。

直隶警务处总结此次警政考核评比结果，认为：正定府，“统核该府十四属，获鹿共筹经费制钱一万五千余吊，军械服式一律整齐，操法步武亦极娴熟。正郡所属即以该县为最优，其余或服械未备，或操法未熟，均未能一律合格。自以正定、晋州、无极、乐城、藁城、新乐、井陉、灵寿、元氏九属为稍次，至赞皇、平山、行唐、阜平四属则又次之”。河间府，“统核该府十一属，河间共筹经费京钱五万六千余吊，军械服装均仿照津保格式一律整齐鲜明，其操法礼节亦均谙熟，为他处所不及，并设有传习所，招集学生五十名，照章训练。河郡所属自以该县为最优，其余或形式已具，而精神毫无，或操法尚熟，而军装未备。自以景州、献县、吴桥、故城、宁津、任丘、交河七属为稍次，至东光、肃宁、阜城三属则又次之”。顺德府，“统核该府九属，沙河县共筹经费制钱一万一千八百八十余吊，军械服式均能合格，操法亦极整齐。顺郡所属自以该县为优，其余任县、南和县、广宗、内邱、唐山、平乡、巨鹿为稍次，至邢台则又次之”。赵州，“统核该州六处，隆平共筹经费制钱二万三千吊，来复枪三百二十支，服式齐备，操法纯熟，并设有传习所照章教练。自设巡警以后，匪徒敛迹，户口谧安，不独为该州之冠，即各属巡警亦所不及。该州所属自以隆平为最优，赵州、宁晋、柏乡次之，高邑、临城又次之”。定州，该州所属三处，“定州共筹经费制钱二万三千余吊，军械服式均属齐备，操法亦极整饬。以上三处自以该州为最，深泽次之，曲阳又次之”。易州，该州所属三处，“易州共筹经费京钱二万三千余吊，军械服式一律完备，操法尚属整齐，并设有传习所。以上三处自以该州为最优，涞水次之，广昌又次之”。

根据考评结果，直隶警务处上报直隶总督袁世凯请求奖惩：“本司道等统核三府三直隶州各属所办巡警，自以河间县赵令国琛、获鹿县严令书勋、沙河县文令元、隆平县吕令调元、定州续牧绵、易州宾牧以筠，各为本府、本州之冠，而综核办事之效果，督率之热心，则赵令、吕令尤为牧令中异常出力，不可多观之员。除赵令已奉宪批给奖外，至隆平吕令应如何从优奖叙，以示鼓励之处，伏候宪裁。其余严令书勋、文令元、续牧绵，应请调优，或记大功两次；易州宾牧以筠办理巡警，操法尚娴而人数较少，应请记大功一次。除将巡警名数最少之州县另行檄催赶办外，所有呈送河间等属巡警比较表暨办事出力之牧令，拟请分别奖励各缘由理合详请宪台俯赐察核，批示祗遵。”直隶总督袁世凯根据此次考评比较成绩和直隶警务处报告，批示：“查隆平县吕令已经奏保在案，所请从优奖叙之处应毋庸议。至严令书勋、文令元、续牧绵等三员均准调优，宾牧以筠应记大功一次，以示鼓励。候行布政司查照，分别注册饬知。仰即催巡警最少各州县赶速筹办。”①

除临时考查和定期考核外，直隶警务处还加强了州县官的离任考核，以防止前后任诿卸，督促其切实办理警政。直隶警务处报请直隶总督批准，通饬各州县遇有交替将任前所办巡警由后任出具印结送警务处备查：“查各州县巡警，事属创办，措置知否得宜，亟应切实考核，遇有重要事件必须请示遵办，随时改良，俾各牧令实力奉行而免因循敷衍。查各州县每遇交替，凡新任禀陈接办巡警情形，多谓前任奉行不力。牧令中办事因循敷衍塞责者固所不免，而实在究心警察、布置有方者亦不乏人。是否新任饰词铺张，抑前任办理果多未协，祗以界限未清，无从核其功过，且相率以前任借口自为腾挪，则其进步愈迟。若递任迁延，各属警政何日克臻完备，自应划清界限，以便考核功过。查州县交代定章，前任经手仓库、钱粮由后任出给印结方为交代清楚，限制最为严明。本司道公同商酌，拟将考察州县巡警，仿照交代章程，由后任出结，俾各任所办程度不相牵混。应请通饬各州县，嗣后遇有交替，限前任于交卸十日

① 《直隶警务处详送州县巡警比较表恳请奖叙文并批》，甘厚慈：《北洋公牍类纂》，文海出版社 1966 年版，第 654-657 页。

内将所办巡警情形专案移交新任接办，其接任之员即查明前任筹款、练兵数目，按其实际详细出具印结，于到任两个月内申送警务处存案备查。如此明定章程，庶前、后任均无可推诿粉饰，而所办警务各得覙其实际矣。”①

其次，制定章程，整顿划一全省警政。直隶各地办理警政，虽然皆仿效天津、保定，但是各地在办理过程中，办法不一，章程有别。为统一全省警政建设，促进警政发展，直隶警务处成立后即以束鹿县巡警章程为基础，采择损益，制定了《通省各州县巡警试办章程》，禀请直隶总督，通饬各州县一律遵办。直隶总督袁世凯对直隶警务处所拟的巡警试办章程比较满意，批准分饬各州县遵照办理：该“章程较束鹿原章更加斟酌，且舔入叠次禀定成案，较便通行。至旧有壮丁，援照该司新民府巡警续备丁办法，照旧轮派，民力既纾，自当乐于从事。开办之初，以二十顷地公养巡警一名，倘地面瘠苦或再展为三十顷养一名，俾昭体恤。至民款民用，官不经手，尤为无弊，自来非常之举，黎民所惧。大要设传习所，以为训练之方；用白话演说，以明公共之益。行之既久，民信乃孚。全在各牧令振刷精神，督饬官弁长警研求警学，则绥靖地方之效，自与因循粉饰者不同也。仰即遵照酌改章程印刷，分饬各州县遵照办理”②。自此之后，抽收亩捐成为直隶办警经费定制。

光绪三十三年十二月（1907年正月）直隶警务处又拟定了《直隶州县警务人员职务权限规则》《州县警务人员职权大纲》《州县警务人员处分规则》《州县巡警越境查捕章程》等，于光绪三十四年（1908年）禀请直隶总督批准，并通饬各厅州县从前自行拟定的警务章程中有关权限处分者一律废止，按照警务处禀定的职务权限及处分规则办理③直隶警务处所制定的《州县警务人员处分规则》非常严密，分州县巡警总办罚则、州县巡官区长罚则、州县巡长巡警罚则三大类，每类又分为若干条目。④

枪械是警察的一项重要装备，而且“一有不慎落入匪手，则御敌者反以

---

① 《直隶警务处禀请通饬各州县遇有交替将前任所办巡警由后任出具印结送交备查文并批》，甘厚慈：《北洋公牍类纂》，文海出版社1966年版，第681、682页。

② 《直隶警务处详报遵札核定通省各州县巡警试办章程文并批》，甘厚慈：《北洋公牍类纂》，文海出版社1966年版，第647、648页。

③ 《直隶警务禀请批饬各州县将从前自行拟定警务章程一律废止悉照此次禀定职务权限及处分规则请示文并批》，全国图书馆文献缩微复制中心：《清末官报汇编·北洋官报》（光绪三十四年五月初一日），新华书店2006年版，第1137、1138页。

④ 《直隶警务处禀定州县警务人员处分规则、州县巡警总办罚则》，载《北洋法政学报》1908年第75期。

资敌”[①]。为严格枪支使用，严格枪械管理，防止遗失，直隶警务处特别制定了《州县巡警使用军械规则》《州县领用枪械拟定善后章程》。

再次，要求各州县定期召开巡警会议，会商警务事宜。为督促各州县认真兴办警政，随时整顿改良警务，直隶警务处要求各州县举办巡警会议，并于光绪三十四年（1908 年）拟定《州县巡警会议章程》报请直隶总督，九月十七日（1908 年 10 月 11 日）得到批准[②]。直隶《州县巡警会议章程》要求各州县每年要举行警务会议，研究警务事宜。会议分为常时会议和临时会议两种，常时会议，每年开会两次，分别是四月、十月，至于具体日期则由各州县自己确定。临时会议，由各州县根据各自情况随时召开。会议结束后，各州县要将所议事项具体禀报直隶警务处。

巨鹿县收到直隶警务处举办巡警会议的札文并章程后，随即遵照办理，于光绪三十四年（1908 年）“十月初十日召开常时会议，遵照颁发章程按款会议，五日闭会，当由各巡官及各巡董等共同认可。已经决议实行者三条，未决者一条。又于十二月十五日开临时会一次，三日闭会，复决议实行者两条”[③]。因为直隶警务处要求将所议事项具体禀报，所以巨鹿县于宣统元年正月（1909 年 2 月）将此次会议事项向直隶警务处进行了汇报，详细报告了撙节经费、鼓励长警、改良局区所、慎重军械、保护田苗等项工作的开展情况。[④] 南乐县于光绪三十四年十月十一日（1908 年 11 月 2 日）收到直隶警务处举办巡警会议的札文并章程，随即将章程照录，知会总、分各局一体遵照，并传知城乡巡官、巡董、区长齐集城内总局于光绪三十四年十月二十三、二十四、二十五等日召开会议。南乐县本次巡警会议主要议题为两条，第一条城乡马巡、步巡下道巡缉办法，第二条预算明年警费出入相抵办法。[⑤] 万全县，地处张家口西北部，距离省府保定较远，因此收到直隶警务举办巡警会议的札文和章程较

---

① 《直隶警务处详遵议州县领用枪械另拟善后章程文并批》，甘厚慈：《北洋公牍类纂》，文海出版社 1966 年版，第 649 页。

② 《南乐县廖令毓英详会议整顿警务办法文并批》，全国图书馆文献缩微复制中心：《清末官报汇编 · 北洋官报》（宣统元年正月二十三日），新华书店 2006 年版，第 1254 页。

③ 《钜鹿县葛令龙三禀遵饬开会决议巡警改良事宜文并批》，全国图书馆文献缩微复制中心：《清末官报汇编 · 北洋官报》（宣统元年二月二十五日），新华书店 2006 年版，第 1413 页。

④ 《钜鹿县葛令龙三禀遵饬开会决议巡警改良事宜文并批》，全国图书馆文献缩微复制中心：《清末官报汇编 · 北洋官报》（宣统元年二月二十五日），新华书店 2006 年版，第 1413 页。

⑤ 《南乐县廖令毓英详会议整顿警务办法文并批》，全国图书馆文献缩微复制中心：《清末官报汇编 · 北洋官报》（宣统元年正月二十三日），新华书店 2006 年版，第 1254 页。

晚，未能依期开会，而是于光绪三十四年十二月初二日（1908 年 12 月 24 日）补开常时会议，所议议题两条：备荒经费和预备巡警。①

从宣统元年开始，直隶所属各州县都按照直隶警务处《州县巡警会议章程》的规定按时召开巡警会议，研究警务事宜。如高阳县，宣统元年四月二十（1909 年 6 月 7 日）、二十一（1909 年 6 月 8 日）两日，在该城巡警总局召开巡警会议，重点研究了巡警教练所问题，议定《高阳县巡警教练所简章十二条》。② 肃宁县，宣统元年四月（1909 年 6 月），召集各局区巡官、区长以及警董、巡董等人，在城内巡警总局召开巡警会议，其所议事项有巡警传习所改为教练所案、巡警下道巡逻案、巡警告假案、招募巡警案、各局所房间修建案、添制巡警操衣案。③ 高邑县，宣统元年四月（1909 年 6 月）召开定期巡警会议，主要研究了“局区管辖地面划清界限，少者增加，不便者迁移”④；十月（1909 年 11 月）续开定期巡警会议，主要研究了变更局所经费案、禀批汇存总局案、迁移营儿村巡所案、加意调查巡逻案。

最后，推动巡警教育，规范警兵来源。直隶警务处成立后，制定了《州县巡警传习所章程》，要求各州县都要建立巡警传习所，“学生统一三月卒业，卒业时应禀请总学堂（指直隶通省巡警学堂）派人考验，分别等第发给文凭”⑤。直隶警务处设有行政股，管理各府厅州县局所学堂、传习所之事。考察传习所毕业生自然也成为直隶警务处的必要职责。直隶各州县在传习所巡警学生毕业时也要禀请直隶警务处派员共同考察。如光绪三十四年七月（1908 年 8 月）故城县传习所巡警学生毕业，该县知县姜宗泰即禀请直隶警务处派人会同考验，直隶警务处派出股长宗祐前往。⑥

---

① 《万全县饶令怀义禀遵章会议警务情形文并批》，全国图书馆文献缩微复制中心：《清末官报汇编·北洋官报》（宣统元年正月二十八日），新华书店 2006 年版，第 1280 页。

② 《高阳县杨令文藻禀此次开会酌议巡警教练所简章文并批》，全国图书馆文献缩微复制中心：《清末官报汇编·北洋官报》（宣统元年五月十八日），新华书店 2006 年版，第 1685 页。

③ 《肃宁县李令田禀遵饬会议警务改良情形请查核文并批》，全国图书馆文献缩微复制中心：《清末官报汇编·北洋官报》（宣统元年七月初一日），新华书店 2006 年版，第 1902 页。

④ 《高邑县倪令鉴禀续开警察定期会议事件情形文并批》，全国图书馆文献缩微复制中心：《清末官报汇编·北洋官报》（宣统二年正月二十八日），新华书店 2006 年版，第 2627 页。

⑤ 《筹办通省巡警学堂通饬各州县遵行各项章程》，甘厚慈：《北洋公牍类纂》，文海出版社 1966 年版，第 526 页。

⑥ 《故城县上警务处禀》，载《大公报》光绪三十四年七月三十日（1908 年 8 月 26 日）。

《州县巡警传习所章程》对直隶省巡警招募、考选条件进行了统一要求。直隶省兴办警政过程中，特别是在办警初期，许多州县是将保甲、差役、团练、绿营等旧有治安组织人员改编为巡警，还有一部分巡警是招募考选的。《州县巡警传习所章程》规定："挑选学生应取身家清白，年纪在二十以上、三十五以内，品貌端正，身体结实，无目疾、旧疾嗜好者；挑选须用曾经读书者，易于学习，可收事半功倍之效，如有生童等人肯来入学当优待，以为人劝；挑选学生以本县土著、有身家者最为上选。"① 光绪三十二年八月（1906年9月），巡警部又制定了《考取巡警章程》对警兵的考验挑选做了进一步的规定②。直隶警务处随即依据巡警部规定，对巡警招募政策进行调整。不过，在实际工作中，各地还是根据当地情况和需要，依据直隶警务处或巡警部的规定，制定自己的招选要求。如开州"谕令十区正副警董保送年在二十岁以上，三十岁以下，身家清白，体气结实，粗识文字，并无嗜好过犯之土著良民，每区不限名数，其在城内充当巡警愿报名投考者亦准一体入所传习，资斧均由自备"③。平山县，警兵"均挑安分庄农，年力精壮，由本村正等出具保结方准充应"④。宣统元年（1909年），保定警务局招募巡警出示告示："为出示招募事照得，本局巡警出有缺额，亟应招人充补，凡有志愿充巡警能合以下各格者，仰即迅赴本局报名考验，毋得观望自误，切切特示。计开：身材在工部尺四尺八寸以上及耳目灵通者；身体强健，夙无疾病者；文理粗通，能阅警章者；品行端正，无嗜好及未曾犯罪者；实有妥实铺保者；能确守本局所定规则者。"⑤

从直隶警务处建立前后至直隶巡警道设置，这一时期是直隶警政的全面展开时期。这一时期，在直隶警务处、直隶总督和巡警部、民政部的督饬下，直隶警政发展迅速，取得了较大的成绩。未办州县，设法筹款，招募巡警，添设巡警传习所、教练所，办理警政；已办州县，严行整顿，改良增进。"直隶全省府厅州县所办之地方警察，认真者固不乏人，敷衍者亦复不少，自警务处既

---

① 《筹办通省巡警学堂通饬各州县遵行各项章程》，甘厚慈：《北洋公牍类纂》，文海出版社 1966 年版，第 525、526 页。

② 京师警察厅：《京师警察法令汇编纂·总务类》，撷华书局 1916 年版，第 66 页。

③ 《开州朱牧佑保禀整顿巡警遵饬先从开办传习所入手文并批》，全国图书馆文献缩微复制中心：《清末官报汇编·北洋官报》（光绪三十四年四月十六日），新华书店 2006 年版，第 1078 页。

④ 《平山县方令汝霖禀现办巡警大概情形文并批》，甘厚慈：《北洋公牍类纂》，文海出版社 1966 年版，第 696 页。

⑤ 《保定警务第二局示》，全国图书馆文献缩微复制中心：《清末官报汇编·北洋官报》（宣统元年正月二十七日），新华书店 2006 年版，第 1275 页。

征报告之表，复添调查之员，上有考察之耳目，斯下有振作之精神，意既法良意美，日臻进步。”① 查阅历史资料，这一时期直隶所属各厅州县遵照直隶警务处和巡警部、民政部规定，创办巡警及整顿警政的事例非常多，而且建章立制，日趋正规化、统一化。如赵州制定了《四乡巡警办法》十四条②，卢龙县拟定了《创设城乡巡警简明规则》二十条③，霸州制定了《开办巡警传习所章程》十七条④，邯郸县拟定了《巡警改良章程》八条⑤，武强县制定了《整顿全境巡警现行章程》十条⑥，巨鹿县制定了《整顿巡警及练军县队巡逻章程》十六条⑦，长垣县拟定的《改良巡警规条》⑧ 更为详细。宣统元年七月（1909年9月）直隶警务处上报成立以来的成绩：“保定自设全省警务处为各属巡警之总汇，所有九府六州四厅无不随时派员调查，其已具规模者或饬令扩充，著有成效者或责求精进，业将历届办理成绩逐年详报在案。惟查各厅州县创办巡警，系由各该地方官申送举贡生监考入巡警学堂，分高等、普通二班，毕业回籍派为巡官、区长；又设厅州县传习所，俾巡警普受教育，熟习警章。是以近年以来，一切诘奸防暴、保卫公安等事均能切实遵行，恪尽职守。其巡警经费向有各属巡董就地筹款，有按商户大小筹集者，有提用地亩中所出之看青支更等费者，大略以二十顷地或三十顷地公养巡警一名。盖巡警之额数以筹款多寡为衡，筹款之多寡以地方肥瘠为准。民款民用，官不经手，办理数年均尚称

---

① 《景州严牧以盛禀整顿巡警拟定职务权限文并批》，全国图书馆文献缩微复制中心：《清末官报汇编·北洋官报》（光绪三十四年正月初九日），新华书店 2006 年版，第 834 页。

② 《赵州四乡巡警办法》，甘厚慈：《北洋公牍类纂》，文海出版社 1966 年版，第 680、681 页。

③ 《卢龙县拟呈创设城乡巡警简明规则》，甘厚慈：《北洋公牍类纂》，文海出版社 1966 年版，第 693、694 页。

④ 《霸州禀准开办巡警传习所章程》，甘厚慈：《北洋公牍类纂》，文海出版社 1966 年版，第 698-701 页。

⑤ 《邯郸县郑令思壬禀酌拟巡警章程文并批》，全国图书馆文献缩微复制中心：《清末官报汇编·北洋官报》（光绪三十四年正月初八日），新华书店第 2006 年，829 页。

⑥ 《直隶武强县禀定整顿全境巡警现行章程》，全国图书馆文献缩微复制中心：《清末官报汇编·北洋官报》（光绪三十四年三月二十八日），新华书店 2006 年版，第 1032 页。

⑦ 《钜鹿县葛大令龙三拟定整顿巡警及练军县队巡逻章程》，全国图书馆文献缩微复制中心：《清末官报汇编·北洋官报》（光绪三十四年三月二十八日），新华书店 2006 年版，第 1534、1544 页。

⑧ 《长垣县拟改良巡警规条》，全国图书馆文献缩微复制中心：《清末官报汇编·北洋官报》（光绪三十四年四月初二日），新华书店 2006 年版，第 1044 页。

便，惟年遇灾歉每苦经费无出，并饬各厅州县广种树株以备荒年警费。查核各属所筹经费数目，除保定、天津、唐山各局巡警向归专办不计外，统各厅州县一百十九处，其所筹纹银计五万一千一百八十余两，银元计七千八百七十余元，京钱计三百五十九万八千余吊。其巡警名额，各厅州县城乡镇共计，巡长一千九百八十九名，步巡二万二千三百零八名，马巡一千八百四十二名，预备巡二万零九百五十九名。其中或归并步巡、改练马巡，或加增饷需、减裁兵额，因地制宜，随时不无增减。至各厅州县传习所，现已通饬遵照部定学科期限改为教练所，以昭划一。本司道统核九府六州四厅城镇乡现办巡警情形，规模已立，成效渐臻。各厅州县虽不能遽期一律完备，而内参国俗，外仿列强，曩时自以组织形式为始基。此后拟以增长程度为目的，总期地方日以靖，民格日以高。"[①] 一年之后，在直隶巡警道设置前夕，直隶总督奏报直隶全省各厅州县巡警已基本普及，"现在通省各厅州县均已设齐，视地方之大小，定人数之多寡，极少五六十人，多则六七百人不等。计六直隶州、四厅、一百九州县，共巡官、巡董、区长二千一百余员，正巡警三万余名，预备巡警二万九千九百余名，局所九百七十二处"[②]，巡警传习所达到了七十五处。

第四节　直隶巡警道的设立

光绪三十三年五月（1907 年 7 月）清政府颁行外官改制方案，决定在各省设置巡警道，管理全省警察事务，并以东三省、直隶、江苏作为改制试点，作为各省示范。"各省按察使拟改为提法使，并曾设巡警、劝业道缺，应次第施行，著由东三省先行开办，此外直隶、江苏两省风气渐开，亦应择地先为试办。"[③] 对于直隶来说，设置巡警道应该是比较容易的。因为早在光绪三十二年（1906 年）直隶省就设置了类似巡警道官府的直隶警务处，设置巡警道只需将其转换名目，扩充机构，既无旧衙门裁撤之难，也无旧制度转型之困。但是，直隶省巡警道的设置屡次动议，却迟迟没有设立，直到宣统二年（1910 年）才设立。

直隶总督袁世凯对于官制改革和警政建设是非常积极的，但是新外官改制

① 《督宪端据警务处详送厅州县城乡镇巡警现在办法各表册咨请民政部立案文》，全国图书馆文献缩微复制中心：《清末官报汇编 · 北洋官报》（宣统元年七月二十八日），新华书店 2006 年版，第 2042 页。

② 《直隶总督陈夔龙奏增设直隶巡警道缺遴保二员请旨简放折》，载《大公报》宣统二年三月初四日（1910 年 4 月 13 日）。

③ 中国第一历史档案馆编：《光绪宣统两朝上谕档》第 33 册，广西师范大学出版社 1996 年版，第 91 页。

改革方案颁布后，袁世凯即调任军机大臣，离开直隶。继任直隶总督杨士骧虽然是袁世凯的故交旧部，“奉命唯谨，虽例行小事必请命而行”① “悉守袁宫保旧规，断不更改”②，但是直隶新政的步伐却有所放缓。虽然杨士骧上任后，即与民政部协商直隶设置巡警道事宜，并推荐署保定工巡局总办叶崇质为直隶巡警道，③ 但是未能实行，只停留在讨论之中。到光绪三十四年（1908 年）多个省份已经设置了巡警道，而作为试点的直隶还没有动静，于是光绪三十四年三月（1908 年 4 月）军机处电催直隶总督迅速举办④。在此形势下，光绪三十四年八月（1908 年 9 月）直隶总督杨士骧提出设置民政使、巡警道等，其中“民政使派充南北段巡警总局吴篯孙，管理直隶全省巡警事宜，民政使下设置巡警道，管理南北段巡警总局及四郊巡警事宜”⑤。这一计划与清廷设置巡警道管理全省警察事务的命令极不相符，因此没能实施。

宣统元年五月（1909 年 6 月），杨士骧因病出缺，直隶总督改由那桐署理。那桐虽然在京师办理警务多年，但是仅署理直隶总督月余，所以在直隶没有建树。随后，直隶总督改两江总督端方调署，端方在直隶总督任上的时间也不长即被革职。直隶总督由直隶布政使崔永安护理，仅二十余天，后陈夔龙出任直隶总督。陈夔龙认为实业关系紧要，因此“拟在直省先设劝业道一缺，岁给津贴一万两，至巡警道一缺暂从缓设”⑥。但是，清廷并不同意这一计划，认为“该督所拟办法，其言在注重实业，其实在筹款维艰，故有此变通之请”，巡警道、劝业道各省早已设立，直隶为各省之表率，反而迟迟未设，属殊不合。电商直隶总督陈夔龙，“无论如何总需速筹的款，将巡警、劝业两道一时同设，庶于实业、警务两有裨益”⑦。直隶总督陈夔龙只得更改计划，重新筹划，于宣统二年三月（1910 年 4 月）奏请增设巡警道，并遵照奏定巡警

---

① ［清］胡思敬：《国闻备乘》，章伯锋、顾亚主编：《近代稗海》（第 1 辑），四川人民出版社 1985 年版，第 287 页。

② 《莲帅政见》，载《神州日报》光绪三十三年九月初四日（1907 年 10 月 10 日）。

③ 《直隶设巡警道之先声》，载《大公报》光绪三十三年九月二十五日（1907 年 10 月 31 日）。

④ 《电催直江两督开办新官制》，载《大公报》光绪三十四年四月初一（1908 年 4 月 30 日）。

⑤ 《新官制与地方自治》，载《神州日报》光绪三十四年八月十六日（1908 年 9 月 11 日）。

⑥ 《直省拟设劝业道》，载《大公报》宣统元年十一月二十七日（1910 年 1 月 8 日）。

⑦ 《电商速设巡警劝业两道》，载《申报》宣统元年十二月二十一日（1910 年 1 月 31 日）。

道官制在直隶候补道员中遴保叶崇质、陈夔年二人请旨简放[①]。叶崇质、陈夔年二人都有丰富的办警实践经验，而且长期在直隶地方为官，熟悉直隶地方情形，二人都是较好的选择。但是，清廷并没有从直督奏报二人中简放，而是从民政部预报交军机处存记单中简用舒鸿贻补署直隶巡警道缺。直隶首任巡警道由此诞生。

舒鸿贻，进士出身，光绪二十五年（1899年）派任京师大学堂汉文教习，光绪三十一年九月（1905年10月）经巡警部奏调差委，光绪三十二年三月（1906年4月）补警政司员外郎，充警政司掌印兼总办差使，同年派赴日本考察警察事宜，在日本东京警察学堂听讲，著有《东瀛警察笔记》一书。光绪三十三年二月（1907年3月）补民治司郎中，充民治司掌印兼总办差使，四月经东三省总督徐世昌等奏调差委。光绪三十四年九月（1908年10月）回京，经民政部尚书善耆派在参议上行走，十一月传补军机章京。宣统元年（1909年）京察，经民政部保送一等，奉旨著交军机处记名，以道府用。八月经民政部尚书善耆等奏保堪胜巡警道之任。[②] 从舒鸿贻的履历来看，他有一定的警察学识和警务管理经验，但是没有直隶地方任职经历，对直隶地方情形不熟悉。舒鸿贻任直隶巡警道后，与直隶地方关系紧张，并遭到顺直咨议局的多次弹劾[③]，因此在直隶巡警道任上的时间并不长。他于宣统二年四月（1910年5月）受命，十一月二十日（1910年12月21日）就借口回籍修墓请假三个月，宣统三年三月（1911年4月）假满回津即被改委他任。舒鸿贻请假回籍后，直隶总督陈夔龙委任通永镇总兵田文烈暂行署理直隶巡警道。宣统三年三月（1911年4月），署直隶巡警道通永镇总兵田文烈遵旨陛见，此时本任巡警道舒鸿贻正好假满回津，本可赴任，但是直隶总督陈夔龙上奏委任叶崇质署巡警道（随后正式补授）、舒鸿贻署通永道。[④] 叶崇质在直隶办理警政多年，对直隶地方情形熟悉，为历任直隶总督所倚重，多次获议委任直隶巡警道缺。直隶地方对巡警道叶崇质也是有所期望的。叶崇质上任直隶巡警道伊始，《大公报》就刊文："新任巡警道叶观察因见本省警务废弛已极，故于前日接印后即委托禁烟催办员诸君兼办调查全省各州县警务事宜，约于日内起行。至于本埠

① 《直隶总督陈夔龙奏增设直隶巡警道缺遴保二员请旨简放摺》，载《大公报》宣统二年三月初四日（1910年4月13日）。

② 秦国经主编：《清代官员履历档案全编》（第8册），华东师范大学出版社1997年版，第343页。

③ 《侵权被劾》，载《大公报》宣统二年十一月初二日（1910年12月3日）；《被核劣迹》，载《大公报》宣统二年十一月初四日（1910年12月5日）。

④ 《直隶总督陈夔龙奏委叶崇质等署巡警道各缺片》，全国图书馆文献缩微复制中心：《清末官报汇编·政治官报》（宣统三年三月十八日），新华书店2006年版，第38872页。

警务，现亦竭力整顿，将来必有一番振作也。”① 叶崇质任职直隶巡警道直至宣统三年十月（1911 年 12 月），该月署大名镇总兵言敦源简署直隶巡警道，十一月（1911 年 12 月）又改由杨以德署理，直至清亡。

直隶巡警道这一职官仅仅存在了一年半的时间，而且期间多次易人，历任巡警道实际任职时间都不长，最长的也只任职七个月而已，因此直隶巡警道对直隶警政建设的作用是有限的。直隶巡警道自设置之后，主要负责设官建制，遵章划一警制等方面工作。

第一，遵章设官建制。根据奏定巡警道章程，宣统二年四月（1901 年 5 月）直隶设置巡警道，总理全省警务事宜，直接由直隶总督节制，间接受民政部监督。直隶巡警道在天津金汤桥口设立警务公所，同时将直隶警务处归并，作为巡警道的办公机构，并兼管天津警务。直隶警务公所遵章设有总务课、行政课、司法课、卫生课四课，并有附属各队，分别是河巡队、消防队、侦探队、马巡队、军乐队、差遣队、电线队、印捕队，基本上是由天津南段巡警总局转划而来。②

第二，在直隶全省推行警务长制。直隶各厅州县创办巡警在全国来说都是比较早的，州县的高级警官一般称巡官，巡警道遵章通令一律改为警务长，归巡警道和各厅州县官指挥、监督。各厅州县巡警局一律改为巡警署，由警务长主其事。警务长下属巡警官兵也一律按章改称为区官、巡官、巡长、巡警。“查各厅州县警官阶级仍多沿袭巡官、区长、巡记名称，核与部章不合。按巡警道职掌第十二条内开，各厅州县应按照奏定官制通则设警务长一员并各分区区官若干员，区官以下所有巡官、巡长、巡警均应按照民政部定章办理，现在各省多已照办，直隶应归一律。”③ 从此，直隶全省的巡警官制得到统一，改变了以前称谓、等级混乱的现象。

第三，统一警区划分。直隶各厅州县的警区划分很不统一，少者仅有几区，多者则有十几区、二十几区，甚至数十区（详见“附录 2　直隶省部分州县办警概况简表”）。巡警道通令各厅州县将各自警区酌加裁并，规定每州县统一划分为五区：“今拟饬加裁并，定每州县划为东、西、南、北、中五区。每区设区官一员，掌理全区警察事宜，统归警务长节制。中区设在城内即可，以警务长兼摄。至乡城区域广袤不同，可酌设巡警驻在所或派出所，分派巡官

① 《整顿警务》，载《大公报》宣统三年三月二十八日（1911 年 4 月 26 日）。

② 《直隶全省警务公所组织暨各员司职掌权限一览表》，载《直隶警察杂志》第一期，宣统二年八月十六日发行。

③ 《巡警道通饬各厅州县按章划分区域及一切改良办法填表具报备查文》，载《直隶警察杂志》第二期，宣统二年九月初一日发行。

以资佐理。”[①] 此令下达后，直隶各厅州县纷纷遵令将本地警区改划为东、西、南、北、中五区。这样，直隶各地的警区划分得到了统一。

第四，督促各州县设立巡警教练所。光绪三十四年九月（1908 年 10 月），民政部拟定《各省巡警学堂通行章程》，要求各省所属府厅州县设立巡警教练所一处，“其各省已有设立巡警学堂者均照此次奏定章程办理”[②]。但是，直隶所属州县因经费、人员等种种原因，直至巡警道设立前仍然没有完全设立巡警教练所。直隶巡警道上任后，即派人调查情况，督催未设立者切实举办。“直省一百二十州县经费充绌不齐，人民程度不一，但欲植其根基，须从教育入手。职道莅任后调查各属，设立教练所者已有七十七处，其未设者尚有四十五处，嗣经一再严催，如昌黎、东光、平乡、南皮、抚宁、易州、安州、任邱、枣强、阜平、井陉、雄县、满城、祈州、清丰、遵化、宣化十七处均已先后设立，余复严行催办。”[③]

第五，整顿天津警政。直隶巡警道治所设在天津，兼管天津警政事务。直隶巡警道上任伊始即开始大力整顿天津警政。一，改划天津警区。宣统二年五月（1910 年 6 月），直隶巡警道将天津南段巡警总局和北段巡警总局合并，重划为五大区，以区长、区副分理，其南、北段督办、总办等名目也一并废除。此外，原归天津南段巡警总局管辖的天津四乡巡警总局划归直隶警务公所管理，设局长一名，总局设于金汤桥口，划分为四乡、海河两大区。[④] 宣统三年（1911 年），南、北两段复分，南段巡警总局隶属于巡警道，北段巡警总局隶属于新练军，四乡海河巡警总局又附辖于南段巡警总局。二，加强原天津北段巡警的教育。直隶巡警道上报说：“南段巡警受教育者已居十分之七八，北段巡警之受教育者，千人中无一人。职道窃以北段巡警不从教育入手，则南北界限不能融化，即全埠警察终难起色。故札饬该长官等挑选千人中之能识字义者约六十余人送北洋巡警教练所肄业，其余九百余人须先令其识字以为教练之预备，已在西北两区总、分署内设简易识字学堂三处，令该巡警等于巡逻守望服勤休息时先后入堂传习。总期无一不识字之巡警，即无一非教练毕业之巡警，

① 《巡警道通饬各厅州县按章划分区域及一切改良办法填表具报备查文》，载《直隶警察杂志》第二期，宣统二年九月初一日发行。

② 《民政部奏拟各省巡警学堂章程摺并单》，全国图书馆文献缩微复制中心：《清末官报汇编·政治官报》（光绪三十四年九月二十八日），新华书店 2006 年版，第 34627 页。

③ 《巡警道到任后举办一切事宜请咨部立案文》，载《直隶警察杂志》第二期，宣统二年九月初一日发行。

④ 《警务公所暨津区各警署坐在地及改设年月表》，载《直隶警察杂志》第二期，宣统二年九月初一日发行。

如此进行不懈，二三年后当与前南区巡警程度无甚歧异。”①

直隶巡警道设置后的改革中直隶有三地特殊，即天津、保定、顺天府。

天津的情况上文已经叙述，其巡警事务由巡警道和警务公所直接管理，因此不设警务长，天津四乡设局长管理。

保定是直隶省的省会，没有像其他州县那样设巡警署、警务长，而是设置巡警局，设局长管理本地警务。保定城内也划为五区管理。

对于天津、保定的情况，直隶巡警道上报说：“天津四乡、保定省会前均设有总局，以总会办提调等官理其事，今既统归巡警道节制，自应按照部章设立警务长，划归天津、清苑两县管理，以清权限。乃天津试办月余，诸多致碍。盖天津自二十八年收回地面后，必距城四十里外始可驻兵，以故军队驻扎散在四方，外国军队亦复不少，此外如海河之管理，学堂、教堂之对待，殊非易易。该区官等多系旧人，资格颇深，责任亦重，其所处地位素在州县职权之上，今归天津县指挥、监督，动辄龃龉，职道遇事调停究非长策。而保定原系省会，职道既就治天津，则省会警察只能理其大纲，遥为节制。该处执行事务，凡对于军队、学堂及各局所，总办均立于平等之地位，亦断非清苑县属之警务长所能胜任。查巡警道职掌第十四条内开，巡警道得量地方情形，督同所属办理，故于天津四乡、保定省会两处之巡警局各以局长主之，职道直接管辖，而天津、清苑两县即不复设警务长，以免重复。”②

顺天府，宣统二年五月（1910 年 6 月）设立警务公所。本来，按照《直省巡警道官制细则》，警务公所应设于巡警道“所治地方”，一般一省只有一个警务公所。至于为什么顺天府另设警务公所，顺天府尹说：“顺属地面情形不同他省，即于直隶境内亦有微别。”③ 笔者认为，其中原因是顺天府环卫京师，地理位置特别重要，本身具有相对独立性，而且此前顺天府也一直设有警务处管理本属警务事宜，在警政上相对独立。

总的看来，直隶自巡警道设置后，全省在警政形式上实现了统一，从此至清亡没有发生大的变化。

---

① 《巡警道到任后举办一切事宜请咨部立案文》，载《直隶警察杂志》第二期，宣统二年九月初一日发行。

② 《巡警道到任后举办一切事宜请咨部立案文》，载《直隶警察杂志》第二期，宣统二年九月初一日发行。

③ 《顺天府奏整顿顺属州县巡警并创置警务公所改编马巡探访队办法折》，载《江南警务杂志》1910 年第 6 期。

第三章　清末直隶警政的制度设计

第一节　巡警官兵的来源与素质状况

一、警官的来源

直隶省的高级巡警官员几乎全部来源于旧官僚。保定警务局首任总办赵秉钧（赵秉钧还长期担任天津南段巡警总局总办），光绪二十七年任淮军前敌营务处兼统巡捕三营，同年以军功奏保免补知县，以直隶州知州仍留原省补用，并加四品衔。天津南段巡警总局首任总办曹嘉祥曾任海容兵舰管带。天津北段巡警总局首任总办段芝贵，义和团运动前在新建陆军充督操营务处提调，后因镇压义和团以军功保升为道员。直隶警务处首任督办吴钱逊是道员出身。直隶省首任巡警道舒鸿贻是由民政部简放的官员；继任者叶崇旨，宣统元年因军功以道员记名简放，接任巡警道时在通永道任上；最后一任巡警道言敦源，此前任大名镇总兵。

直隶省的一般巡警官员，即巡官、区长、巡弁、巡长、巡目、警务长、区官等等，来源主要有两种途径。一种是从旧官吏中转化而来。例如，顺天府警官中就有原五路捕盗营的千把外委[①]；大名则“因警才难得，不得不兼用绿营汛弁，择其熟悉情形、年力精壮、捕务认真、能耐劳苦、素无习气者，使兼带巡警”[②]。宣统三年八月七日直隶总督陈夔龙还上奏，绿营官弁中“如有年力富强、历练较深者，或用之于陆军，或用之于巡警及巡防队，应随时视其官阶大小，衡其才具短长，如果程格相当，酌量分别委用”[③]。另一种是从巡警学

---

① 《兼管顺天府府尹隆奏请饬部另行拨款筹办新政折》，载《东方杂志》第四年第九期，财政，第 149 页。

② 《大名道镇会禀拟请添设查警官及绿营巡警传习所文并批》，甘厚慈：《北洋公牍类纂》（卷九，警察三），文海出版社 1966 年版，第 658 页。

③ 《直隶绿营官兵酌拟裁撤办法折》，陈夔龙：《庸庵尚书奏议》（四），近代中国史料丛刊第五十一辑，文海出版社 1966 年版，第 1751 页。

堂、传习所（巡警传习所后改为巡警教练所）、法政学堂或外国警察学校毕业生而来。例如，南皮县巡官李星垣是保定警务学堂毕业生[①]；东明县巡官刘同朝是保定警务学堂毕业生，警务长杨焕章也是高等警务毕业生[②]；高邑县巡官张云峰是日本警察学校毕业生，继任巡官任连昌、杨锦章两人都是保定警务学堂毕业生[③]，区官宋风仪、李凝馥也都是保定警务学堂毕业生[④]；霸县区官张德恒是法政别科毕业生[⑤]。巡警道设置后，民政部对各厅州县警务长、区官等巡警道属官的任用做了明确规定，制定颁布了《巡警道属官任用章程》，该章程规定各厅州县警务长必须以“高等考试”合格者奏咨补用，区官必须以“区官考试”合格者奏咨补用。可参加高等考试的资格条件为：“一、在高等巡警或法政、法律学堂三年以上毕业得有文凭者；二、曾办警务著有成绩三年以上者；其在京师法科大学、法政学堂正科或高等巡警学堂正科毕业，或在外国法政大学或法政专门学堂毕业，经学部考试给予出身者得免其考试，视与高等考试合格者同。”可参加区官考试的资格条件为：“一、在高等巡警学堂附设简易科或中学堂以上毕业得有文凭者；二、照各省巡警学堂章程第二十条规定经派充巡长在任一年以上者。”[⑥] 可见对警官的素质条件，特别是文化素质方面，还是要求比较严格的。

二、警兵的来源

警兵的来源主要有两类。一类是由差役、保甲、团练、绿营、八旗等官兵转化而来。庆云县初办巡警就是以三班衙役改充。[⑦] 冀县也是将“旧有马兵十二名改为马巡……旧日马快班择四名作为暗巡”[⑧]。光绪三十二年直隶总督袁世凯札饬各州县，差役害民必须裁革，但鉴于“目前巡警尚未办齐”的情况，指示应“先去其白役，而于红名中择用数名，凡马快向能捕贼作线者挑补巡警局暗巡，月给工食，重赏在前，峻法在后”[⑨]，以严禁其害民。青县“光绪

① 民国二十一年《南皮县志》（卷七），文献志（一），职官篇。

② 民国二十二年《东明县新志》（卷九），佐治表。

③ 民国二十二年《高邑县志》（卷三），行政篇。

④ 民国二十二年《高邑县志》（卷四），教育篇。

⑤ 民国二十三年《霸县新志》（卷三）。

⑥ 刘锦藻著：《清朝续文献通考》（二）（卷一百二十，职官六），浙江古籍出版社1988年版，第8806、8807页。

⑦ 《庆云县章令绍洙禀筹办巡警学堂及城乡巡警情形文并批》，甘厚慈：《北洋公牍类纂》（卷九，警察三），文海出版社1966年版，第677页。

⑧ 参见民国十八年《冀县志》（卷十七）。

⑨ 《直督札饬推广巡警裁革差役》，载《申报》光绪三十二年正月二十九日。

三十年初设巡警于治城，实由保甲局改组”[①]。滦县亦是“警察初就保甲改组”[②]。类似情形者还有高邑县、涿县、宣化县、武强县、涞水县、束鹿县等诸多地方。围场、热河则有部分巡警是由绿营转化来的。围场将“其原充汛兵，择其年力尚强者，挑充巡兵”[③]。热河也有将裁撤的绿营兵及捕盗营兵改办巡警的记载。[④] 永平府所属州县的巡警中则由旗兵转化而来的，光绪三十四年山海关副都统儒林上奏将“山海关及所属冷口、喜峰口、罗文峪、永平府各处驻防旗兵”中挑送常备军后所余之精壮者“均挑备咨送各就近之永平府所属七州县巡警营补额训练”[⑤]。另一类是招募、考选的壮丁。其招募是有一定标准的。直隶各厅州县的警兵招募标准不是很统一，但也大同小异，大体上是要求应募之人应是本地人，身家清白，年龄在二十岁以上、三十五岁以下，品貌端正，身体健康，无不良嗜好等等。

巡警官兵来源多途，尤其是其中许多人来自清朝的旧军事治安组织和清朝的旧官吏，也就不可避免地带有旧时的各种习气和作风，致使任人唯亲、假公济私、欺压良善、诬人妄拿、敲诈勒索、扰害百姓等事不断发生，到处皆有。《大公报》光绪二十九年三月二十三日载：“河北大关第二局警兵某甲日前在候家后张某娼寮滋扰，因小不顺心，勃然大怒，将寮中器具均行砸毁。”[⑥] 该报光绪三十四年九月十八日曝光了磁州巡官袁瑞侵利揽权、假公济私，轻身败节、见利忘义，擅减警款、因私废公，浮派捐款、尽归私囊等种种劣迹。安平县令也承认：本县巡警“甚至有半月在局，半月在家，任其闲散，毫无约束，无事私自抓赌，任意苛罚，有事诬良妄拿，得贿纵放”[⑦] 等情事。大兴县礼贤镇巡警局警官甚至公然枪杀乡绅：大兴县礼贤镇乡绅在清末也开始倡兴地方自治，本镇巡警局权势不免受到阻碍，巡警局官吏因此对本镇绅董恨之入骨。宣统二年七月某日，巡警局警弁刘玉容托称有事与绅董会商，将各绅董邀至警局。各绅到齐后，刘玉容即喝令警兵将各绅捆缚，用快枪轰击，共死九人，伤

---

① 民国二十年《青县志》（卷七），经制志·时政篇。

② 民国二十六年《滦县志》（卷六），政事·公安篇。

③ 《围场裁撤汛兵改办巡警折》，天津图书馆、天津社科院历史研究所编《袁世凯奏议》（下），天津古籍出版社 1987 年版，第 1442 页。

④ 中国第一历史档案馆编：《光绪朝朱批奏折》（第二十六辑），中华书局 1995 年版，第 645 页。

⑤ 刘锦藻著：《清朝续文献通考》（三）（卷二百八，兵七），浙江古籍出版社 1988 年版，第 9560 页。

⑥ 参见《大公报》光绪二十九年三月二十三日。

⑦ 《安平县金令永禀整顿全境巡警文并批》，甘厚慈：《北洋公牍类纂》（卷九，警察三），文海出版社 1966 年版，第 673 页。

一人。事发后警局人员就立即远逃了。[1] 可见，巡警官兵目无法纪、肆意做恶已到了极点。诸如此类的事见于记载的还有很多，无法一一列举，巡警平时劣迹没见诸记载的当也不会太少。这样，其正当的职责当然难以尽到。难怪民国《盐山县新志》的编纂者慨叹：清末警政“行之十余年，上者形式整备，下者舍业以嬉，起视闾阎，则秩序自紊，祸乱自作，视保甲徒事具文者未或异也。郡县岁出警费繁者数万金，简者亦数千金，又非保甲之世所能意及。故谚有之‘学堂不识字，巡警不管事’，全国诵之”[2]。

作为清末直隶基层治安主要力量的巡警如此腐败，素质如此低下，势必会受到社会各界的非议，甚至公开与之对抗，从而激化社会矛盾，给本以骚动不安的清末直隶社会增加又一层不安定的因素，这与创办者的初衷是不相合的。对此，当局也认识到了，他们采取了一些相应的防范治理措施：其一，严格对巡警官兵的素质要求与督查，制定各种规章，要求各级政府和巡警官兵严格遵守。如直隶省制定的《保定警务局章程》《天津南段巡警总局现行章程》中都有有关这方面的规定，清政府民政部也制定了《考核巡警官吏章程》《巡警官长赏罚章程》《考取巡警章程》等一系列规章。其二，大力发展警察教育，创办各种巡警学堂、传习所，对先前已被录用的非警校毕业生进行培训、淘汰，强调各级巡警官兵都要接受专门的警察教育。下面即设专目介绍有关情况。

第二节　警察教育

一、国内警察教育

直隶省巡警的创办者、时任直隶总督的袁世凯对警察教育是很重视的，把巡警学堂视为“全省警务基础”。因此，直隶创办巡警与警察教育是同时并举的，光绪二十八年保定警务学堂与天津警务学堂先后开设了。

保定警务学堂是光绪二十八年七月创办的，该学堂主要是以培训在职警员为主，仅“以保属所募巡兵充作学兵”。学生分为两种：一种是官学生，规定“不论文武，不论班次，凡有年力富强，文理通顺之员，愿入学者到局报名，查看合格后，准试行七日，再行登册”。官学生额设三十员，以三个月毕业，毕业后即可派委巡警官长。另一种是兵学生，即前所创办的保定警务局巡兵，分为五班培训。兵学生学级分为三等，即初等、中等、高等。初等课程三个月

① 《东方杂志》第七年第九期（记载第三·中国时事汇录·京外近闻汇录·直隶），第 260、261 页。

② 参见民国五年《盐山县新志》（二）（卷十），法制略·新政篇。

毕业，中等课程和高等课程均两个月毕业。学堂诸务均由保定警务局总办兼理，设提调一员以资佐理。学堂所募教习也比较少，只有警务总教习、帮教习、口授警法教习、操法教习等几名教习。另外，学堂还设有洋文翻译一员。总体来看，保定警务学堂的规模还比较小。①

天津警务学堂是光绪二十八年冬创办的，也就是天津收回，中国巡警刚进入天津后不久。天津警务学堂也是以培训在职警员为主，规定“各巡局官弁兵丁分班肄业”，学堂“延订洋员充当教习”。② 天津警务学堂的情况与保定警务学堂的情况是大体相似的。

保定警务学堂和天津警务学堂是当时各省中创办最早的警察教育机构。该两学堂只是出于培训本地警员的需要而创办的，因此规模都不是很大，学制也比较短，一般都是速成教学。

随着直隶警政的发展，警务人员的需求量越来越大，保定、天津这样小规模的警务学堂已不能适应大力推行警政的需要，于是光绪二十九年初，直隶省将保定警务学堂并入天津警务学堂，扩大规模，组建了北洋巡警学堂。北洋巡警学堂已大大不同于保定警务学堂和天津警务学堂，譬如说该堂已不是以培训在职警员为主，而是以“造就通省巡警官弁资格，以期训臻进步，底于完全”为宗旨。学堂在办学方式上也摒弃了原来单纯的培训、进修的方式，而是采取了招考和附学、官费和自费相结合的招生和培养方式。其招考对象仅面向天津地区，分为两种：一种是学员，又称官学生，这是因为学员招考时就要求是候补、候选实官，毕业后一般又派委较高级警官；一种是学生，相对于官学生，这种学生则称为兵学生。官学生每届招考时“先期牌示周知，统限候补、候选实官，愿入学者到堂报名，由总办考验合格，试以公牍、审判”，录取后再“试习两星期，如果身体耐劳，资质可造，始得留堂肄业”。兵学生每届招考时“先期知照天津巡警总局转饬各区，责令取具切实保结，报明三代住址、箕斗，选送来堂。复由总办、提调考验合格，试以粗浅文字，能明顺者始准入堂肄业”。北洋巡警学堂每届招收官学生，官费一百名、自费一百名；招收兵学生，官费一百六十名。官学生两年毕业，每半年为一学期。兵学生一年毕业，每三个月为一学期。也就是说官、兵学生都需四个学期毕业。第一学期学习初等功课，第二学期学习中等功课，第三、四学期学习高等功课。其功课内容分为补习科、必修科和随意科三种。官学生学完第二学期，即中等毕业，即

① 《创设保定警务局并添设学堂拟订章程呈览折》，天津图书馆、天津社科院历史研究所编《袁世凯奏议》（中），天津古籍出版社 1987 年版，第 615-617 页。

② 《天津及海口一带设立巡警先后筹办情形折》，天津图书馆、天津社科院历史研究所编《袁世凯奏议》（下），天津古籍出版社 1987 年版，第 1056 页。

可派委差使。但是，“如中等毕业之员派差后，办事虽无过失，而成效未能卓著者，仍饬回堂加习高等一年，以深造诣”。兵学生则需高等毕业，给以“堪胜长目之文凭”才可派委差使。根据学堂章程，官学生高等毕业可担任州县一级的最高警官巡官或保定、天津两地巡警局的区官等，兵学生高等毕业只可担任巡长、巡目等低级警官。

附学分为两种，一种是外省咨送附学，一种是本省申送附学。附学的官、兵学生都必须遵守学堂规则，其培养费要由各省或各州县给付。附学官、兵学生必须学到何期、何种程度，学堂没有进行要求，而是由各省或各州县自行决定。

北洋巡警学堂的管理人员设有总办、提调、稽查、收发、庶务、管带官、帮带官等。教授功课的教员设有总教员、警察教员、律例教员、法政教员、国文教员、东文教员、算学教员、操法教员等。①

北洋巡警学堂的规模日后还在逐渐扩大，到宣统三年五月，学堂已先后招收了七班学员（即官学生），毕业生总数达一千三百多名，成为仅次于京师的全国第二大警察教育基地。

北洋巡警学堂招考范围既然仅限于天津地区，全省各州县就只能靠申送附学的方式为自己培养警才，因此远不能满足全省推广警政对警才的大量需求。这个问题随着越来越多的州县设立巡警而更为突出。为了培养足够多的警务人才，直隶省在继北洋巡警学堂之后又于光绪三十二年三月在省城保定开办了另一所较大规模的巡警学堂，即通省巡警学堂，又称直隶警务学堂或省城巡警学堂。

关于通省巡警学堂的情况似乎没有得到后世研究者应有的注意，对它很少有人提及，这就难免给人们造成直隶省在光绪二十九年之后只有北洋巡警学堂这一所大规模巡警学堂的错觉。偶尔有人提及通省巡警学堂，却把该学堂与北洋巡警学堂混淆，廖一中在他的《一代枭雄袁世凯》一书中即写道：“1902 年（即光绪二十八年），袁世凯又创办天津警务学堂。次年，保定警务学堂并入该校，更名为北洋警务学堂，或称直隶警务学堂。”② 其实，只要我们将《北洋公牍类纂》中的《筹办通省巡警官弁长警入学毕业人数表》与《直隶警务学堂拟设完全高等警察科请立案文并批》对照一下，就可明白有关情况。由《等办通省巡警官弁长警入学毕业人数表》可知，通省巡警学堂第二年计划招

① 《北洋巡警学堂推广重订章程》《北洋巡警学堂附外省咨送附学章程》《北洋巡警学堂附本省申送附学章程》，甘厚慈：《北洋公牍类纂》（卷七，警察一），文海出版社 1966 年版，第 1–4 页。

② 廖一中著：《一代枭雄袁世凯》，北京图书馆出版社 1997 年版，第 172 页。

收高等生即官学生二百人[①]，而《直隶警务学堂拟设全高等警察科请立案文并批》中则说："今于创始已成之后力求完善，应设完全高等警察科以为警务进步之准备，查警务学堂第二年禀定章程应续招官学生二百名，今拟将此项学生留一百名，仍照原禀章程办理，其一百名改为完全高等警察科。"[②] 由此可知，直隶警务学堂就是通省巡警学堂。其实，有关通省巡警学堂的开办有多处记载。光绪三十四年直隶总督杨士骧在一份奏折中即同时提到了北洋巡警学堂与省城巡警学堂（即通省巡警学堂），明显是作为两所学校："天津巡警学堂设于光绪二十八年，名曰北洋高等巡警学堂……省城巡警学堂设于光绪三十二年，定章由本省各府厅州县申送举贡生监，考选入堂，分为高等、普通两班。"[③]《天津日日新闻》报在光绪三十二年二月三十日的"保定新闻"栏中更登载了通省巡警学堂操办者的如下"招示"："本总办奉宫保（即袁世凯）委办通省巡警学堂，诸生闻风向往，具见嗜学情殷，实深嘉许。顷闻由津旋保，阅名册，来堂报名者甚多，相应早日开学以慰众望。兹定于二月二十六日考验身体，二十七日、二十八日、二十九日考试文理。取定后，再行取具妥保，填写志愿书，听候择期开学……"[④]。接下来还登载了通省巡警学堂的招考简明章程。由上述可知，通省巡警学堂与北洋巡警学堂绝非一校毫无疑义了。至于通省巡警学堂开办的具体时间，《北洋公牍类纂》中的《筹办通省巡警官弁长警入学毕业人数表》给了我们答案，从此表可知该学堂第一年入学的学生最早是在三月，从而可知通省巡警学堂是在光绪三十二年三月开办的。

通省巡警学堂设有监督、提调、稽查、收支、庶务、文案、司事、洋总教习、洋帮教习、操法总教习、警察兼操法副教习、算学教习、测绘教习、翻译、编纂等职员，规模已渐可观。通省巡警学堂开办的目的是"以速开学堂，造就官弁长警学生足敷一百二十州县之用"。学堂的学生主要是由各州县考送的，但也有少量的自费招考生。其学生分为高等科和普通科两种，高等科学生

---

① 《筹办通省巡警官弁长警入学毕业人数表》，甘厚慈：《北洋公牍类纂》（卷七，警察一），文海出版社 1966 年版，第 8 页。

② 《直隶警务学堂拟设完全高等警察科请立案文并批》，甘厚慈：《北洋公牍类纂》（卷七，警察一），文海出版社 1966 年版，第 14 页。

③ 《直督奏陈改设巡警学堂情形》，载《申报》宣统元年闰二月十三日。

④ 《天津日日新闻》，光绪三十二年二月三十日，北京大学图书馆藏。

一年毕业，普通科学生六个月即可毕业。高等科学生毕业后可充当各州县的巡官兼传习所教员，普通科学生毕业后可充当各州县的警区区长等。根据规定，学堂在光绪三十二年、三十三年两年共培养高等科学生七百名，普通科学生一千二百四十名。同时，为加强对基层巡警的培训，以达到“全省巡警官兵无不从学堂出身”的目标，第一年所招的四百三十八名官费高等生要被分派到各州县任巡官，并要求各自开办巡警传习所一所，每所每期训练巡警四十人，以三个月毕业，一年可培训四期。这样，在两年内，由通省巡警学堂及其毕业生所开办的传习所毕业的官弁长警总数可达“七万六千八百二十”名，基本上可以满足各州县开办巡警的需要。①

但这只是开办者一厢情愿的设想，在以后的实际操作中，这一设想并未完全实现。从后来直隶的办警实况来看，通省巡警学堂本身所招的高等生和普通生是按计划完成了，而其对各州县基层巡警的培训目标是没有按计划完成的。

首先，全省很多州县的巡警人数就没有达到要求。按照《筹办通省巡警学堂通饬各州县遵行各项章程》的要求：各州县巡警的最低数目是大县三、四百人，中县二、三百人，小县一百五十人。各州县办警在此数以上可获奖赏，在此数以下则要受惩罚。② 若按照这一要求，直隶的许多州县都是要受惩罚的。现将直隶警务处在“通省巡警渐次办齐”后所作的直隶省三府三直隶州（即正定府、河间府、顺德府、赵州、定州、易州）所属各州县办警成绩调查比较表整理如下，以为佐证。

---

① 《筹办通省巡警学堂总纲》；《筹办通省巡警学堂各员司职守》；《筹办通省巡警官弁长警入学毕业人数表》，甘厚慈：《北洋公牍类纂》（卷七，警察一），文海出版社 1966 年版，第 5-9 页。

② 《筹办通省巡警学堂通饬各州县遵行各项章程》，甘厚慈：《北洋公牍类纂》（卷七，警察一），文海出版社 1966 年版，第 13 页。

表 3-1　直隶省三府三直隶州所属各州县办警成绩调查表

	县　份	巡警数目		县　份	巡警数目		县　份	巡警数目		县　份	巡警数目
正定府	获鹿县	314	河间府	河间县	395	顺德府	沙河县	505	赵州	隆平县	441
	正定县	523		献　县	368		任　县	310		赵　州	297
	无极县	314		任邱县	374		南和县	236		宁晋县	758
	晋　州	269		交河县	194		钜鹿县	341		柏乡县	282
	新乐县	242		景　州	600		广宗县	147		高邑县	108
	栾城县	224		吴桥县	400		平乡县	227		临城县	65
	蒿城县	247		故城县	460		内邱县	123	定州	定　州	652
	灵寿县	218		宁津县	220		唐山县	196		深泽县	353
	井陉县	152		东光县	290		邢台县	87		曲阳县	262
	元氏县	189		肃宁县	124				易州	易　州	153
	赞皇县	82		阜城县	152					涞水县	135
	平山县	52								广昌县	165
	行唐县	21									
	阜平县	28									

资料来源：根据《直隶警务处详送州县巡警比较表恳请奖叙文并批》① 整理而成。

由此表可推知，当时直隶许多州县的巡警数目都未能达到最低要求。

其次，即使是在数量上达到了要求，质量上也未必能得到保证。这一点是很难从表面上看出来的，不过我们可以从直隶警务处对上述州县警政的比较评语中推测出来。河间府所属十一县中有三个县巡警数目在四百名以上，景州更是高达六百名，但在最后的评价中，直隶警务处却以仅有巡警三百九十五名的河间县为最优。为什么呢？直隶警务处解释说："该府十一属，河间共筹经费京钱五万六千余吊，军械服装均仿照津保格式，一律整齐鲜明，其操法礼节亦均谙熟，为他处所不及，并设有传习所招集学生五十名，照章训练，河郡所属自以该县为最优。其余或形式已具而精神毫无，或操法尚熟而军装未备。"直隶警务处在评价正定府时也是以巡警仅三百一十四名的获鹿县为最优，而不是以巡警五百多名的正定县为最优，其理由是："该府十四属，获鹿共筹经费制钱一万五千余吊，军械服式一律整齐，操法步武亦极娴熟，正郡所属即以该县

① 《直隶警务处详送州县巡警比较表恳请奖叙文并批》，甘厚慈：《北洋公牍类纂》（卷九，警察三），文海出版社 1966 年版，第 14-16 页。

为最优。其余或服械未备，或操法未熟，均未能一律合格。”上表所列的巡警数目是在变化的，后来直隶许多州县都因警费难筹又裁减了大量巡警。[①]

最后，在巡警传习所（直隶省的巡警传习所在宣统二年根据部章改为巡警教练所）的开办方面也未能达到要求。按照《筹办通省巡警学堂通饬各州县遵行各项章程》的要求，直隶各州县都应该开办巡警传习所，并且各州县“均须认真经理，视办理之善否，定为州县之功过”[②]。当时，直隶省除去热河、顺天府所属州县不计外，还有一百二十余个州县，若按章程要求则其巡警传习所至少应达到一百多所，但是直到宣统元年十二月直隶省的巡警传习所才仅设立了七十五处。直隶总督对此很不满意，要求直隶警务处对尚未设立巡警传习所的州县要“限期严催，一律开办，不得再行延缓”[③]。即使是这样，到宣统二年下半年，直隶各属设立的巡警教练所也才七十七处，“其未设者尚有四十五处，嗣经一再严催，如昌黎、东光、平乡、南皮、抚宁、易州、安州、任邱、枣强、阜平、井陉、雄县、满城、祁州、清丰、遵化、宣化十七处”才“先后设立”[④]，这样总共也只有九十四处，还未达到一百所。巡警传习所不但在数量上未能达到要求，其成效也未能达到预期目标。受训者的基础差，在所肄业时间又短，再加以精力不能集中，不失为重要原因。所谓“巡警程度，识字原本无多，遑论讲解文字、教练课程，（在所）一年犹恐未逮，何况半载之短期，又复教练后即令回返练习，各警生一面值差，一面温习讲授，功课荒疏难免”[⑤]，确如斯言。

其实，出现这样的情况也不能完全责怪直隶及其所属各州县。当时已是清朝晚期，社会动乱不安，而且财政拮据，困难重重，考虑到这些客观因素，应该说直隶省最高当局对巡警及巡警传习所在各方面的要求是比较高的。就全国范围来说，直隶省的巡警及巡警传习所办的还是比较好的。

通省巡警学堂在全省“办理巡警业已逐渐扩充，成效渐著，计毕业学生派赴各州县者略已敷用”之后，为“力求完善”，又增设了完全高等警察一科（北洋巡警学堂在光绪三十三年也增设了完全高等警察一科）。该科是为培训高级警官而设的，其学生来源是从通省巡警学堂第二年禀定章程所应续招的两

---

① 《直隶警务处详送州县巡警比较表恳请奖叙文并批》，甘厚慈：《北洋公牍类纂》（卷九，警察三），文海出版社 1966 年版，第 15、16 页。

② 《筹办通省巡警学堂通饬各州县遵行各项章程》，甘厚慈：《北洋公牍类纂》（卷七，警察一），文海出版社 1966 年版，第 14 页。

③ 《督院陈答复咨议局议决各案文》，载《大公报》宣统元年十二月二十三日。

④ 《巡警道详到任后举办一切事宜咨部立案文》，载《直隶警察杂志》第二期（公牍，页二）。

⑤ 《宣化县巡警教练所整顿警务条陈》，载《直隶警察杂志》第十一期。

百名官费高等生中挑选出一百名。完全高等警察科学制扩展为四年，前两年为预科，后两年为正科。预科两年“讲习警察兼授普通学科”，正科两年择取法政、武学中之简易切近者教授。同时，还开设外国语一科，教授英语和日语，学生可自愿挑选其中一科学习。①

直隶省还办有专门警察学堂，即直隶司法警察学堂。该学堂附设于通省巡警学堂内，其学生来源于通省巡警学堂所招的普通生。学堂开办时间应在光绪三十三年八月。因为，《直隶警务处禀遵议司法警察学堂章程请立案文并批》一文在提及司法警察学堂的学生来源时说：“巡警学堂官、兵生（即高等生、普通生）已毕业者及经招齐者共一千五百余人，足敷分派之用，仍有第四次兵学生五百名额尚未招集，拟就此项挑选二百二十人改为专门司法警察学生”，② 而由《筹办通省巡警官弁长警入学毕业人数表》中提供的情况可知，通省巡警学堂所招的第四期普通科学生（即兵学生）应在光绪三十三年八月入学，所以直隶司法警察学堂的开办时间也应为光绪三十三年八月。

直隶司法警察学堂的开办宗旨是：“为造就司法警察模范人才，为实行司法警察之预备。”学堂学制为一年。其教学方法是采取课堂教学与实践学习相合的方法。学堂在开学三个月以后，学生即需每日于功课时间之外用两点钟分班开实行练习会，按照所学功课实地讨论练习。在毕业三个月之前，学生被每日轮流派赴发审局旁听，“以养成裁判知识”。在毕业前一个月，学生由教习带往天津审判厅参观审判民事、刑事办法，以便“考验有得，不至遇事棘手”。该学堂学生毕业后，即被遣归各自州县充当巡官、教员。等到所在州县差役裁尽或推行审判厅及乡谳局时，该学生即可作为司法警察师范，并就该地原有巡警传习所招识字巡警传习司法警察学。该学堂对提高直隶巡警的司法知识是有一定贡献的。③

除上述正规警察学堂之外，直隶各地为提高本地巡警素质还创办了许多非正规的学堂、讲堂等警察教育机构。保定警务局在总局和分局分别设有补习学堂。总局学堂设操法教习、算学教习、测绘教习等，教授高等学生功课。其高等学生是从各分局中挑取的程度较优之长警。分局学堂则按三班将本局巡警更替教授。天津南段巡警总局内设有讲堂，专门补习本局各巡长、巡警功课。讲

---

① 《直隶警务学堂禀拟设完全高等警察科请立案文并批》，甘厚慈：《北洋公牍类纂》（卷七，警察一），文海出版社 1966 年版，第 14 页。

② 《直隶警务处禀遵议司法警察学堂章程请立案文并批》，甘厚慈：《北洋公牍类纂》（卷七，警察一），文海出版社 1966 年版，第 15 页。

③ 《直隶司法警察学堂章程》，甘厚慈：《北洋公牍类纂》（卷七，警察一），文海出版社 1966 年版，第 16 页。

堂设有警察律例、督操、算学各教习。光绪三十二年十月，天津南段巡警总局二局也在局内设立讲堂，每晚七点宣讲巡警一切规章。同年，天津南段巡警马队也设立了讲堂，每晚六点至八点由该队官弁轮流讲习，课程以马巡章程为主，参以警务须知及总局所传紧要公件。光绪三十四年十二月，天津南段巡警总局督办又鉴于“侦探一门为警察之所最要，倘不得其人，则贻误良多，且为害甚大，今北洋原有之侦探队虽亦颇资得力，然必须日事研究，方克渐图完善”①，决定筹办侦探学堂。

另外，直隶省还办有警务研究所，以期加强警察教育。早在光绪三十二年即有人呼吁仿效日本创办警察协会。光绪三十二年四月二十二日，顺天府人杨宝书在《时报》上发表《警察刍言》一文，认为“中国现在之警察，有警察之名，无警察之实”，要改变这种现状，使其有警察之实，办法之一途就是仿效日本警察协会，在中国创立警察协会。杨宝书认为，日本设立警察协会，“日取其本国及欧西诸国现行之警务，朝夕讨论，加以实验，月异而岁不同”②。与此同时，类似警察协会的组织也在直隶省相继出现了，这就是警务研究所。光绪三十二年，隆平县就设立了“公议局警务研究所，派曹君镇等为议董，每月朔日会议一次”③。光绪三十四年十一月前后，直隶警务处在省城保定设立了直隶警务研究所（据《大公报》光绪三十四年十一月二十日记载，直隶警务研究所在该日已经创办）。该所以“讨论警务实效，藉补课程所不及，以期集思广益，增长学员知识，养成判断程度”为宗旨，设有管理和讲演员，每星期六、日会集学员进行讨论。其讨论之事有六项：“一、本星期内课程之质问，二、关于警务随时发生之事宜，三、假设警务之问题，四、关于本所应行改良事务，五、各州县警务人员议论条陈之事，六、本所学员提议之事件。”学员集会讨论时有笔记人在旁记录。每次的集会议论要择要编定成书，呈请直隶警务处督办、总办验看，而且还要将此议书付印、颁发给各州县巡警局、所，以资考证。④ 宣统元年八月二十八日，保定工巡总局内又开办了一处警务研究所。该所“系为研究现行规章之原理与夫应行改良及应行举办之事务，以按实事推求，俾令切实易行为最要。其于警政有关之学理亦即轮间讨论，以期事实与学理有日益发明之效果”。其研究员为各分局巡弁、巡长、探防队长、消防队长等。总、分各局自愿入所研究者及非本局人员都允许列座旁听。该所是逐日研究，以三小时为限。所议论的内容也要记录下来，并呈总

---

① 《筹办侦探学堂》，载《大公报》光绪三十四年十二月十六日。

② 《警察刍言》，载《东方杂志》第三年第七期（内务），第151页。

③ 《东方杂志》第三年第九期（内务·各省内务汇志·直隶），第208页。

④ 《研究规则》，载《大公报》光绪三十四年十二月六日。

办、会办验看，每届年还终要印刷成册，移送直隶警务处分发给各州县巡警局、区。[①] 宣统二年八月五日，直隶巡警道又在天津设立了一处警务研究所，要求“凡公所（直隶警务公所）员司及各区长官等均须入所肄习，此外各厅州县警务人员亦须领取讲议，自行研究，以广教育而宏造就”[②]。天津警务研究所也是每日研究，所“研究者共分五门：一、宪法，二、法学通论，三、高等警察，四、国际警察，五、地方制度”[③]。

这些非正规的警察教育机构对加强警察教育、增广直隶巡警的见识、提高巡警素质是有一定作用的。

二、国外留学和游历考察

除了开办的国内警察教育，直隶省还很重视通过留学和国外考察途径进行警才教育。在巡警创办初期，国内警才培训机构很少的情况下，警才国外教育也是必要的。当时，直隶省派有大量的官费留洋学习警察专业的学生，主要是留学日本。在巡警开办后的第五年即光绪三十二年五月，直隶省还决定“遴选品行端谨、文理明通、才可任事者数员，不分正佐，资送东洋学习巡警、监狱诸法，约期六个月”[④]。除官费咨送外，直隶省的自费留洋学习警察专业的人也很多，主要也是留学日本。这些人学成回国后，有的在巡警学堂任教，大多的则被委派到各州县担任警官。鸡泽县巡官贾浦即是留学日本警察专科毕业生。[⑤] 高邑县巡官张云峰是日本警察学校毕业生。[⑥] 束鹿县办警时更提前声明，“巡官拟俟东洋游学生……毕业回籍后再行择优分派”。后来，留学日本警察毕业生胡庚西充任了该县巡警局巡官，并担任该县巡警传习所教员。[⑦] 警察留学教育不仅为直隶省培训了许多警务人才，而且这些人从事警务工作，在报纸上发表警务言论，提出警政建设议见，对直隶警务的发展作出了一定的贡献。不过，直隶省的警察留学教育时间不是很长，因为光绪三十二年下半年巡警部通咨各省，“嗣后各省应将官派出洋学习速成警察一项即行停止，其自费请咨

---

① 《保定工巡总局内警务研究所规则》，载《大公报》宣统元年九月十日。

② 《研究警务》，载《大公报》宣统二年八月十二日。

③ 《直隶警察杂志》第一期（警务杂志，页一）。

④ 《电商派员学习巡警监狱诸法》，载《申报》光绪三十二年五月二十七日。

⑤ 《直隶警务处详复遵饬派员点验鸡泽县巡警情形并恳给奖文并批》，甘厚慈：《北洋公牍类纂》（卷九，警察三），文海出版社 1966 年版，第 14 页。

⑥ 民国二十二年《高邑县志》卷三，行政。

⑦ 《束鹿县张令凤台禀现办巡警筹订薪饷及分派毕业生训练文并批》，甘厚慈：《北洋公牍类纂》（卷九，警察三），文海出版社 1966 年版，第 22、23 页。

者概行批驳”①。

除留学外，直隶省还派官绅出国游历（主要是前往日本游历），以广包括警政在内的各方面知识。光绪三十一年六月，直隶总督特别规定：“实缺州县人员，除到任已久未便令离职外，其余新选、新补各员未到任以前酌给津贴，先赴日本游历三月，参观行政、司法各署及学校、实业大概情形，期满回国，然后饬赴新任，并责令呈验日记，以征心德。”同时，直督还要求直隶各属“公举品端学粹之绅，咨送日本游历……每州每县至少须送一人”，以期达到“上下一心，博采邻邦之良法”，开通民智的目的。②

总的来看，清末直隶当局是十分重视警察教育的。直隶的警察教育开办的也是比较成功的，取得了一定的成绩。从光绪二十八年到宣统三年，直隶省白手起家，从无到有，逐渐建立了一套比较完整的警察教育体系，“其设教场合有高等巡警学堂、有警务研究所，各厅州县有警务教练所，本埠各区有补习讲堂……”③ 直隶的警察教育为清末直隶乃至其他各省的警政建设培养了不少人才，对清末警政的推广、发展发挥了较大的作用。

第三节　督查、奖惩及抚恤

一、督查

保定、天津巡警局都设有专门机构和专门人员对巡警官兵进行督查。保定工巡总局设有稽查，负责督查巡警官兵行政司法名誉、警察职守勤惰、司法捕拿有无株连无辜等情事。④ 天津南段巡警总局更为正规，设有稽查所，该所无论昼夜风雨都派稽查员出局查事。稽查员要遵守稽查章程，如稽查员在外查事须不露形迹；见某巡警有犯规情事只得登记下来，不得当面申饬或径告该管局区；呈报所查事情时，只准叙明实事，不得加以批评，也不得妄下结论；等等。⑤ 此外，天津南段巡警总局值日所内还设有考绩课，是全局各局、区队官弁长警勤惰、功过、稽查、奖惩档案的总汇之处，负责本局各官吏考查、评比

① 《警部通咨停派出洋学习速成警察》，载《申报》光绪三十二年八月二十二日。

② 《分饬官绅游历缘由片》，国立故宫博物院故宫文献编辑委员会编：《袁世凯奏折专辑》（第七册），台湾广文书局有限公司 1970 年版，第 1937、1938 页。

③ 《论警察教育之普及》，载《直隶警察杂志》第二期。

④ 《保定工巡总局员弁职守》，甘厚慈：《北洋公牍类纂》（卷七，警察一），文海出版社 1966 年版，第 23、24 页。

⑤ 《天津南段巡警总局现行章程》，甘厚慈：《北洋公牍类纂》（卷八，警察二），文海出版社 1966 年版，第 5、6 页。

结果的上传下达。另外，上级警察官吏对下级警察官兵也有督查的责任和义务。保定工巡总局就规定巡官负责“随时就地查视巡长、巡警巡逻、站岗之勤惰及办事合乎警章与否”①。天津南段巡警总局总办赵秉钧经常带人巡查或者“微服私访”，《大公报》曾在光绪二十九年四月十六日、二十二日、二十七日接连报道过赵秉钧亲自巡查之事。

保定和天津以外的直隶各州县没有像保定、天津那样设立比较正规的督查机构及专门人员。在这些州县主要采取的是上级督查下级的办法。县的最高官员县令负责对本地巡警官兵的督查，而具体负责人则是地方上的最高警官巡官。

巡警道设置后，巡警官吏的督查、考核就更为正规了，也有了章程可循。根据部章，巡警道由民政部“随时考核，咨行各该省督抚出具切实考语，均自到任日起每届三年期满胪列奏闻”；巡警道“所属各员除本部（民政部）随时考查外，应由……该管道分造清册，出具切实考语，每届六个月申报一次”。② 部章还规定“巡警道应督饬各厅州县，按照奏定官制通则，各就所管地方分划区域，举办巡警，并得禀明督抚随时亲履巡查或派员视察，完竣时即将详细巡察情形禀报本省督抚，并申民政部备案”；各厅州县“警务长并各分区区官若干员均受巡警道及该地方官之指挥监督”③。

除了系统内部督查，还有外部督查。保定警务局和天津南段巡警总局都规定：巡警官吏“凡为辖内商民连名控告者，查实撤差……查明情节尤重者详参”；普通巡长、巡警“凡被界内商民控告，查实者革”。④ 外部督查主要是由清末社会中地位较高的绅商阶层来执行的。这些人的外部督查一般是通过向府县或省道官员禀告，或在报纸上发表言论，以引起警界注意，促其改良等途径来实现的。在直隶省兴办地方自治，咨议局及各州县议事会等自治机构后，他们更利用这些合法机构经常讨论警政现状，向府县或省道提出建议。细翻一下《大公报》，我们会发现有关这方面的报道很多。如该报光绪三十四年三月十

---

① 《保定工巡总局员弁职守》，甘厚慈：《北洋公牍类纂》（卷七，警察一），文海出版社 1966 年版，第 25 页。

② 《民政部奏拟订考核巡警官吏章程折》，载《东方杂志》第五年第九期（法令），第 60 页。

③ 《宪政编查馆奏考核直省巡警道官制细则折》，载《东方杂志》第五年第七期（法令），第 38 页。

④ 《创办保定警务局并添设学堂拟订章程呈览折》，天津图书馆、天津社科院历史研究所编《袁世凯奏议》（中），天津古籍出版社 1987 年版，第 613、614 页；《天津南段巡警总局现行章程》，甘厚慈：《北洋公牍类纂》（卷八，警察二），文海出版社 1966 年版，第 32 页。

三日登载了一篇题为《见死不救绝非人心》的言论，批评巡警遇到街上有快要死的人而不去救，希望警界急图改良。宣统二年九月五日登载了《深州绅民上道宪公禀》，禀控该县巡官王炳麟、林桂田劣迹多端。宣统三年六月二十六日登载了《上直督陈制军书》，控告天津巡警总局某段警局违反警章，私设刑讯。顺直咨议局还曾禀控过巡警道舒鸿贻劣迹四端，请求督宪查办（《大公报》宣统二年十一月四日详细报载了此事，同月十一日又详细报载了警务公所的驳文）。从后来的情况看，巡警道舒鸿贻确实不是很清廉，而顺直咨议局的禀控似乎也发生了些作用。因为，这件事情发生不久，《大公报》就报道："正任巡警道舒观察鸿贻此次假满回津，本拟仍归原任，嗣因咨议局旧案重提，复有二次之弹劾，故该当道（指直隶总督陈夔龙）特将该道与通永道叶崇质观察彼此调署。"①

二、奖惩

保定警务局在创办之初就制定了严格、详细的巡警官兵奖惩章程。天津南段巡警总局设立后，也制定了严格、详细的巡警官兵奖惩章程。天津南段巡警总局的奖惩章程应是参考保定警务局奖惩章程制定的，因为仔细对照两个章程，我们会发现两章程除极个别之处外几乎是一字不差的。

根据章程，局长、区长、队官（保定警务局为巡官、巡弁）奖赏有两种：一记功，二奖叙。记功又分两种，即一般性记功和记大功，凡连记三功者，并为一大功。奖叙有外奖、奖谕、保奖、酌委优缺等。凡勤奋供职、不避劳怨、每三个月无疏失者，窃案登时破获者，均记功一次；劫案拒伤事主，登事破获者记大功一次；凡大功记至三次者，禀请给外奖；能创设新法实于地方商民有益者，禀请奖谕；当差勤劳，两年无过或功过相抵者，禀请酌委优缺一次；叠获要犯异常出力者，不拘年限，随时禀请保奖。

巡长、巡警奖赏分为三种：一赏花红（一等赏银六两，二等赏银四两，三等赏银二两），二拔升，三赏功牌、奖札或请给外奖。凡捕获诱拐、欺诈、撞骗、伪造货币等犯者，赏三等花红；遇有水患火灾及一切危险，能实力保卫者，赏二等花红；遇有械斗、谋害将酿人命，能先时解散、防护者，赏一等花红；凡因捕获窃盗各犯记功至五次者，以次拔升；捕获强劫、悖逆会匪重犯者，立即拔升；当差二年始终勤奋者，赏给功牌；当差三年始终勤奋者，赏给奖札；异常出力者，随时请给外奖。

局长、区长、队官（保定警务局为巡官、巡弁）惩罚有三种：一、记过、罚薪，二、撤差，三、详参。记过又分一般性记过和记大过两种。凡连记三过

① 《本埠，弹劾无效》，载《大公报》宣统三年三月十四日。

者，作为大过一次。记过一次可折罚本月薪水三分之一。凡巡防不力，懒慢误公，遇该管人员犯有过失而失察，该管界内出窃案一起者，均记过一次；所管界内出劫案一起者，记大过一次；劫案拒伤事主者，记大过二次（但窃案在五日内、劫案在十日内破获者可免惩罚）；凡连记大过三次者，撤差；贻误紧要事件及泄露机秘，窃案展限缉拿而逾限无获，或有非常过失，为辖界商民连名控告，经查属实者，均要撤差；凡为辖界商民连名控告，查明情节尤重者，或劫案展限缉拿，逾限无获者，均要详参；但劫案不伤事主者，摘顶免参。

巡长、巡警惩罚有三种：一责，二革，三斩。凡官给对象，不知爱护以致损坏、遗失者，要罚薪并令其赔补；凡疏忽职守及怠惰误公，持枪舞弄，将枪寄留别处，持械打人者，均要受斥责；赊欠商民财物，值班时衣帽不整或偶行坐卧者，均要受责罚；凡泄露密谕，假公济私，讹诈钱物，不守局规，冒功请赏以及被界内商民控告查实者，均要革退；凡抢夺财物，强奸妇女者，均斩。[①]

直隶各州县在巡警官兵奖惩方面起初大多是参照保定、天津的章程来办理的。光绪三十二年，直隶省对各州县巡警官兵的奖惩作了统一规定：“各州县巡警各分局，如能有捕盗出力，应照批定捕盗章程领赏；如办一切出力各事，按照批定保定巡警章程领赏；……各州县巡官、区长、巡长、巡警，如有勒索钱文及为一切不能自保名誉等事，均按照军规严办；……区长、巡长办事实在出力，由各该地方官出具考语，胪陈事迹，再由总局考查，如果名实相符，区长可提升州县巡官，巡长可提升区长。”[②]

从实际情况来看，在保定、天津这些奖惩规定是被严格执行了。天津南段巡警总局第三队岗警杨书用“查获贼犯贼犯张子茂并赃送交三局”，即受赏洋银四元。[③] 第五局所辖界内发生抢案，其正巡官崔振奎、副巡官刘学信、头队巡弁冯成兰等即被罚摘去顶戴，后因“获案得赃，甚属出力”，而“一律照例开复”。[④] 第二局警兵将街道扫夫殴伤，该警兵即受重罚，而该队巡记也被记过一次。[⑤] 但是，在广大基层州县，这些奖惩规定的执行是要被大打折扣的，

---

① 《创设保定警务局并添设学堂拟订章程呈览折》，天津图书馆、天津社科院历史研究所编《袁世凯奏议》（中），天津古籍出版社 1987 年版，第 613-615 页；《天津南段巡警总局现行章程》，甘厚慈：《北洋公牍类纂》（卷八，警察二），文海出版社 1966 年版，第 31、32 页。

② 《筹办通省巡警学堂通饬各州县遵行各项章程》，甘厚慈：《北洋公牍类纂》（卷七，警察一），文海出版社 1966 年版，第 13 页。

③ 《本埠，获贼蒙赏》，载《大公报》光绪三十年五月二十七日。

④ 《本埠，照例开复》，载《大公报》光绪三十年正月二十七日。

⑤ 《本埠，巡警认真》，载《大公报》光绪三十年三月三日。

存在着许多弊端。顺直咨议局在一份《议决改良警务案》中这样评说："京、津、保等处，其巡长、巡兵皆分为数等，以劳绩递升，又有加饷、减饷等激励之法，而巡官、区长勤劳卓著，则常优予拔擢，故其人皆自勉励。惟外州县之巡长、巡兵，前本由各村董募兵给饷，巡官几无权更调之，故大半无此办法。至巡官、区长之奖励，虽亦有奖札、功牌，而其人多系本地学生，故亦难因成绩而擢升于他处。而以新进能贡媚于诸乡绅及地方官之前者，或转借口于义务之名，不论前任巡官功过，且皆能取其位而代之，此最不平之事也。夫天下人未有无可希望而自然勤苦奋勉者，乃直隶之下级警务人员竟似有罚而无赏。盖警务学生毕业多不由警务处派用，惟能自通于本处地方官者始得受一差。其供差有效者又无法定之升阶，若无效则撤差追缴文凭或径行治罪，罚则至为严刻。至长警则更若几微，无可希望。故往往有任事之初，劳心殚力，以希图名誉，而此差又愈尽心力者愈易取怨，及日久而几微无所利，则亲友交责，将有自悔其从前之多事者。此若不详定警务人员功过及奖励之规则，恐终不能望有进步也。"①

三、抚恤

在抚恤方面，保定警务局和天津警务局的规定也是基本相同的，这些规定还为各州县所参照。根据规定，巡警官兵当差在三年以上，因公成废不能任事者，官弁给薪水六个月，巡长以下给饷六个月；巡警官兵因公殒命者，则抚恤其家属，官弁给薪水一年，巡长以下给饷一年；巡长、巡兵病故者，给埋葬费，保定为八两，天津为十五两；巡警官兵因公受伤或致病，官给医药调治。②

光绪三十二年十二月前后，民政部又制定了《巡警议恤章程》咨行直隶总督转饬各巡警局。该章程规定：一、因缉盗拒捕殒命者，其抚恤金分别是：警官四百两、巡官三百两、巡长二百两、巡警一百两；二、因军事侦探、周历行阵误伤殒命者，警官二百两、巡官一百五十两、巡长一百两、巡警五十两；三、因救火或遇险殒命者，警官一百两、巡官七十五两、巡长五十两、巡警二十五两；四、因验疫而传染病故者，警官四十两、巡官三十两、巡长二十两、

---

① 《顺直咨议局议决案件·议决改良警务案》，载《大公报》宣统二年正月二十一日。

② 《创设保定警务局并添设学堂拟订章程呈览折》，天津图书馆、天津社科院历史研究所编《袁世凯奏议》（中），天津古籍出版社 1987 年版，第 615 页；《天津南段巡警总局现行章程》，甘厚慈：《北洋公牍类纂》（卷八，警察二），文海出版社 1966 年版，第 32 页。

巡警十两。[①]

第四节　办警经费的筹措

清末，地方办警经费向来不列入中央财政预算之内，均由各级地方当局自行筹措，直隶省的办警经费也不例外。开办巡警是需要大量费用的，而且随着警政的推广，其所需的经费也越来越多，各地不得不通过各种方式去筹措。

保定、天津两地的办警经费主要来源于城中所收的房、铺、车等捐。保定工巡总局就设有房捐、铺捐、车捐、门捐、船捐各科，专门管理上述各捐，并规定各科“科长均应遵守定章收受捐项，并应密查隐匿不报及以多报少等弊”[②]。房捐，每月按租价收捐，已修街道抽百分之四，未修街道抽百分之二。铺捐，分钱铺、杂货铺、绸缎、铜、锡、米、麦等铺和刻字铺、卖座茶园、不卖饭不存货客店等名目。车捐，官车、民车一律按月抽捐，分货车、轿车、人力车各项，货车又有大小车之异，轿车则有载货轿车、公馆轿车、客座轿车之异。门捐，亦分大车、小车、货车、客车等项。船捐，按船之宽窄或大小分别等级酌收捐款。各捐都有票据或执照，以便稽查。后来，保定工巡总局又创办了戏捐、妓捐等捐项。[③] 天津南段巡警总局设有捐务科管理各项收捐事宜。房捐，按房租多少抽收。铺捐，分商铺、客栈、当铺、饭馆、澡塘等名目，各名目中又分等级，商铺分七等、客栈分六等、当铺分二等、饭馆分四等。车捐，分人力车、大车、小车、地扒车等项。摆渡捐，分三等抽收。另外，还抽收戏捐、窑户捐、妓捐等，窑户捐分四等，妓捐也分四等，戏捐则无等级之分。[④] 但是，即使是如此巧立名目，竭尽所能去搜刮民财，经费仍不足用，还需设法弥补。保定警费之不足部分，在光绪三十年八月后，直隶省在获鹿增设铁厘卡，征收山西入境的铁厘，“由铁商窦继宗等每年包纳铁厘银一万两……按季解交练饷局，凑发警饷”[⑤]。天津警费之不足部分则由津防练军军饷移挪补足。

直隶各州县的办警经费，省宪早有明确规定：“各州县创办巡警，皆由各

---

① 《本埠，议恤定程》，载《大公报》光绪三十二年十二月六日。

② 《保定工巡总局员弁职守》，甘厚慈：《北洋公牍类纂》（卷七，警察一），文海出版社 1966 年版，第 25 页。

③ 《保定工巡捐局各项收捐章程》，甘厚慈：《北洋公牍类纂》（卷十四，税务），文海出版社 1966 年版，第 36、37 页。

④ 《天津南段巡警捐务科收捐章程》，甘厚慈：《北洋公牍类纂》（卷十四，税务），文海出版社 1966 年版，第 35、36 页。

⑤ 《获鹿铁厘充作常年警饷片》，天津图书馆、天津社科院历史研究所编：《袁世凯奏议》（下），天津古籍出版社 1987 年版，第 1486 页。

该州县就地筹款，不得另请款项”[①]。综观直隶各州县的办警过程，其经费最初主要是将支更费、青苗会、迎神赛会、演戏、不入祀典等款改办酌提，以及将编查保甲费、设立窝铺费等更变使用。但是，这些款项各州县并没有多少，收入甚微，根本无法满足办警所需。为了完成上级的办警命令，各州县不得不采取各种方式，想方设法去筹措经费，从而造成了直隶地方办警经费的来源混乱。直隶许多州县城内办警都抽收商捐，例如，涿县、邢台县、沧县、高阳县等县。热河为筹经费开办了粮捐和车船木炭捐，赵州则将“裁汰保正、保地查提粮差中饱盈余各项酌拔巡警经费”，无极县则按粮银多寡派捐。更有甚者，有的地方干脆连名目也不开具，直接强行摊派，如玉田县办警，“所需经费除拔用青苗会、支更费外，并向各区筹摊，每大区每年一百三十两，中区各八十两，小区各六十两”。[②]

办警经费由各州县就地自筹，无统一标准，体制混乱，也就不可避免地存在种种弊端。当时就曾有人指出：“查各州县警款筹划之法，或系保甲旧费，或系商铺捐输，或系按亩摊派，或系各项杂捐，率皆目前支应，究非常年的款。既无的款，则筹法混杂，则弊窦丛生。如各处警款之由乡董管理者，每至发饷之际由董事临时摊派，任意开支，开支过多，势必弥缝，弥缝则中饱，难免摊派不齐，势必赔垫。”[③] 鉴于此，直隶警务处在光绪三十二年对各州县的警费筹措办法做了统一规定，要求各地“以二十顷地公养巡警一名，倘地面瘠苦或再展为三十顷养一名”[④]。这样按土地征收警捐逐成定制。但是，直隶各州县的警费筹措制度实际上仍未能得到完全统一。因为，各州县土地基本是固定的，除了办警经费，其他新政以及新旧赔款等经费也变着法地从土地上收取，而兴办巡警所需经费数额又很大，所以各州县除亩捐之外仍要开辟其他经费来源。直隶总督陈夔龙自己也承认：“直隶全省巡警经费业已筹定，除商铺各捐外，以亩捐为大宗，约占十分之七八。”[⑤] 可见，直隶办警经费中十分之二三还要从商铺各捐中来。

值得注意的是，上面直督陈夔龙所说的“直隶全省巡警经费业已筹定”这一点是不准确的。因为，不久，顺直咨议局即在《顺直咨议局申复咨询警务备荒经费案》中说道：“直隶全省财政现象已极困难，警费一节，其从容将

---

① 《筹办通省巡警学堂通饬各州县遵行各项章程》，甘厚慈：《北洋公牍类纂》（卷七，警察一），文海出版社 1966 年版，第 14 页。

② 见附录 3《直隶省部分州县办警经费来源情况简表》。

③ 《宣化县巡警教练所整顿警务条陈》，载《直隶警察杂志》第十一期。

④ 《直隶警务处详报遵札核定通省各州县巡警试办章程文并批》，甘厚慈：《北洋公牍类纂》（卷九，警察三），文海出版社 1966 年版，第 12 页。

⑤ 《咨询预筹警务备荒经费》，载《直隶警察杂志》第二期，警务杂志，页三。

事者，虽间有之，而勉强支持者实居其多数，甚且搜罗百计不获一钱，至今尚未设置或设置而旋复解散，亦时有所闻。”① 可以肯定地说，直隶警政从光绪二十八年开办到宣统三年清亡，一直深受着经费不足的困扰、制约。

直隶各州县为筹措办警经费，巧立名目，开征各种捐税，竭尽所能聚敛钱财，这对清末本已处在生死边缘的广大劳动人民来说无疑是雪上加霜，难以忍受的。因此，各地抗交警款的反抗甚至暴动不断发生。例如，光绪三十年二月，兴隆县知县强迫乡民缴纳学捐、巡警捐，数千群众进城抗议②；光绪三十二年闰四月，平山、灵寿两县举办巡警抽收捐款，两县农民聚众反抗，拆毁了衙署大堂，并殴击知县③；宣统元年八月，丰润县为筹办学堂、巡警经费，抽收席捐，宁河、宝坻、丰润三县席民四千多人起而反抗，并与官军发生冲突，将丰润县令及前来镇压的卢台葛营官扣押④；宣统二年七月，遵化县乡民数万人反抗征收警捐、学捐，包围县城达三天之久⑤。这些仅仅是较大规模的反抗活动，至于那些小规模的、未见记载的反抗活动当更不会在少数。

第五节　警薪

直隶省保定、天津及部分州县巡警官兵月薪情况见附录1《保定、天津及直隶部分州县警员薪水简表》。

由该表可知，当时直隶各地警薪是很不一致的，在大城市之间、州县之间、大城市与州县之间、城乡之间等都存在着很大的差异。造成这种现象的原因主要是，直隶各地办警时都是就地筹款，自行解决经费问题，经济较为发达的富裕地方，尤其是保定、天津等大城市，筹款较易，饷款较丰，警薪自然也比较高；经济落后的贫穷地方，筹款维艰，财政紧张，警薪不得不低一些。

各地警薪高低不同，差别较大，也是各地警政状况好坏不一的原因之一。警薪较高之地方，特别是保定、天津等大城市，巡警官兵生活状况自然要好一些，因此巡警纪律的维持情况也要好一些。因为，巡警官兵为了不失去这份优

① 《顺直咨议局申复咨询警务备荒经费案》，载《大公报》宣统二年十月五日。

② 河北省地方志编纂委员会编：《河北省志·大事记》，河北大学出版社1992年版，第162页。

③ 河北省地方志编纂委员会编：《河北省志·大事记》，河北大学出版社1992年版，第164页。

④ 《直隶丰台乡民抗捐记事》，载《东方杂志》第六年第十一期（记事），第350、351页。

⑤ 河北省地方志编纂委员会编：《河北省志·大事记》，河北大学出版社1992年版，第167页。

职，就不得不严格遵守纪律。同时，因为警薪较高，巡警的招募情况也要好一些，人们一般都会踊跃报名的。例如，《大公报》光绪三十四年二月二十日载闻："警生报名踊跃，警务学堂（指天津之北洋巡警学堂）现添招考六期新生，闻报名者刻间已满三百余人。"警薪较低之地方，不但巡警招募情况不太乐观，而且其巡警纪律的维持也成问题。因为警薪太低，巡警为了满足自己的生活需要，就可能利用手中的权力去敲诈勒索、损公肥私，从而出现各种违法乱纪的行为。总之，各地警薪不一是直隶警政中的一大弊端。

第四章　清末直隶警察职能与实效

清政府创办警察的初衷是加强社会治安，巩固政府统治，但是近代警察制度不同于旧有治安组织，随着人们对警察认识的深化，警察开始承担起越来越多的市政管理职能。虽然这些职能是从加强社会治安，维护政府统治这一根本职能衍生而来，但是却不同程度地促进了社会进步。

第一节　维护社会治安，巩固政府统治

一、清查户口

清查户口是警察的重要职能之一，是防贼清盗、维护治安的重要方法，对此清政府上下是有着共同认识的。早在保定警察创办之初，直隶总督袁世凯就明确指出"警察入手以清查户口为先"①。继任直隶总督杨士骧也持相同的看法，"清查户口为巡警入手要务"②。担任基层治安任务的巡警官吏对此认识更加深刻，天津南段巡警总局从维护社会治安、防盗缉贼的角度，多次指出："清查户口为行政警察之先着，户口果清，奸宄无可隐匿，地方自然安靖。所以安良必先除莠，除莠必选由清查户口起"③"盗贼防御全恃清查户口，使匪人无所掩匿，乃为清盗之源"④。保定工巡总局也指出："警察之设，所以维持秩序，保全治安，意至美，法至良也。第实地施行，须从户口入手，认真清查，方为正本探源之论。"⑤保定工巡总局还深刻地指出清查户口不仅与治安关系密切，而且与教育、卫生等事亦有极大关系："整顿地方必先清理户口，

① 《创设保定警务局并添设学堂拟定章程呈览折》，天津图书馆、天津社科院历史研究所编：《袁世凯奏议》，天津古籍出版社1987年版，第609页。

② 《保定工巡总局禀送新添户口异动册暨折簿各式样请查核文并批》，甘厚慈：《北洋公牍类纂续编》，文海出版社1966年版，第144页。

③ 《巡警局示》，载《大公报》光绪三十年六月十四日（1904年7月26日）。

④ 《巡警局示》，载《大公报》光绪三十一年四月十八日（1905年5月21日）。

⑤ 《保定工巡总局禀送新添户口异动册暨折簿各式样请查核文并批》，甘厚慈：《北洋公牍类纂续编》，文海出版社1966年版，第143页。

考东西各国凡民间流品之邪正，生计之优绌，舍宇之污洁，与夫人民所操职业暨男女幼孩学年若干，罔不逐细登记，非特奸宄无从隐匿，即与学界、卫生亦均有进步，诚良法也。”① 清廷警政管理机关巡警部也指出：“巡警为内治根基，民事总汇，头绪至繁，要以清查户籍为万汇之枢纽，溯维周之乡遂在辨夫家，汉之课最祗凭户口，恭查会典所列编审稽核之法亦极详明，诚以户籍能清则地方盛衰、人民消长、赋税多寡、奸宄有无皆不难周知其隐，警政权舆实基于此……总之，警政为内置之要图，查户口为警政之关键，果能切实推行，不但宵小无从讬迹，良善易于保卫，即教育、风俗、赋税、微调诸大端亦皆以此为基础。”②

对于清查户口的重视，直隶省没有停留在文字上，而是以实际行动来落实。创办警察之初，保定警务局就拟定了清查户口办法，要求巡警认真执行。清查户口，分为定时清查和随时清查两种。“定时清查者，各局开办时，即将所管地段悉数稽核，编列号牌，挨户钉于门额，以后再按时清查”“随时清查者，偶查一段或查一隅，借资印证”。③ 清查户口时，国民要区别立项。绅士为一项，平民为一项，无业游民为一项，曾经犯过刑律者为一项，食饷兵役为一项，文武官员分为两项。文武官员，四品以上者为一项，五品以下者为一项。清查户口时要详记册档，主要记载：家主姓名、年岁、籍贯、家口人数；仆御人等姓名、来历；眷属有远出者，现在何地，作何事业；有无田产；生计所得多寡；所住房间若干，是否己产，或租自他人者，价若干。清查户口时要特别注意：某家某人，来历若何，进项若何，用度若何，有无过分情事；来往亲友是否良善，有无匪人同院居住；忽然贫窘与陡然暴富之情由等。

随着直隶警政的发展，户籍管理越发正规，制定有清查户口章程、规则，并将清查簿册分门别类细化、制式化，既一目了然，又易于填写，从而提高了户口清查的速度和准确性。例如，保定工巡总局制定有《户口移动册》：“保定省城户口殷繁，向于春秋二季按户清查，独是城关内外地面辽阔，居民迁移频有所闻，若仅恃定时清查，诚恐为时既久流弊潜滋，似不若随时清查，另立移动一册，遇有移徙当时更换，俾易察核。此项册籍尚付阙如，当经职道等详加体察，妥拟办法，先于各岗警兵每名发给手折一个，所有岗位以内户数、姓

① 《保定工巡总局示》，全国图书馆文献缩微复制中心：《清末官报汇编·北洋官报（光绪三十四年三月二十一日）》，新华书店 2006 年版，第 1007 页。

② 《巡警部奏请清查户口折》，载《东方杂志》第三年第八期（光绪三十二年七月二十五日发行），第 178 页。

③ 《创设保定警务局并添设学堂拟订章程呈览折》，天津图书馆、天津社科院历史研究所编：《袁世凯奏议》，天津古籍出版社 1987 年版，第 609、610 页。

名、职业、籍贯，由各该岗警详细登记，就近考查，每日报告该管巡所。每巡所各置户口草簿一分，查照填注，送由该管分局覆查无误，开单呈报总局，分别列入移动册内。"[①] 天津南段巡警总局制定了规范的《清查户口章程》，对户口清查责任、时间、内容、特别注意事项等做了明确规定，并进一步扩大了户口清查的内容。根据章程规定，清查区域按划定局区段落由该局长、区长负责，各区长于本区户口每月审查一次、核对簿籍一次，各局区每届年终编辑户口年表呈报总局，每户门口贴号牌遵依定式挨次编列。清查方式与保定警务局相同，分为两种：一是定时清查，一是随时清查。定时清查六个月一次，随时清查在全部或一部内有应行稽查之事随时进行。清查时要详细登记家口人数及姓名、年貌、籍贯，家主及眷属人等职业，家主眷属有远处者所往何地、作何事业，曾否种痘及现病痘疮者，居室是否自置抑系租赁等项。除此之外，凡人民性质之良否、生计之优绌、乡里之毁誉、既往之经历、交接之广狭、朋友之邪正、学业之勤惰，均详细考察，登载簿册。清查之时对曾经犯罪获刑者、无产业徒食者、行为不良者、形迹可疑者、众人会集处所、贫民寄居地、客栈、酒馆、饭馆、妓馆及游戏场所等要特别注意。另外，户口清查之时，对孝子、贞妇、义仆及其他有德行者、进项少而支用过分者、与无赖人等交往或同居者、暴富暴贫者、死伤事由不明或家内有异状者、有传染病者等要特别报告。[②] 在具体执行过程中，天津南段巡警总局制定了户口异动簿，对迁移、婚娶、亡故、开补、出嫁、增丁、户口分别记录。[③] 宣统二年（1910 年）天津南北段巡警总局合并为天津巡警总局后，又重新制定了《清查户口规则》，对天津户口清查的时间、方式、内容、人员等做了更为详细的规定。[④]

由以上保定、天津巡警局清查户口的相关要求、规定可以看出，巡警清查户口主要目的在于了解辖区内人口情况，是从维护社会治安的考虑出发的。

户口清查不仅是掌握民众动态，维护治安的基础，也是选举、自治、教育、征兵、整理赋税等诸类新政与宪政的基础。为筹备宪政，清政府要求民政部制定《调查户口章程》、编订《户籍法》，在全国各省逐年调查户口，先查

---

① 《保定工巡总局禀送新添户口异动册暨折簿各式样请查核文并批》，甘厚慈：《北洋公牍类纂续编》，文海出版社 1966 年版，第 143 页。

② 《天津南段巡警总局现行章程・清查户口章程》，甘厚慈：《北洋公牍类纂》，文海出版社 1966 年版，第 600、601 页。

③ 《颁布户口异动簿》，载《大公报》光绪三十三年八月十九日（1907 年 9 月 26 日）。

④ 《天津巡警总局重定清查户口规则》，甘厚慈：《北洋公牍类纂续编》，文海出版社 1966 年版，第 141-144 页。

户数，再查口数。[①] 学者米红、李树茁、胡平、王琼等人对清末的这次人口普查给予了很高的评价，认为“就调查方法而论，民政部户口调查是承上启下的，一方面结束了相沿已久的保甲制度下的户口编查，同时又给后来的各次户口调查开辟了新的路径。因此，尽管这次户口调查有一些缺点，但仍可算是一次真正的人口调查”[②]。在清末这次重要的人口普查工作中，警察担负着重要职责。

民政部《调查户口章程》规定“本章程实行细则，由各该总监督拟定通行，仍申报民政部立案”[③]。因此，直隶省随后参酌直隶地方情形于宣统元年(1909 年) 拟定了《调查户口规则》。直隶省《调查户口规则》对巡警在调查户口中的职责进行了更加详细的规定。如明确“定章巡官长警皆有协同调查之责，原以此项要政与巡警有密切之关系，故为此规定。今定调查事务一律责成巡警会同办理”“调查长及各区巡警局掌复核区内各段户数、口数册，察其有无错漏，及汇齐各段户数、口数总册，申报地方官之事”“调查员及各段巡警派出所掌分任各段调查户口事务及其它特别记载之件”“各段调查员会同巡警局派出，每十日将段内户数、口数册报告调查长、各区巡警局一次，以后挨次如期报告”“调查长会同各区巡警局收受各段报告簿册，随时检核，俟一律报齐后即汇报地方官查核”“调查长及各区巡警局于各段报告查口数后可随时抽查，如有重复遗漏及其它不合之处，应督令详细查明，分别改正”。由上述规定可知，在直隶省巡警是调查户口的主要执行者。至于户口调查完竣之后的日常管理工作，按照直隶省《调查户口规则》将全部由巡警负责，“初次调查户口完竣以后，一切关于调查之事暂由巡警专任，巡警派出所料理各段之事项，各区巡警局统理区内各段之事项”。《调查户口规则》规定巡警派出所负责之事为：料理户口变动，随时记载；料理关于段内调查一切，登载簿册；料理段内一切报告；收受民户迁移呈报；收受民户生死、婚嫁、承继、来往等事呈报；收受民户代绝户呈报。巡警分局负责之事为：收受各段巡警派出所各项报告；汇报各段内户数、口数总册；总核区内一切，登载簿册。“户数册每两月编订一次，口数册每半年编订一次。各巡警局应于每两个月将户数册节制一

---

① 《宪政编查馆、资政院会奏宪法大纲暨议院法、选举法要领及逐年筹备事宜折》，故宫博物院明清档案部编：《清末筹备立宪档案史料》（上册），中华书局 1979 年版，第 61-67 页。

② 米红、蒋正华：《民国人口统计调查和资料的研究与评价》，载《人口研究》1996 年第 6 期；米红、李树茁、胡平、王琼：《清末民初的两次户口人口调查》，载《历史研究》1997 年第 1 期。

③ 《民政部奏调查户口章程折并章程》，上海商务印书馆编译所编纂：《大清新法令(1901—1911)（点校本）》（第一卷），商务印书馆 2010 年版，第 132-137 页。

次，在十日内将各段户数总册汇报；六个月将口数册截止一次，在二十日内将各段口数总册汇报，毋得逾限。”①

民政部此次户口调查，是基于筹备宪政的需要，对全国境内的人口进行普查，与警察自行开展的户口清查相比，目的与范围皆不相同。但是，警察仍然在其中担负着重要职责，尤其是在直隶。直隶省巡警创办较早，发展迅速，遍布省会商埠及各州县，而且创办巡警之始就以清查户口为主要工作之一，对户口调查有一定的经验和条件，因此在此次全国范围内的户口普查工作中，直隶省巡警是主要的执行者。由于巡警较为普遍地建立，此次全国人口普查工作中，直隶省是完成比较早的，而且在人口普查中是将户数与口数同时并查，节省了人力、物力和时间。宣统二年（1910 年）直隶总督陈夔龙就人口普查之事奏报：“查民政部奏定章程，调查户口以巡警道为总监督，其未设巡警道各省暂以藩司为总监督。上年由该局查造七十四州县正附户数总散各表详咨在案，本年设立巡警道后业经照章将此项调查事宜划归该道办理，并拟定施行细则及办事期限，饬令各属将口数提前并查，一面委派催办员分赴各属会同地方官规划一切，现在办理完竣者二十四州县，其余各属亦正在调查，总期不误本年十月汇报之期。”②

但是，直隶省的人口调查工作也有不尽如人意之处。一是调查数字的准确性值得怀疑。根据民政部奏报的第一次、第二次人口调查结果，第一次直隶各府所属正户为 1635205，附户为 250949；第二次直隶全省正户为 3606936，附户为 557153。③ 两次人口调查时间差为一年，而数值之间相差近一倍，一年之内不可能有如此快速的人口增长，可见其调查数值值得怀疑，这也说明人口调查过程中，漏报、瞒报、虚报等不实之事大有存在。“上凭折报，下读邸抄，乃曰：‘调查所得之数如此如彼’，乡壁虚造之故事，上下相蒙”。④ 天津《大公报》则公开报道了人口调查过程中的这些问题：“巡警局查写户口，先从南

① 《顺直咨议局议决调查户口规则案文》，甘厚慈：《北洋公牍类纂续编》，文海出版社 1966 年版，第 133-141 页。

② 《直隶总督陈夔龙奏胪陈第四届筹备宪政情形折》，全国图书馆文献缩微复制中心：《清末官报汇编 · 政治官报》（宣统二年八月二十二日），新华书店 2006 年版，第 37986 页。

③ 《民政部奏遵章调查第一次人户总数折并单》，全国图书馆文献缩微复制中心：《清末官报汇编 · 政治官报》（宣统元年十二月二十一日），新华书店 2006 年版，第 36895、36896 页；《民政部奏遵章调查第二次人户总数折并单》，全国图书馆文献缩微复制中心：《清末官报汇编 · 政治官报》（宣统三年正月二十九日），新华书店 2006 年版，第 38653 页。

④ 《编查户口之敷衍》，载《申报》宣统元年四月十二日（1909 年 5 月 30 日）。

段办起，已记前报。刻下查清者已不少，惟颇不易办，因愚民无知妄造谣言，谓查写户口系将欲挨家挑人当兵，以故各家于查写者到时多不肯将人口据实告知。”[①] 二是人口调查过程中出现了大量抵制行为，这也是全国较为普遍的现象，不仅直隶有之。出现抵制人口调查的原因，一方面是人口普查前所未有，普通民众不明真相，导致各种谣言散布，致使民众对人口调查产生敌视情绪。庆云县令即指出：“巡警一端，首重清查户口，甫经示谕，而民间已相顾愕眙，纷纭疑虑，是未见其利而害已先行。”[②] 滦县初设警察时民众也是惶恐疑虑：“县设警察之始，愚民蒙昧，诧为新奇，惶惑惊疑，成绩极尠。”[③] 江苏省各州县在宣统二年三月（1910 年 4 月）则“因调查户口，讹言迭兴，聚众毁学，拆屋伤人之事，几于无地不有，无日不有”[④]。另一方面是调查员、巡警借端需索，迫使乡民反抗。如宣统元年七月（1909 年 8 月）直隶迁安县“筹办地方自治，官府派员至冷口等地调查户口，按户牲畜头数摊派自治经费，口外农民连日聚众数万抗捐，围攻县城”[⑤]。宣统二年六月（1910 年 7 月）直隶易州乡民暴动，部分原因是自治局张某借调查户口敛钱：“易州近年借口办理学堂、巡警、自治等新政，筹款加捐，民情久已不满。而该州自治局开办后，局绅张某竟将义仓积谷尽行出售，一面又抽捐，名曰充自治经费，饱入私囊。五月初，张某又借调查户口，按户敛钱。时值天旱，各乡农民托词求雨，进城请愿，要求取消摊派。二十一日，四五千人焚毁自治局、中学堂。又拥至梁格庄行宫，打破宫门，并向知县提出‘归还义仓积谷，不再敛派钱文，将自治、警务董治以死罪，永不许若辈再办学堂巡警等事’，共八项条件。”[⑥] 清廷对人口调查中的抵制行为原因也有认识：“各地因调查滋事，时有所闻……固由委任之非人，亦由民智之不进。”[⑦]

---

① 《查写甚难》，载《大公报》光绪二十九年九月初九日（1903 年 10 月 28 日）。

② 《庆云县拟设亲民局并批》，甘厚慈：《北洋公牍类纂》，文海出版社 1966 年版，第 217 页。

③ 《民国滦县志》卷六《政事 · 公安》（中国地方志集成 · 河北府县志辑 · 第 24 辑），上海书店出版社 2006 年版，第 168 页。

④ 中国史学会主编：《中国近代史资料丛刊 · 辛亥革命》（第三册），上海人民出版社 1957 年版，第 393 页。

⑤ 河北省地方志编纂委员会：《河北省志 · 大事记》，河北大学出版社 1992 年版，第 166 页。

⑥ 张振鹤、丁原英：《清末民变年表》（下），中国社会科学院近代史研究所近代史资料编辑：《近代史资料》总 40 号，中国社会出版社 1983 年版，第 103 页。

⑦ 《宪政编查馆大臣奕劻等奏报各省筹办宪政情形折》，故宫博物院明清档案部编：《清末筹备立宪档案史料》（下册），中华书局 1979 年版，第 798 页。

二、管理游民乞丐

清末社会动荡，灾害时有发生，民生维艰，加之其他方面的原因，造成了游民乞丐的增多。省府、商埠等大中等城市就业机会较多，乞讨较易，所以许多游民乞丐涌入谋生。游民乞丐的增多不但严重影响城市形象，而且容易引发盗窃抢劫、打架斗殴、诱拐贩卖人口等诸多社会治安问题。当时即有多人指出：游民中“其稍桀黠者，则相率而为盗贼矣，噫！民失教养流而为匪”① “犯法者类皆无业营生，习于游惰，极寒所迫，不得已乃作奸犯科”② “境内少一游手好闲，阖闾少一盗贼”③。

基于维护社会治安的目的，直隶省地方政府在巡警建立后即将管理游民乞丐的部分任务交给了警局，要求巡警局与地方政府设法管理，以“防窃，保卫居民”④。在管理游民乞丐方面，巡警局主要做了以下工作。

一方面，多次严令巡警查收街市游民乞丐，送至栖流所、游民习艺所等处。如天津南段巡警总局光绪二十九年（1903 年）收到直隶总督“收丐防窃保卫居民”饬文后即下令，要求南段巡警查收街市乞丐⑤。光绪三十三年（1907 年）因政令颁布已久，恐有懈怠，天津南段巡警总局又“传谕各局区巡警，凡遇有在街行乞者，即送至栖流所内留养。其日内送所之花名即于当晚开单报呈，以备存查”⑥。此令下达后，各局区查获的游民乞丐甚多。“巡警总局前饬各局区，遇有乞丐游行街市及沿街乞讨者，即行送交栖流所安插。近日各局区查获游乞，除送游民习艺所及育黎堂不计外，间送栖流所者约有三十余名。”⑦ 天津北段巡警总局也饬令各局队：“转饬岗警，嗣后地面如有此等乞丐，即行拘送栖流所安插，不准散奏街衢，以清地面而安贫民。”⑧ 在下发饬

---

① 《天津观察识小录》，载《大公报》光绪三十三年十二月十五日（1908 年 1 月 18 日）。

② 《天津习艺所之惨酷》，载《大公报》二千号祝典增刊，光绪三十四年正月初九日（1908 年 2 月 10 日）。

③ 《巡警道札隆昌县开办教养工厂文》，载《四川官报》1909 年，25 册。

④ 《直隶袁饬巡警局天津府县收丐防窃保卫居民札》，载《东方杂志》第一年第一期（光绪三十年正月二十五日发行），第 44 页。

⑤ 《建造学堂》，载《大公报》光绪二十九年十二月十一日（1904 年正月 27 日）。

⑥ 《乞丐送所留养》，载《大公报》光绪三十三年十二月二十二日（1908 年 1 月 25 日）。

⑦ 《实行查禁游乞》，载《大公报》光绪三十三年十二月二十四日（1908 年 1 月 27 日）。

⑧ 《天津北段巡警总局传单》，全国图书馆文献缩微复制中心：《清末官报汇编・北洋官报》（宣统二年正月二十八日），新华书店 2006 年版，第 2628 页。

令的同时，巡警总局还派人查看，监督执行效果。宣统元年正月（1909年2月）天津南段巡警总局因“查各局区该管界内，男女乞丐沿途跟踪强索者仍复不少，于路政警务均有妨碍”，于是再次传谕各局区，“即日内督饬长警，严行查禁，分别片送安置，不准仍有乞丐滋扰，如再任其滋扰情事，定将该管官弁查明，各记大过，决不宽贷”①，并制定了安插乞丐办法五条。同时，要求各局区队“按照单开办法立即传谕各该分区，饬各专派长警八名，于十八日早十钟起至晚八钟止，将该管界内乞丐一律查获，开单汇送栖流所安置，限是日晚间将本日查获乞丐若干名开单具报查考，均毋违延”。②

另一方面，建立游民习艺所收养游民乞丐，教以技艺，作为将来养生之计。直隶省之保定、天津率先建立了习艺所。保定警务局于光绪三十年（1904年）创办了游民习艺所，保定警务局督办上禀直隶总督袁世凯说：“自奉檄以后，连日筹商办法，并会勘得旧设教养所之前有同善堂一座，为向来冬令收留贫民之地，今拟先就此房修改布置，商请藩司筹拨款项，于本月十六日开收。现已收得老幼男妇乞丐一百余名，老弱酌给衣食，少壮教以织带、打铁、木匠等工艺。此外，仍陆续收招。如将来房宇不敷，尚有屋旁隙地可以添造，一俟收留截数，再由卑府等察酌妥当，筹定常年用款，详议章程，禀明立案。”③ 天津，先是于光绪三十年六月（1904年7月）创办罪犯习艺所，该所设拘禁监和惩儆监。拘禁监，“凡军徒流罪犯非常赦所不原者及犯事受罪已定监禁年限者，一例收入”；惩儆监，“凡地痞恶丐及无业游民或年轻子弟不遵父兄教训者，由地方官及巡警局送监收禁，一例收入”。④ 由于游民与罪犯混合一处，实为不妥。光绪三十二年（1906年），天津创办了游民习艺所。对于所收留之人，天津游民习艺所是有限制的，“由各局所送来游民须先问明来历，倘系投亲未遇因而流落或衣履褴褛并非无业致被巡警误送者，概不收留，以示限制；游民初入所时，须先送本所医院检验体格有无残疾，如属老病残废

---

① 《天津南段总局传单》，全国图书馆文献缩微复制中心：《清末官报汇编·北洋官报》（宣统元年正月十四日），新华书店2006年版，第1209页。

② 《天津南段总局传单》，全国图书馆文献缩微复制中心：《清末官报汇编·北洋官报》（宣统元年闰二月二十日），新华书店2006年版，第1543页。

③ 《督办保定巡警徐道等遵札筹款收养乞丐情形禀并批》，全国图书馆文献缩微复制中心：《清末官报汇编·北洋官报》（光绪三十年八月十四日），新华书店2006年版，第190页。

④ 《天津罪犯习艺所章程》，甘厚慈：《北洋公牍类纂》，文海出版社1966年版，第399页。

不能习艺者，即行退回，或令转送栖流所收养，本所之设专以习艺为宗旨也”①。天津游民习艺所制定有《游民习艺所办公处规则》《游民习艺所工厂规则》《天津游民习艺所试办章程》等规则，规范游民习艺所管理。继保定、天津之后，唐山、大名、多伦厅、定州、沧州等地也设立了游民习艺所或罪犯习艺所。其罪犯习艺所大多所仿照天津罪犯习艺所办理方式，既收禁轻罪犯人又收留游民。如多伦厅创办罪犯习艺所，“收养游民及在押轻罪人犯学习工作，并附设半日学堂教育贫穷子弟”②；大名县设立罪犯习艺所，“凡获窃犯赌棍以及游手滋事素不安分之人照案惩责，以后均可拨入学艺”③。

直隶巡警部门严谕巡警查收游民乞丐，设立游民习艺所等教养机构，收养游民乞丐，并教以谋生之技，在游民乞丐管理方面取得了一定的实效。舆论即说：“我国游民之多甲于他国，盗贼之多亦为他国所不及。推原其故，皆由贫之所致，非可一朝而化除之也。然苟设法教养，力图挽救，亦未尝不可。少强就天津一埠而论，自设巡警以严稽查，立习艺所以施教养，劫匪窃犯渐觉稍敛其锋，是其明验也。”④

但是，由于经费等方面的限制，此类厂所多设立于省城商埠等大中城市，州县有设也是规模较小。即使是省城商埠等大中城市所设之游民习艺所等，收容能力也是有限的。如天津有民妇王曹氏之子王三游手好闲，不务正业，禀请警务公所批准送交习艺所学习实业，借资糊口，但巡警道批示：“习艺所额数现因款项支绌，已减去数百名，所请送所习艺之处碍难照准。”⑤ 而且有些巡警并不勤于任事，对游民乞丐的管理不甚热心，甚至是见死不救，这也大大影响了游民乞丐的管理效果。《大公报》就曾公开报道巡警见死不救之事，并慨叹：“现在我们中国，虽不至于道殣相望，可是穷苦无归，死在道上的，也很不少。到那乡下地方，既没有好巡警，又没有卫生局，我们的人民向来本不知道公德，偶然间道路以上有个快死的人，谁也不肯管闲事。总怕一管这宗事，既花了钱，还找出许多麻烦来。任凭他死在道上，然后报官验尸，这也无足深怪。怎么这名都大埠，巡警局的岗房密布如棋，卫生局的巡勇往来如梭，也叫

---

① 《天津游民习艺所试办章程》，甘厚慈：《北洋公牍类纂》，文海出版社 1966 年版，第 431 页。

② 《多伦厅筹设习艺所情形禀并批》，甘厚慈：《北洋公牍类纂》，文海出版社 1966 年版，第 443 页。

③ 《大名县设立习艺所试办章程禀并批》，甘厚慈：《北洋公牍类纂》，文海出版社 1966 年版，第 445 页。

④ 《天津观察识小录》，载《大公报》光绪三十三年十二月十五日（1908 年 1 月 18 日）。

⑤ 《送所未准》，载《大公报》宣统三年二月二十八日（1911 年 3 月 28 日）。

那穷苦无归的人死在道旁，无人照管呢？”①

三、禁赌禁烟

赌博、吸毒极易滋生违法犯罪，容易引发打架斗殴、抢劫盗窃等社会治安问题，因而成为巡警重点治理的对象之一。

（一）禁赌

清末直隶的赌博之风是很严重的，“本埠自入岁以来，赌风日炽，沿街僻巷，抹牌掷骨，连宵达旦，殊属不成事体”②“甚有职官巨商轮流聚赌，以夜继日，彻旦不休，一掷千金，炽为豪举”③“省城赌风近年最盛，始责愚民逆而不返，继则官场亦多迷于此，倾家荡产者有之，流而为匪者亦有之”④。赌博易使人玩物丧志，放弃正业，倾家荡产，引发打架斗殴，抢劫盗窃等社会治安问题，“富者因赌而失正业，贫者因赌而起盗心，故近来窃盗之案迭见，始因赌而致”⑤；赌场藏污纳垢，多有犯罪分子藏匿其中，“赌博之场最易窝奸”⑥，是社会治安的重点场所；赌博败坏社会风气，容易引起官场腐败。总之，赌博害人害己，严重危害社会治安，必须严厉禁止。

直隶巡警创办之始，即将禁赌作为日常主要治安任务之一。光绪二十八年七月二十日（1902 年 8 月 23 日）天津巡警初创伊始，巡警局即刊发《巡警条规》，明确禁止赌博，“凡遇赌博一律拘罚”⑦。三日之后，巡警局即缉获了赌犯，并对其进行了严惩：“西门外迤南李家楼有戴恩荣者设立赌场，昨经该管巡警兵丁查出，前往缉获，将戴及赌犯李三、刘四等三名扭交局官惩办。”⑧光绪三十一年（1905 年），天津南段巡警总局制定了《天津南段巡警总局现行

---

① 《见死不救绝非人心》，载《大公报》光绪三十四年三月十三日（1908 年 4 月 13 日）。

② 《南段巡警总局禁赌告示》，载《大公报》光绪三十年正月二十七日（1904 年 3 月 13 日）。

③ 《南北段总办会衔禁赌告示》，载《大公报》光绪三十年十二月初六日（1905 年正月 11 日）。

④ 《工巡总局告示》，载《大公报》光绪三十二年六月二十九日（1906 年 8 月 18 日）。

⑤ 《南段巡警总局禁赌告示》，载《大公报》光绪三十年正月二十七日（1904 年 3 月 13 日）。

⑥ 《窝赌被获》，载《大公报》光绪二十八年七月二十四日（1902 年 8 月 27 日）。

⑦ 《巡警条规》，载《大公报》光绪二十八年七月二十日（1902 年 8 月 23 日）。

⑧ 《窝赌被获》，载《大公报》光绪二十八年七月二十四日（1902 年 8 月 27 日）。

章程》，其中专门针对赌博制定有“管理赌博”规则[①]。随后颁布的《天津南段巡警总局禀定违警罪目百二十五条》和《违警律》也将赌博列入违警罪之内。

巡警对赌博的治理主要从两个方面着手。一方面，颁布禁赌告示，劝谕民众赌博之害，告诫民众不要赌博。这样的禁赌告示很多，如天津南段巡警总局仅光绪三十年（1904 年）就于年初之正月和年底之十二月两次在《大公报》发布禁赌告示。光绪三十年正月（1904 年 3 月）天津南段巡警总局发布禁赌告示，并指出近来盗窃案件迭出与赌博有着密切的关系：“本埠自入岁以来，赌风日炽，沿街僻巷，抹牌掷骨，连宵达旦，殊属不成事体，以致富者因赌而失正业，贫者因赌而起盗心，故近来窃盗之案迭见，始因赌而致，自应出示禁止，以安正业而保善良。除饬各分局严行查禁外，为此示，仰津埠绅商军民一体知悉。自示之后，如有仍前赌博，即属顽固不化，责令巡警弁兵随时抓送总局讯究，定即严办不贷，各宜懔遵毋违。”[②] 光绪三十年十二月（1905 年正月），针对官员巨商豪赌现象，天津南、北段巡警总局会衔发布禁赌告示：“本总局访闻近日天津赌风之盛不在下而在上，甚有职官巨商轮流聚赌，以夜继日，彻旦不休，一掷千金，炽为豪举。至于职官负累，富商骤亏，市面为之摇动。更有甚者则计轮赢，不计良莠，资财不论，上下颠倒错乱，种种弊端不可胜言，尚复成何事体。值此世方多事，不知卧薪尝胆，考求政法，商讲利源，为国家立富强基础，而呼朋引类，惟荒于嬉，并有不耻于此之事，贻误其中为害尤大。除饬各分局严密查拿外，合亟出示严禁，为此示，仰津埠人等一体知悉。须知赌博干禁例有专条，国法昭彰，不容蔑视，自示之后，务各遵，如敢阳奉阴违，本总局除巡官、巡弁之外，尚有暗查常川侦察，一经查出不问姓名，照例惩办。明事理者幸各自爱，本总局并非徒事沽直也。切切特示。”[③] 光绪三十四年（1908 年）正月、四月，天津南段巡警总局又分别针对村镇聚赌和抽签诱赌发布禁赌告示：“访闻四乡各村镇仍不免有聚赌情事，殊堪痛恨。赌博向干例禁，本总局自开办以来于禁赌一事最为着意，乃日久生懈，聚赌之事又有所闻，若不重申禁令，诚恐赌风一长贻害乡民，莫斯为甚。除责成该管局区严查禁止外，合再出示严禁，为此示，仰绅商军民人等一体知悉。自

---

① 《天津南段巡警总局现行章程》，甘厚慈：《北洋公牍类纂》，文海出版社 1966 年版，第 603、604 页。

② 《南段巡警总局禁赌告示》，载《大公报》光绪三十年正月二十七日（1904 年 3 月 13 日）。

③ 《南北段总办会衔禁赌告示》，载《大公报》光绪三十年十二月初六日（1905 年正月 11 日）。

示之后，倘有无知之徒再敢故犯，一被查获，定即从严惩办，决不姑宽。本总局言出法随，尔乡民幸勿以身试法。”① “津郡地方人烟稠密，良莠不齐，小贩营生藉抽签以诱赌，实为地方之隐患，业经三令五申，查禁在案，乃近来多有将签筒暗藏袖中，乘隙窃发，其客店茶肆澡堂以及娼寮等处尤易溷迹。似此阳奉阴违，殊堪痛恨。除严饬各局区队认真查禁外，合再出示谕禁，为此示，仰商民人等一体知悉。自示之后，倘有容留以抽签诱赌者，一经查觉，定将该客店茶肆铺掌等一并罚办，决不姑宽，勿谓言之不预也。”② 另一方面，督促巡警严厉查禁赌博，对缉获之赌犯严厉处罚。巡警对缉赌也是比较认真的，查获赌徒之报道经常见诸《大公报》，虽然不是每天都有，但也是隔三差五就有报道。如某商人违禁聚赌被天津巡警探访局查获，判罚洋银数百元：“官商在寮赌博前奉督宪饬由南段巡警总局出示严禁在案，现有嗜赌者不遵谕示，刻仍故态复萌，于前几日经探访局员杨敬林司马在候家后某寮中查有巨商某某等聚赌，当场缉获赌具，禀明总宪赵智庵观察，议罚洋银数百元。”③ 天津南段巡警总局第三局一区巡弁王金善查悉西门里葛家大院徐洛夫设立赌场，随即带兵前往缉拿，缉获多人。经讯明后，将赌首徐洛夫杖责二百四十板，将李轴子等五名赌徒各责二十棍。④ 保定工巡总局访闻有久惯聚赌之周春泉，并且“正在查拏，适该犯因诓骗于姓银元犯案。查讯该犯于聚赌之外，又有屡次撞骗奸淫不法情事，厥罪甚重，现在禀请监禁，以示惩罚”⑤。

清末直隶巡警禁赌不谓不严，惩罚不谓不厉，但是赌博之风仍然屡禁不停。究其原因是多方面的：首先，就赌博本身而言，具有极大的诱惑性，容易使人沉溺其中，就是当今社会仍不时闻有赌博之事。其次，赌博罚款是政府财政来源之一，官吏难以下决心禁止。再次，不良巡警借禁赌敛钱受贿，损公肥私。如东安县巡弁罗宝章拿获开场聚赌之捕役杨代禄等，罚洋银十余元，尽入私囊，随即将赌犯释放⑥；怀来县区长李某，私受庙会赌规洋若干元⑦。第四，

---

① 《天津南段总局告示》，全国图书馆文献缩微复制中心：《清末官报汇编·北洋官报》（光绪三十四年正月初九日），新华书店2006年版，第834页。

② 《天津南段巡警总局示》，全国图书馆文献缩微复制中心：《清末官报汇编·北洋官报》（光绪三十四年四月初一日），新华书店2006年版，第1038页。

③ 《违谕聚赌》，载《大公报》光绪三十一年三月二十一日（1905年4月25日）。

④ 《责释赌犯》，载《大公报》光绪三十一年四月初十日（1905年5月13日）。

⑤ 《工巡总局告示》，载《大公报》光绪三十二年六月二十九日（1906年8月18日）。

⑥ 《巡弁被控》，载《大公报》宣统元年十一月初十日（1909年12月22日）。

⑦ 《移县查办私受赌规》，载《大公报》宣统元年七月二十六日（1909年9月10日）。

巡警、官吏参与赌博，上行下效，无法禁止。如天津巡警探访局查悉城隍庙后有土棍某甲等暗设赌场，随即前往缉拿，拿获张德才及赌妇白李氏等共十名，而张德才是第五局警兵①；西营门外第十四段二道警兵吴锡发，设赌场，引诱聚赌②；更用甚者，张家口官界聚赌，“以县丞衙门为中心点，一斑官界赌博之徒大都系都辕幕府现任职官及各学堂局所总办、委员、监督、教习等类，或又麻雀，或推牌九，或打摊，或押宝，甚至乎幺喝六之声达于四巷，卜昼卜夜车马盈门。近因开办济良所照收妓捐，于是赌博之事又移之于娼寮妓馆中”③。

（二）禁烟

鸦片严重摧残着吸食者的身心健康，使吸食成瘾者倾家荡产，引发偷盗抢劫等社会治安问题，并使中国人蒙受着“东亚病夫”恶号的耻辱。“鸦片烟盛行以来，流毒异常惨烈，然斯疾者，破其财产，夭其性命，习为偷惰，职业全废。即各直省吞烟自尽之案，岁计不知凡几，盗贼讼狱因此滋繁，伤天地好生之心，殊甚悲怜。”④ 因此，清末在国内外禁烟形势的推动下，清政府于光绪三十二年八月初三日（1906 年 9 月 20 日）颁布禁烟上谕，宣布以十年为期禁绝鸦片。

巡警在清末禁烟活动中负有重要责任，对此民政部多次作出指示。光绪三十二年十二月（1907 年正月）民政部奏请，各省调查种植鸦片地亩、吸食鸦片人数等事：“拟请饬下各省督抚，省城地面责成巡警总局，外府州县及乡市村镇责成该地方官。”⑤ 宣统元年（1909 年），民政部又奏请“各省巡警道有地方之责，拟请一律加以禁烟会办官衔，严行督查，以重禁令”⑥，随后许多省份以巡警道为禁烟总局或公所总办或会办。直隶禁烟总局于光绪三十三年六月初八日（1907 年 7 月 17 日）在天津设立，当时直隶巡警道还未设立。根据《直隶禁烟总局大致办法》的规定，直隶禁烟总局由藩学臬三司领衔为总办，运司、津海关道、天津道为会办⑦。宣统二年（1910 年）直隶巡警道设置后，

① 《设赌获局》，载《大公报》光绪二十九年三月二十五日（1903 年 4 月 22 日）；《责革警兵》，载《大公报》光绪二十九年三月二十八日（1903 年 4 月 25 日）。

② 《包赌滋殴》，载《大公报》光绪二十九年四月十六日（1903 年 5 月 12 日）。

③ 《张垣官界之现象》，载《大公报》宣统元年十月初五日（1909 年 11 月 17 日）。

④ 《民政部会奏拟禁烟稽核章程严定考成办法折并清单》，上海商务印书馆编译所编纂：《大清新法令（1901—1911）（点校本）》（第三卷），商务印书馆 2011 年版，第 62 页。

⑤ 朱寿朋：《光绪朝东华录》，中华书局 1958 年版，第 5623-5624 页。

⑥ 《巡警道会办禁烟》，载《时报》宣统元年闰二月初四日（1909 年 3 月 25 日）。

⑦ 《运司周禀呈直隶禁烟总局大致办法》，甘厚慈：《北洋公牍类纂续编》，文海出版社 1966 年版，第 1857 页。

根据民政部规定参与了直隶禁烟总局的领导，而且负主要责任。因为宣统三年正月（1911年2月）民政部札文："因各省禁烟政令定为各巡警道之责成，须即妥筹加严办法，催促进行。拟即由部通札各省巡警道，参酌本省现办禁烟情形，酌定进行方法陈本部，以便会同禁烟大臣参考厘订，颁布施行。"①

清末直隶禁烟工作，是在地方政府和直隶禁烟总局的领导之下，从禁种、禁卖、禁吸三方面着手进行的。鸦片种植主要是在乡村、山区，而巡警主要分布于州县城及以上大中城市，直隶有些乡村虽然也办有巡警但是人数较少，素质较低，因此巡警主要参与了鸦片禁卖、禁吸的治理。

清政府禁烟上谕颁布不久，直隶总督即札文巡警总局："查鸦片一物，吸食之人废时失业，病身败家，种种为害民生，久为中外所共悉。此次奉饬禁止亟应切实奉行，按照定章认真办理。现有一种开灯之烟馆，往往引诱少年子弟、无业流民麕集其间，最为蠹害，尤宜首先禁绝。所有天津城厢内外应责成南北段巡警局切实查明，凡有开灯之烟馆统限于十月底以前概行歇闭，不得稍涉玩延，致滋隐匿，并谕饬各处饭庄酒楼不得备烟供客。至租界地方应由津海关道会商各国领事官，所有界内开灯烟馆酌定限期一律饬禁。除分行外，合即札饬，札到该局即便遵照办理。"② 收到直隶总督札文后，天津南段巡警总局随即出示晓谕，明确："自示之后，尔等凡有开灯烟馆及烟茶楼者统限于十月底一概闭歇，不准隐匿玩延，其饭馆酒楼并不准备烟供客。倘敢阳奉阴违，任意玩延，或暗烟馆烟楼藉卖烟膏为名私自开灯，及酒肆饭庄仍前备烟供客者，一经查获或被告发确有证据者，定予从严惩办，决不姑宽。"③ 但是，由于天津二十五家烟楼列出种种困难，禀请商会，函请巡警总局展限。天津南段巡警总局将期限延展，定为十一月底一律关闭。④ 为使查禁开灯有章可循，天津南段巡警总局制定了《查禁开灯办法》六条，明确何者须禁，何者不禁："居家商民自行吸食者不禁；虽系烟楼烟馆掌柜自己吸食并不开灯供客者不禁（此项指一月限内而言，一月限满则不准再有烟楼烟馆）；娼窑开灯供客者禁，如实系该窑中人自己吸食亦不禁；饭馆开灯供客者禁，如饭馆掌柜自己吸食不开灯于客人者亦不禁；烟楼烟馆名为闭歇而暗中影射开灯供客者，如查有实据，即送由总局派人查封；如查有自称客人至娼窑内立逼开灯，掌柜不允则滋闹不

① 《饬由各巡警道陈报禁烟办法》，载《大公报》宣统三年正月十八日（1911年2月16日）。

② 《南段总局谕禁烟馆》，载《大公报》光绪三十二年十月二十六日（1906年12月11日）。

③ 《南段总局谕禁烟馆》，载《大公报》光绪三十二年十月二十六日（1906年12月11日）。

④ 《禁烟展限》，载《大公报》光绪三十二年十一月初五日（1906年12月20日）。

已，及权允开灯，则又立时扭获送案，客人保释，掌柜则送案惩办。此风尤应严禁。倘再有此等情弊，定将滋闹之客人严惩不贷。”[①] 除天津、保定两地外，直隶所属其他各府厅州县对于清廷和直隶地方最高当局的禁烟命令也进行了较为积极的落实，派当地巡警严查烟馆有无影射开灯事情，查封了多处违禁烟馆。但是，总体效果不如天津。

禁烟不是一朝一夕之事，清政府谕令十年内禁除，逐渐禁绝，为此发给烟馆售烟凭照，发给吸烟者购烟凭照，以此限制卖烟买烟，控制售吸环节，达到逐渐禁烟之效果。直隶禁烟总局制定了《土膏店凭照卖烟章程》和《吸户领取牌照吸烟章程》。《土膏店凭照卖烟章程》规定：土膏店必须缴费领取凭照方可营业，无凭照私售者查封，今后只许关闭，不许增开；遇有吸食购买者，必须按凭照所开日吸量出售，否则要给予严厉处罚。《吸户领取牌照吸烟章程》规定：吸烟者必须领牌照购买土膏；牌照分甲、乙两种，按季更换；无凭照私自吸食者，则给予严厉处罚；有凭照吸食者吸量要逐年减少。[②] 光绪三十二年（1906 年）春，直隶省首先在天津进行了烟店凭照、吸户牌照发放工作，不久开始在全省展开。此项工作主要由禁烟局主持，巡警局和地方政府负责协助。直隶禁烟总局上报直隶总督：“禁卖一事先由职局发照稽核，责成巡官、巡董会同巡警清查土膏店进土出土数目，严禁私贩私卖烟棍烟泡。其资本微薄、迹近烟馆之土膏店勒令闭歇，改营他业。”[③] 宁河县，“自奉饬禁烟，即移会巡警总局一体查禁，凡烟馆开灯之家已于去腊二十日一律饬令歇业，其城镇乡村售卖烟土烟膏之铺户则查明注册，给予凭照一纸，作为营业之据，于十年内照章闭歇，此后只准歇业不准再开灯”[④]。

对于没有凭照私自售卖、吸食者，巡警依法进行了严厉查禁和惩罚。保定有张梨父子开设烟馆，被查禁后又私自开灯，保定工巡总局闻知后派巡警前往查禁，处罚京钱五百吊。[⑤] 天津旧城南门外大街陈任金开设小店，有张得贵在楼上影射开灯卖烟，被巡警总局五局一区副巡官查出，随即将陈及张并吸烟人

---

① 《天津南段巡警总局现行章程 · 查禁开灯办法》，甘厚慈：《北洋公牍类纂》，文海出版社 1966 年版，第 607、608 页。

② 《土膏店凭照卖烟章程》、《吸户领取牌照吸烟章程》，《直隶禁烟总局公牍汇要初编》（卷八），北洋官报局 1909 年版，第 19-21 页。

③ 《直隶禁烟总局详督宪请将该局办理禁烟情形奏明立案文》，全国图书馆文献缩微复制中心：《清末官报汇编 · 北洋官报》（宣统元年闰二月十七日），新华书店 2006 年版，第 1527 页。

④ 《各省汇志 · 直隶》，载《东方杂志》第四年第十二期（光绪三十三年十二月二十五日发行），第 564 页。

⑤ 《私设烟馆被罚》，载《大公报》光绪三十三年正月二十日（1907 年 3 月 4 日）。

等带局讯明，转送巡警总局核办。① 天津杨家胡同德义厚铺内有暗楼二间，私设烟具，开灯卖烟，被巡警总局二局二区副官访闻，随即于晚上带同巡长、巡警前往缉捕，除查获铺掌赵筱亭并烟具四套外，还当场查获七名在此吸烟者，讯明后禀送巡警总局核办。② 宣统二年八月（1910 年 9 月）据天津南段巡警总局统计，“本埠巡警各区先后抓送县署发落之违禁吸烟案共八十四起，业经邑尊胡大令分别贫富酌罚，共洋六百四十九，铜子三千八百枚”③。

但是，巡警执法禁烟活动中也有不尽如人意之处，对禁烟成效有一定的影响。如对官开之烟馆，巡警不敢过问，无力执法。《大公报》载：“自禁烟之诏下，烟馆一律歇业，再有私开重罚不贷，法之善也。不意民不开官开，民不犯官犯。今闻藩臬道府各衙门内各班皂隶均私设烟馆，以备内外人等吸食，生意甚旺，巡警亦不敢过问。”④ 甚至有个别巡警自己违法吸食鸦片，如曲周县巡警局巡官倪虎三吸食鸦片，后被保定警务处访闻，札文曲周县立即将其斥革⑤；吴桥县巡官刁振声、刘玉华、侯同麟等吸食鸦片，被撤差罚办⑥。

除严格治理鸦片售卖、吸食外，巡警局还组织戒烟活动，劝设戒烟会所。如天津南段巡警总局设立了天津警务劝办戒烟善会，并制定了试办章程。天津警务劝办戒烟善会由巡警局联络士绅组织，凡入会戒烟者首先要进行登记，主要是烟瘾大小、年龄大小等，然后由善会诊断没有疾病再给凭票，以便届期照票入会；入会戒烟者须取切实妥保，如在外私自吸烟或不到放排之期私自逃走，故违定章，即须议罚，该保人应认其咎；入会戒烟者服药三日，留养三日至七日，即行放出，一切饮食药费悉由会中筹备，不取分文；入会戒烟之人须恪守规条，如有絮乱滋扰者立即驱出会外。⑦ 清苑县四乡巡警二局也劝设戒烟所一处，“开办以来成效颇著”⑧。

---

① 《违禁被获送究》，载《大公报》光绪三十四年正月十一日（1908 年 2 月 12 日）。

② 《违禁查获送究》，载《大公报》光绪三十四年正月十六日（1908 年 2 月 17 日）。

③ 《罚款解局》，载《大公报》宣统二年八月二十一日（1910 年 9 月 24 日）。

④ 《保定之四现象》，载《大公报》光绪三十三年三月初二日（1907 年 4 月 14 日）。

⑤ 《警务处总办札曲周县文》，载《大公报》光绪三十三年九月二十五日（1907 年 10 月 31 日）。

⑥ 《吴桥县吕令调元禀请奖励警务员绅文并批》，全国图书馆文献缩微复制中心：《清末官报汇编·北洋官报》（宣统元年六月初十日），新华书店 2006 年版，第 1793 页。

⑦ 《天津南段巡警总局现行章程·天津警务劝办戒烟善会试办简章》，甘厚慈：《北洋公牍类纂》，文海出版社 1966 年版，第 615、616 页。

⑧ 《各省汇志·直隶》，载《东方杂志》第四年第十期（光绪三十三年十月二十五日发行），第 500 页。

清末，在各方的共同努力下，直隶的禁烟活动取得了比较显著的成效[①]。

四、查禁缉捕

查禁缉捕涉及内容烦琐，如盗窃抢劫、诱拐贩卖、逼良为娼、邪教惑人、打架斗殴、毁坏电线电杆、私藏贩卖违禁物品等违法违警之事都是应查禁缉捕之事。对此，《保定警务局章程》《天津南段巡警总局现行章程》《天津四乡巡警现行章程》《天津南段巡警总局禀定违警罪目百二十五条》及清政府颁布的《违警律》都有明确的规定。

巡警的查禁缉捕职能是政府最为看重之处，也是清政府创办巡警的初衷。直隶总督袁世凯创办巡警之初就多次表示“直隶自庚子以来，民气凋伤，伏莽未靖，非遵旨速行巡警，不足以禁暴洁奸，周知民隐”[②]“臣于莅任之初，即预筹津地收回必当有以善其后，而尤虑华洋交替之际，匪徒乘间思逞，情形较内地尤为紧要，是非举办巡警无以靖地面而清盗源”[③]。顺天府尹也说：“地方之治，必以缉盗安良为先，而政令所行应有提纲挈领之地，畿辅多盗由来已久，近年益加炽甚，劫抢成风。”为此创办巡警探访队，“专事缉捕”。[④]

为严格查禁缉捕之事，维护社会治安，直隶巡警部门从三方面开展了工作。一方面，对民众进行法律宣传，将制定的各项规章制度公布于众，让民众知晓，自觉去遵守，同时对查获违法违警之事进行严惩，以儆效尤。如保定警务局规定警务事项“均当详禀总局，一经准行，先谕所属员弁恪遵外，逐条书明，传示界内人民，名曰警务传单，必使家喻户晓，然后举办，自然乐从”[⑤]。天津巡警创办伊始，天津南段巡警总局就颁布了《巡警条规》十八条，公布于报，要求民众遵照毋违。[⑥] 光绪三十四年二月（1908 年 3 月）天津马巡

① 有关直隶各方的禁烟活动及其取得的成绩，肖红松、陈桦在《清末直隶戒烟活动论析》一文中进行了深入研究，认为清末直隶戒烟活动取得了显著成效。（见肖红松、陈桦：《清末直隶戒烟活动论析》，载《社会科学战线》2010 年第 2 期）。

② 《创设保定警务局并添设学堂拟订章程呈览折》，天津图书馆、天津社科院历史研究所编：《袁世凯奏议》，天津古籍出版社 1987 年版，第 604 页。

③ 袁世凯：《奏报天津及海口一带设立巡警情形事》，中国第一历史档案馆馆藏档案，军机处全宗，档案号：03—5518—090。

④ 《顺天府奏整顿顺属州县巡警并创置警务公所改编马巡探访队办法折》，载《江南警务杂志》1910 年第 6 期。

⑤ 《创设保定警务局并添设学堂拟订章程呈览折》，天津图书馆、天津社科院历史研究所编：《袁世凯奏议》，天津古籍出版社 1987 年版，第 608 页。

⑥ 《巡警条规》，载《大公报》光绪二十八年七月二十日（1902 年 8 月 23 日）。

队发现了太上门教徒，随即出示晓谕，严禁民众再习太上门等教[①]。对于拐卖妇女、逼良为娼之事，天津府县会衔颁发告示，并明确由巡警严查。[②] 对于查获违法违警之事，警局进行了严厉惩罚，以此警戒民众遵守勿犯。例如，天津南段巡警总局岗兵查获贾二拐卖幼女，即将贾二罚充苦力五年[③]；赵景为在榆关永顺和栈内偷取洋银四百九十一元并自行车、衣物等件被查获，判罚充苦工十年[④]。宋世德、李宝祥等人因传播妖书妖言，被巡警局查获，“本应送交地方官，照例治罪”，予以严惩，“因查内有吃斋念佛做善字样，又有柴胡生姜药方，另抄道符三个，愁话十句，若论语言，荒唐已极，迹其居心，不过劝人为善，幸而传单还没遍贴，不曾煽惑众心，这种愚蠢的人情节尚有可原”，于是对为首之人宋世德，从轻处罚，判罚苦力五年，抄写之人李宝祥从轻判罚苦力半年。[⑤] 保定工巡总局拿获窃毁电话线之罪犯赵怀子，判罚监禁一年。[⑥]

另一方面，制定警规，约束巡警，令其知晓警章，严格执法，不得懈怠。巡警执勤分为站岗和巡逻两种方式，以此震慑犯罪分子，及时发现违法之事。保定警务局制定了《保定警务局站岗规矩》《保定警务局巡逻规矩》，天津南段巡警总局制定了《天津南段巡警总局现行章程》《天津南段巡警总局禀定违警罪目百二十五条》等，规范巡警的站岗与巡逻，明确巡警执勤应行查禁之事，如规定“凡街巷有喧哗争斗等事巡兵应婉言劝解了事，不许打人，如不服及有受重伤者送局讯究，总以立时解散为上；夜间于十二点后车马行人有不持灯笼者必须和平查问，说出道理，立即仿行，不准阻挠。如言语支离，形迹可疑，或携带物件不能说明件数者，巡兵相应送局讯究；夜十二点钟后如有潜伏暗处或窃规门户或挟持物件在不应出入之地行走者，巡逻岗兵应即盘查，如形迹可疑，立刻送局讯究”[⑦]。巡警巡逻应遵循一定路线，其路线可分为固定

---

① 《南段总局示谕二则》，载《大公报》光绪三十四年二月十八日（1908 年 3 月 20 日）。

② 《府县会衔告示》，载《大公报》光绪三十一年三月二十三日（1905 年 4 月 27 日）。

③ 《脱离苦海》，载《大公报》光绪三十一年四月十五日（1905 年 5 月 18 日）。

④ 《惩罚窃贼》，载《大公报》光绪三十一年二月十四日（1905 年 3 月 19 日）。

⑤ 《天津南段巡警总局白话告示》，全国图书馆文献缩微复制中心：《清末官报汇编·北洋官报》（宣统元年五月十八日），新华书店 2006 年版，第 1686 页。

⑥ 《保定工巡局禀偷窃电线匪犯讯供拟议情事文并批》，全国图书馆文献缩微复制中心：《清末官报汇编·北洋官报》（光绪三十四年四月十九日），新华书店 2006 年版，第 1089 页。

⑦ 《保定警务局站岗规矩》，甘厚慈：《北洋公牍类纂》，文海出版社 1966 年版，第 539、540 页。

路线和临时指受路线，无论哪种路线“均须精心果力，详密考察，以达其功用，不可徒劳无所见闻”[1]。乡村巡警执勤方式与州县城不同，因乡间地面辽阔，巡警较少，巡警执勤以巡逻为主，“（乡间）既无多人轮流站岗，其功用以巡逻为重”[2]。乡间巡逻不易监管，《天津四乡巡警现行章程》规定，乡间巡逻制定“定式巡逻表，值班巡警携以巡行，行至某村即由某村盖用戳记”[3]。为了督促巡警恪遵警章，勤慎执勤，认真查禁缉捕，巡警局加派稽查人员不时稽查督促，并制定有严格的奖惩规章。

另外，为加强案件的侦破力度，提高巡警缉捕能力，天津、保定和一些州县设立了探访队或侦探队，专门从事缉捕探访。天津巡警创办之初，光绪二十八年十月（1902 年 11 月）天津南段巡警总局即设立了巡警探访局[4]。探访局在总办杨以德的领导下，侦获多起案件。杨以德也因此得到民政部尚书善耆的欣赏，调民政部任职。[5] 天津《大公报》经常报道探访局破获案件，缉获匪犯之事。如光绪三十一年三月（1905 年 4 月）连续报道了探访局破获多起诱拐贩卖案件。三月初五日（1905 年 4 月 9 日）报道：“探访局差弁张立山等，于日前在西门内大水沟查获贩卖人口之徒王金和，并起获十三岁幼女文五，一并扭局。”[6] 三月初八日（1905 年 4 月 12 日）报道：“有日本人宫木、三宅二人，由北京石头胡同宝春堂买来妓女韩金子一名，年十九岁，系唐山人，拟欲贩往奉省寮娼。不意行至老龙头车站，被探访局王吉恒查获，时宫本遂由火车逃走，当将三宅并妓女金子送交探访局，经局员杨以德司马讯实，送交巡警总局办理；又吴三同萧刘氏之兄暗合，谋将萧刘氏蒙混来津，变卖为娼一案；又白二由保定贩来良家女子李小顺一名，来津变卖为娼一案。以上二案均被探访局拿获，经杨以德司马讯实，转送总局办理，将吴三、白二均行监禁。”[7] 四月二十五日（1905 年 5 月 28 日）详细报道了探访局缉获来津购买枪支匪徒重犯的经过：“近来关外胡匪猖獗，暗地遣人来津购买快枪利器，以济匪用。探

---

① 《保定警务局巡逻规矩》，甘厚慈：《北洋公牍类纂》，文海出版社 1966 年版，第 540 页。

② 《天津四乡巡警现行章程》，甘厚慈：《北洋公牍类纂》，文海出版社 1966 年版，第 635 页。

③ 《天津四乡巡警现行章程》，甘厚慈：《北洋公牍类纂》，文海出版社 1966 年版，第 635 页。

④ 《立探访局》，载《大公报》光绪二十八年十月初二十六日（1902 年 11 月 25 日）。

⑤ 《肃邸力保杨观察》，载《大公报》光绪三十四年五月二十二日（1908 年 6 月 20 日）。

⑥ 《人贩送惩》，载《大公报》光绪三十一年三月初五日（1905 年 4 月 9 日）。

⑦ 《探访局纪事》，载《大公报》光绪三十一年三月初八日（1905 年 4 月 12 日）。

访局杨敬林司马督饬暗目人等昼夜四处巡查。有匪徒赵须荣者，偕同傅文英、王文，改扮商民式样来津，先寓法界佛兴楼，后移住赵之家内，亦在法界赵等购买新式快车，运出手枪四杆并钢弹九百余粒，又买零星丝绸等物，夹带箱内，以为蒙混外运之计。当经杨司马查悉，因该犯居住法界，未敢遽捕。昼夜尾随，于昨早该犯等携带手枪钢弹，束装夹带，正往乘车东行之际，当经杨司马督同暗目张立山等多人将赵、傅、王三犯及赃物一并缉获扭局。随经研究，该犯等同供运往关外接济胡匪不讳。当于昨午将各该犯等及所获手枪等物一并详送总局研究。"①

巡警局严定规章制度，加派稽查督促巡警严密巡查，并设立专门侦缉人员，查禁了大量违法违警事件，在一定程度上遏制了治安态势的恶化，"自创办巡警以来四年之久，得有现在之状况，虽非道不拾遗，夜不闭户，而贼盗敛迹，间阎又安"②。但是，盗窃抢劫、诱拐贩卖、逼良为娼、邪教惑人、打架斗殴、毁坏电线电杆、私藏贩卖违禁物品等违法违警案件还是时有发生，难以禁止。个中原因，一方面是因为清朝社会动荡，民生凋零，民穷财尽，盗贼众多，各种治安违法事件自然层出不穷，无法彻底遏制。《大公报》即慨叹："省中近日夜间连出窃案颇多，虽有巡警兵在各巷站岗，兵勇来往梭巡，然贼踪终不断……贫民因食寒所迫，流而为匪，恐将拿不胜拿，可怜可叹。"③另一方面，巡警自身素质不高，违法舞弊等事时有所闻。即使以颇有成效之侦探巡警来说，在当时也受到了人们的质疑和指责，"巡警里的侦探与他们捕快比较起来也就不过名目不同、身份不同、处的地位不同就是了，其实在情形与他们分毫不差，什么知情卖放、诬良为莠、苦打逼供、藉端讹诈、包娼庇赌、抓吃拐骗的事，全仗这侦探的招牌到处害人……地方侦探呢，简直说好了，好人干不了。高等侦探等，老实孩子也是不敢干"④。

五、监管报刊舆论与集会结社

此项内容本可归为巡警查禁缉捕职能之中，之所以单列出来，是因为巡警的此项职能更侧重于维护政府统治，巩固国家政权。盗窃抢劫、诱拐贩卖、逼良为娼、邪教惑人、打架斗殴、毁坏电杆电线、私藏贩卖违禁物品等只是违法违警之事，一般不会直接危害到政府的统治。报刊舆论、集会结社则不然，在

① 《重犯被获》，载《大公报》光绪三十一年四月二十五日（1905年5月28日）。

② 《巡警局示》，载《大公报》光绪三十一年四月十八日（1905年5月21日）。

③ 《窃贼何多》，载《大公报》光绪二十九年七月十四日（1903年9月5日）。

④ 《中国注意培养侦探人才》，载《直隶警察杂志》第十二期，宣统三年二月初一发行。

晚清更是对政府统治构成了直接威胁。孙中山在评论报刊之作用时说道："此次民国成立，舆论之势力与军队之势力相辅而行，故曾不数月，遂竟成功。"①晚清两大政治派别，维新派、革命派都将办报刊、建学会、设政党视为主要活动。戊戌维新时期，维新派创办了《万国公报》《中外纪闻》《强学报》《时务报》《国闻报》等报刊作为舆论阵地，发表维新言论，以期开通民智，推动维新步伐；在北京、上海建立强学会，集会演说，宣传变法维新思想，培养维新人才。革命党更是创办了大量的报纸杂志，建立了多个政党。重要革命报纸杂志有《苏报》《国民日日报》《俄事警闻》《警钟日报》《俚语日报》《杭州白话报》《鹭江日报》《中国日报》《世界公益报》《广州日报》《有所谓报》《檀山新报》《政艺通报》《大陆》《女报》《中国白话报》《二十世纪大舞台》《女子世界》《扬子江丛报》《扬子江白话报》《觉民》《安徽俗话报》《时事画报》《中国旬报》《湖北学生界》《浙江潮》《民报》等；革命党人还刊印了大量革命书籍，如《革命军》《驳康有为论革命书》《皇帝魂》《苏报案纪事》《猛回头》《警世钟》等；革命党人初期建立的政党也特别多，如同盟会、兴中会、华兴会、科学补习所、日知会、光复会、志学会、知耻学社、强国会、岳王会、易知社、益闻社、文明社等，据统计"从1894年兴中会创办到1905年同盟会成立期间，海内外共设立革命团体66个"②。

为维护自身统治，严控社会舆论与集会结社活动，以法律来约束报界活动和民众集会结社，将这些活动限制在开通民智、补助宪政的范围内，清末政府相继制定了《报律》和《结社集会律》。

关于报律的制定，巡警创办之初即有人提议，"严设报律，以肃观听，亦所以正人心"③。光绪三十二年（1906年）清政府制定了首部《大清印刷物专律》，明确规定，凡新闻记载和印刷物等都必须向所在地巡警衙门呈请。不久，巡警部颁布《报章应守规则》九条，除了严格限制报载内容，还明确规定报馆必须经过巡警局同意才能开设。④ 光绪三十三年七月二十八（1907年9月5日）清政府重新厘定新规，颁布《报馆暂行条规》十条。光绪三十四年

① 孙中山：《致武汉报界联合会函》，广东省社会科学院历史研究室、中国社会科学院近代史研究所中华民国史研究室、中山大学历史系孙中山研究室：《孙中山全集》（第二卷），中华书局1981年版，第336页。

② 张海鹏主编：《中国近代通史》（第五卷），凤凰出版传媒集团、江苏人民出版社2006年版，第169页。

③ 《严设报律问题》，载《大公报》光绪二十八年十月初二十四日（1902年11月23日）。

④ 《本馆接巡警部颁布报律九条专电》，载《申报》光绪三十二年八月二十六日（1906年10月13日）。

二月十二日（1908年3月14日）民政部颁布《大清报律》，该律是在总结以前所颁报律的基础上制定的，内容更加严密，在舆论控制、报界管理方面更加严厉。① 由于《大清报律》遭到了报界的强烈反对，宣统二年十二月（1911年1月）清政府将《大清报律》修订更名为《钦定报律》，颁布施行，事前检查制度取消，改于发行日递送该管官署及本省督抚或民政部各存一份备查。

清末报律的施行，在中央由巡警部及后来的民政部负责，在地方由各省督抚和地方官负责，具体执行者则是巡警局。例如，天津《新世纪报》因“内多倡言革命排满”，于是天津南段巡警总局“传谕所属各局区严禁行售”②。天津《北方日报》出版后因有“监督政府”之言语，被指为“大不敬”，遭到巡警局查封，并逮捕了主笔。此事舆论深为不满，最后直隶总督迫于公论，作出让步，批示“交由巡警道查核，若该嗣后如一切均遵报律，尚属可行”③。在报社作出表态，声明遵守报律后，巡警道才允其继续出版。

在结社集会的监管方面，直隶省在巡警创办之后即将此项任务交给了巡警，并且明确规定结社集会在二十人以上者，后改为十五人以上者，再后改为十人以上者，必须呈报，并派警员前往监督。光绪三十一年五月（1905年6月），天津府县与天津南段巡警总局联合发布告示，规定结社集会二十人以上者必须先于呈报，并且巡警局要派人前往监督：“聚众结会本干例禁，现奉督宪面谕，嗣后如有集众议事，数至二十人以上，必须先将所议宗旨、聚议日期、报明本处巡警总局。届时派员前往察听，倘敢私立名目，巧为说辞，擅自集众聚议者，将首倡之人严拿究办。”④ 不久之后，直隶总督又札文天津、保定巡警局，将人数改定为十五人以上必须先于呈报，并规定必须派警员前往监督：“拜盟立会有干例禁，至士子讲习学问、互相切磋或劝道愚民改良风俗曾受官长特许立案者原不在例禁之内，但恐青年学气未定，议论过激，屡屡失真，道途辙舛驰，遂陷法纲，罔民之事，仁者不为，此各国警察所以有监督集会之文，维持治安之序。嗣后警局所辖境内有结会演说，人数至十五人以上，除已经官许立案外，应派巡长明白事理者临场监督，并将会名、会规、处所存

① 《宪政编查馆奏考核报律折并清单》，上海商务印书馆编译所编纂：《大清新法令（1901—1911）（点校本）》（第三卷），商务印书馆2011年版，第35页。

② 《禁售新世纪报》，载《大公报》光绪三十三年十二月二十二日（1908年1月25日）。

③ 《北方日报无辜被封》，载《时报》宣统二年四月二十六日（1910年6月3日）；《北方日报之转机》，载《新闻报》宣统二年四月二十六日（1910年6月3日）。

④ 《天津府县巡警总局会衔示谕》，载《大公报》光绪三十一年五月二十二日（1905年6月24日）。

记备查。”[1] 光绪三十三年（1907年），《天津南段巡警总局禀定违警罪目百二十五条》颁布执行，将结社集会人数改定为十人以上必须先于呈报[2]。

光绪三十四年二月初九日（1908年3月11日），清政府颁布《结社集会律》。根据是否具有政治目的，将结社集会分为公事结社集会（非政治性结社集会）和政事结社集会（政治性结社集会），并规定“凡政事结社人数，以一百人为限；政论集会人数，以二百人为限”。对于威胁到其统治的政事性结社集会，清政府是最为关注的，这也是制定《结社集会律》的本意所在。对于旨在推翻清政府的会党等秘密结社，则将之排除在《结社集会律》之外，规定“各省会党显干例禁，均属秘密结社，仍照刑律严行惩办”[3]。对于非政事性的集会结社，清政府是持相对宽容态度的。根据《结社集会律》的规定，对于结社集会的管理警察负有主要责任。[4]

在结社集会的监控方面，不管直隶省地方长官的命令还是清廷颁布的《结社集会律》，直隶省地方巡警局都是予以认真贯彻的。直隶总督要求巡警局严格管理结社集会的札文下发后，天津南段巡警总局随即“传饬各区，境内遇有结会演说者，至十五人以上，须经官方许可方准，并选派明白事理之巡长前往监督”[5]。民众若要合法集会结社也必须遵照规定事前向巡警局呈报审批。例如，光绪三十三年（1907年）天津旅津浙江学生拟设立浙学会即事先向天津南段巡警总局呈报立案，并按照规定说明结社集会的目的、日期等。天津南段巡警总局查核后认为：“侯福昌等禀请创设学会，研究学术、敦睦乡谊为宗旨，诚属兴学新政，亦各具敬业乐群之热心。前由职局示谕，凡聚会在十五人以上须将会议情形禀请允准，方能设会。职局现已查明，该生等假馆设学，专为互相讨论，研究科学，广开知识起见，并无别项情弊。”[6] 于是，向直隶总督申请立案，并得到批准。浙学会成立。再如，宣统二年十二月（1911年正月）天津绅商王贤宾、徐诚等人创办天津体育社，也是遵照《结社

---

① 《札文照录》，载《大公报》光绪三十二年三月初三日（1906年3月27日）。

② 《天津南段巡警总局禀定违警罪目百二十五条》，甘厚慈：《北洋公牍类纂》，文海出版社1966年版，第630页。

③ 《结社集会律》，上海商务印书馆编译所编纂：《大清新法令（1901—1911）（点校本）》（第三卷），商务印书馆2011年版，第40页。

④ 相关详细规定见《结社集会律》，上海商务印书馆编译所编纂：《大清新法令（1901—1911）（点校本）》（第三卷），商务印书馆2011年版，第39-44页。

⑤ 《慎重开会演说》，载《大公报》光绪三十一年十二月十三日（1906年正月7日）。

⑥ 《天津南段巡警总局详旅津浙学生设立学会恳请立案文并批》，全国图书馆文献缩微复制中心：《清末官报汇编·北洋官报》（光绪三十三年十一月十一日），新华书店2006年版，第718页。

集会律》规定，先向直隶巡警道申请，直隶巡警道查核认为可行后向直隶总督呈报，直隶总督核准后咨民政部立案。①

虽然清政府颁布了严苛的《报律》《结社集会律》，严厉监管舆论与结社集会，但是清末报刊数量不断增加，批评政府，抨击时政之论说仍不时见于报端；各种结社集会也不断出现，而且一些结社集会在人数上已大大超过了清政府的法律规定。在结社集会活动中，一些政府严控的政治性结社集会、革命政党也在不断出现，并最终推翻了清王朝的统治。个中原因：首先，清末在欧风美雨的不断侵染之下，思想日渐开放，一些先进人物更以办报刊，倡导言论自由，开通社会风气为己任，一些进步报刊以民意代言自居。针对清政府制定报律、监管舆论之措施，许多报刊进行抵制，并且鼓励同人不要因政府之监管严控而气馁，“愿吾辈清议中人立智育之根本，定德育之方针，勿因阻力而生怠心，亟出爱力而维国运，庶几宏国家之思想，辟民族之智慧，裕教育之公德，粹学术之精华”②。同时，清末内忧外患深重，多种社会思潮竞相涌入，民主气息渐增，而且民心思变，反清思想学说不断出现，于是政治性和非政治性结社集会日渐增多。其次，一些言语激进之报刊及革命报刊，或者采用假名注册登记，使官府不知发行印刷之所，而无法查封；或者托庇于租界和外国人，摆脱清政府法律束缚。结社集会与报刊情形相类似，一些激进或革命性政党也是隐藏真实意图注册，而其他一些革命政党根本就不宣明，一直处于秘密状态。如革命政党华兴会，设立时为避免官方注意对外称华兴公司，以兴办矿业为名，暗中从事反清革命活动。科学补习所，本身名字一点也没有革命或激进之意，而且注册之时标明宗旨是研究科学。对于这些情况，清政府官员也指出：“惟间有设会意在敛费，人类良莠不齐，地方一切公事，越俎搀与，甚且持众抵抗，又或此会与彼会参商，各植党类，假公益以便私图。”③ 再次，清政府制定《报律》《结社集会律》本意是加强对报刊、结社集会的监管，但是相关法律的制定却从另一个方面肯定了民间创办报刊、结社集会的合法性。正是在这种合法性的鼓舞下，民间创办报刊与结社集会等活动得到了一定程度的发展。在结社集会方面，官方承认民间集会结社的合法性本身就开创了历史先

① 《直隶总督陈夔龙为天津体育社立案事致民政部咨文》，《民政部为准予天津体育社立案事致直隶总督陈夔龙咨文》，《直隶总督陈夔龙为天津体育社备案事致民政部咨文》，《民政部为准天津体育社备案事致直隶总督陈夔龙咨文》，中国第一历史档案馆：《清末结社集会档案》，载《历史档案》2012 年第 1 期，第 57-66 页。

② 《严设报律问题》，载《大公报》光绪二十八年十月初二十六日（1902 年 11 月 25 日）。

③ 《江苏巡抚陈夔龙奏报纸电讯集会演说以范围于法律之内折》，故宫博物院明清档案部编：《清末筹备立宪档案史料》（上册），中华书局 1979 年版，第 150 页。

河，而且《结社集会律》主要对政治性结社集会予以限制，对于非政治性结社集会如前文所说清政府是持相对宽容态度的。上文天津浙学会、天津体育社等审批时间都是相对较短的。从天津体育社组织人员宣统二年十二月十九日（1911 年正月 19 日）向直隶巡警道呈报到宣统三年正月二十三日（1911 年 2 月 21 日）民政部准予备案咨文直隶总督，仅用了一个月的时间，还是相当顺利的。[①] 至于政治性集会结社虽然控制较严，但是禁锢一旦打开，合法性得以确认，就必然会给民众以很大的鼓励。例如，清末立宪派主导的国会请愿运动，在人数、参与人等方面已经大大超出了政府法律的规定。最后，清末巡警员额有限，对报刊之审查、结社集会之监管自然难以做到面面俱到。加之受旧官场习气之影响，懈于工作，怠于监管。因此，一些激进报刊、政党虽有违法律，但也能够在夹缝中活动。

“警察之设以保安防患为宗旨，保安者保之于未危，防患者当防于未然，故警察学说有曰警察者，警人于未觉之先，察害于未形之地，此警察之所由名也。”[②] 清查户口、教养游民、禁赌禁烟，即是从“保安防患”的角度出发，目的在于预防犯罪，预防社会治安的恶化，但是这并不能完全消除各种危害社会治安事件的发生，必须对之进行查禁缉捕，以进行补救，维护社会秩序。对报刊舆论的监督和集会结社的控制，虽然也是从维护社会治安出发，但更侧重于巩固政府的有效统治。

第二节　强化市政管理，推动社会进步

清末，省城、商埠等大中城市得到了快速发展，尤其是通商大埠，如直隶省城保定、商埠天津等。这些城市涌入大量谋生人口，导致城市人口激增；商业繁盛，竞争激烈；新式交通工具人力车、电车等开始出现，与旧时代之马车等同行于路。这些既是城市发展的标志和结果，同时也带来了诸多的城市问题。在这些问题的治理上，巡警承担了很多职责，如营业管理、卫生管理、路政交通治理、市容风俗整顿等。警察“除了维持治安以强化国家机器对人民的专制外，还负责城市交通、公共卫生、救火防疫、整顿风俗等各种事项。概

① 《直隶总督陈夔龙为天津体育社立案事致民政部咨文》，《民政部为准予天津体育社立案事致直隶总督陈夔龙咨文》，《直隶总督陈夔龙为天津体育社备案事致民政部咨文》，《民政部为准天津体育社备案事致直隶总督陈夔龙咨文》，中国第一历史档案馆：《清末结社集会档案》，载《历史档案》2012 年第 1 期，第 57-66 页。

② 《试署警务公所司法科长余令耕礼改良侦缉逃犯办法禀》，载《直隶警察杂志》第四期，宣统二年十月初一日发行。

言之，城市市民公共生活的一切方面，无不在巡警局的管辖范围之内”。[①]

一、市场营业管理

巡警的市场营业管理主要包括对旅店客栈、茶馆酒楼、钱币伪造、商铺开闭等市场诸业的管理，以及货物市场的规划管理等。

为强化市场营业管理，直隶巡警部门制定了一系列规章制度。如保定警务局制定有《保定警务局管理旅店法》《保定警务局颁定旅店赁宿客商册式规则》，天津南段巡警总局制定有《管理戏园及各游览场所办法》《管理旅店法》《管理花炮厂法》《管理贴牌法》《管理购存煤油办法》，直隶警务处制定有《客店营业章程》《戏场章程》等。[②] 商人许树棠欲在保定八条胡同开设乐妓茶园，依规定向保定工巡总局审报，保定工巡总局认为“戏园茶馆添邀女优登台演唱，即使禁止邪曲淫词不致遽伤风化，第游客众多，良莠不一，究属易滋事端”，而且已有商人杨文兰在八条胡同设立戏园，因此没有批准建立，“兹据所禀亦拟在该处开设乐妓茶园，本总局拨度情形，戏场愈多势必游人愈聚，纷争滋事更恐难免，所请未便照准”。[③]

在货物市场的规划管理方面，巡警局也做了不少工作。为保证街道交通顺畅，巡警局对街道两边设摊进行了严格管理，并为此与天津商务总会多次协商。天津市档案馆存有多份此方面的资料，如《天津商务总会为通融出摆小摊事致巡警局的函》[④]《天津商务总会为清理道路禁止摆摊事致巡警局的函》[⑤]《天津商务总会为北门外马路摆零摊事致巡警局的函》[⑥]《天津商务总会为马路

① 刘志琴主编，闵杰著：《近代中国社会文化变迁录》（第二卷），浙江人民出版社1998年版，第4页。

② 中国第一历史档案馆：《清末直隶警务处拟定客店戏场及预防传染病章程》，载《历史档案》1998年第4期；《保定警务局管理旅店法》，甘厚慈：《北洋公牍类纂》，文海出版社1966年版，第542、543页；《天津南段巡警总局现行章程》，甘厚慈：《北洋公牍类纂》，文海出版社1966年版，第603页。

③ 《保定工巡总局批示》，全国图书馆文献缩微复制中心：《清末官报汇编·北洋官报》(光绪三十四年正月二十四日)，新华书店2006年版，第852页。

④ 《天津商务总会为通融出摆小摊事致巡警局的函》，天津市档案馆，档案号：401206800—J0128—2—000803—002。

⑤ 《天津商务总会为清理道路禁止摆摊事致巡警局的函》，天津市档案馆，档案号：401206800—J0128—2—000803—003。

⑥ 《天津商务总会为北门外马路摆零摊事致巡警局的函》，天津市档案馆，档案号：401206800—J0128—2—000803—021。

禁止设摊事致巡警局的函》[①]《天津商务总会为摆设小摊无碍行路事致巡警总局的函》[②]《天津商务总会为查摆设货摊侵碍行路事致巡警局的函》[③]《天津商务总会为北门外石头道摆零摊事与巡警总局的往来函》[④]。保定工巡总局还为加强故物售卖管理开办了售卖故物场，并制定了《保定售卖故物章程》[⑤]。

巡警局在维护金融市场稳定方面也发挥了重要作用。清末天津市面私铸之私钱泛滥，困商病民，影响极为严重。直隶地方政府将查禁私铸、私钱之主要任务交给了巡警。天津收回伊始，直隶总督即谕令巡警局与天津府县、保甲局等部门查禁私铸、私钱："天津地面私铸充斥，钱法废坏，本部堂下车伊始，目击商民交困，几无一文通宝制钱，困商病民莫此为甚。若骤禁使用，恐市面大钱匮乏，一时犹难周转。现拟严禁私铸，并严查私钱入境，一面仍设法购办大钱源源筹济，俟两三月后查看情形一律禁止……天津府县、巡警、保甲各局，二十里外各防营，均有查禁私铸之责，应勤加搜索。"[⑥] 在各方的共同努力之下，制钱私铸得到了一定程度的治理。但是，日久生弊，制钱私铸现象又复增多，于是直隶总督再次谕令巡警局与府县、保甲等部门严查。[⑦] 虽然直隶总督将查禁私铸、私钱之事交给了地方府县、保甲局和巡警局等多个部门共同负责，但是在具体执行中巡警担负了主要责任。在《大公报》报道的查禁私铸、私钱案件中，由巡警缉获之案件占据了大多数，府县衙役和保甲局人员查获之案件较少。直隶总督袁世凯还因天津市面私钱出现，对稽查不力之巡警局职员进行了处罚，并饬令巡警局严厉稽查："近来市面私钱又见，袁宫保闻系饬差密访。现经查出河北大街恒德城内东大街中兴恒宫南街泰记三号又复搀用私钱，业经送县从严科断。一面将该管地面巡警局职名查复记过，并饬行府县警局自应实力稽查。自申禁之后再有搀用私钱者，定为该守令及巡警局是

① 《天津商务总会为马路禁止设摊事致巡警局的函》，天津市档案馆，档案号：401206800—J0128—2—000803—024。

② 《天津商务总会为摆设小摊无碍行路事致巡警总局的函》，天津市档案馆，档案号：401206800—J0128—2—000803—005。

③ 《天津商务总会为查摆设货摊侵碍行路事致巡警局的函》，天津市档案馆，档案号：401206800—J0128—2—000803—013。

④ 《天津商务总会为北门外石头道摆零摊事与巡警总局的往来函》，天津市档案馆，档案号：401206800—J0128—2—000803—030。

⑤ 《保定售卖故物场章程》，甘厚慈：《北洋公牍类纂》，文海出版社 1966 年版，第 1622 页。

⑥ 《直督告示》，载《大公报》光绪二十八年七月二十九日（1902 年 9 月初一日）。

⑦ 《直隶总督示》，载《大公报》光绪三十年九月初六日（1904 年 10 月 14 日）。

问。"[1] 巡警探访局更是承担了查禁铜元私运的主要职责，如《大公报》曾报道："探访局暗查孙小波等在车站查获私运铜元出境之犯东新街和成号杨子廷及方世义并铜元十箱计二千吊，一并扭局，当经局员杨司马讯明情节，于日前一并详送总局讯办。"[2] 探访局还曾专门为商家来津购买铜元出境之事禀请直隶总督裁定。[3] 巡警对私铸、私钱的查禁收到了一定的效果，对稳定金融市场产生了一定的积极作用。

二、卫生防疫管理

中国传统社会对卫生防疫不甚讲究，民众卫生观念淡薄，城市道路无人清扫，污水垃圾随意倾倒，饮食物品任意售卖，种种不洁卫生，严重影响着人们的生活、健康，并导致传染病频发。就连直隶之通商大埠天津也是如此，"天津为北京诸河入海总经处，海通而后，各国轮船往来如织，土产运出，洋货输入，大交易场肆殷阗，冠绝一时。惟房屋之低矮，道路之污秽，街巷之狭隘，殊出情理外，沿海两面居民便溺，所率不能张目"[4]。而同为天津地面的外国租界却是另一番景象，居民讲究卫生，巡捕严于治理，因此"紫竹林者，英法人租界也，洁净整洁，比中人所居，有天渊之别"[5]。租界的卫生环境引起了国人的赞叹、羡慕，对近代中国人的城市卫生观产生了直接影响。

直隶巡警部门对卫生防疫事宜很是重视，设有专门人员或科室负责此项事务。保定警务局初创之时就设置了卫生、除秽各一员，要求巡警对"泼水、扫雪、除秽、一切净街之法未能周备者……投弃瓦砾灰土及污物于道上者……路旁边户贩卖腐败食物及不熟果品者"[6]，勤于稽查。保定工巡总局认为，"污秽太多恐染疫病，办理卫生尤为切要"[7]，设立街道科负责卫生防疫之事。保定工巡总局还设有医官一职，医官除负责巡警卫生医治外，还负责"查视腐坏肉菜不熟瓜果，概禁贩卖；须随时查视城内外井水，宜及时淘洗，去陈引新，俾令清洁以益卫生；四时不正设遇时疫发萌，制造臭油、石灰、消毒水解

① 《严加整顿》，载《大公报》光绪二十九年正月二十七日（1903年2月24日）。

② 《私运铜元被获》，载《大公报》光绪三十一年三月十一日（1905年4月15日）。

③ 《天津银号详覆遵议探访局禀请准领商家来津购买铜元出境文并批》，甘厚慈：《北洋公牍类纂续编》，文海出版社1966年版，第686页。

④ 王锡彤著，郑永福点注：《抑斋自述》，河南人民出版社2001年版，第56页。

⑤ 王锡彤著，郑永福点注：《抑斋自述》，河南人民出版社2001年版，第56页。

⑥ 《创设保定警务局并添设学堂拟订章程呈览折》，天津图书馆、天津社科院历史研究所编：《袁世凯奏议》，天津古籍出版社1987年版，第604、605页。

⑦ 《保定工巡总局员弁职守》，甘厚慈：《北洋公牍类纂》，文海出版社1966年版，第54、57页。

疫，以防传染”等[①]。天津南段巡警总局没有设立专门科室管理卫生，而是遵奉直隶总督之命令，与天津卫生局会同设立扫除科，负责街道卫生事宜，并制定有《天津扫除科章程》。[②] 扫除科“由卫生局督率筹办，由巡警局节制稽查。良以涤除邪污为卫生根本之大端，而严密考察又为巡警应尽之要务”[③]。扫除科委员由卫生局遴选，与巡警局监督会同札委。其夫役车辆由卫生局拨派。扫除科将天津地方分为八段管理，“巡警人数众多凡卫生巡捕有照料未周之处，巡警均应协助，实力办理；居民在街泼水及小巷粪溺者晚间为甚，巡警与卫生巡捕应一体稽查，严行禁止”。[④] 直隶警务处设有保安股卫生所委员一职，负责清道除秽，检查各种致疫原因，消杀一切有毒微生物，并考察各种病情及一切疗治之事。[⑤] 直隶警务公所设有卫生科，“掌卫生警察之事，凡清道、防疫、检查食物、屠宰、考验、医务、医科及官立医院各事项皆属之”[⑥]。卫生科下设四科，第一科负责土车、水车、沟渠、厕所各事项，第二科负责检查仓物、屠宰各事项，第三科负责检查医药、考验医科及官立医院各事项，第四科负责疗治公所所属官警、夫役疾病各事项。[⑦]

在设立专人、专科的同时，直隶巡警部门还制定了相关规章制度，为巡警执勤提供法律依据。如天津南段巡警总局制定有《管理道路办法》，禁止于道路上抛掷瓦砾、尘芥、禽兽死尸及一切污秽物，禁止在无厕所处任意大小便，

---

① 《保定工巡总局员弁职守》，甘厚慈：《北洋公牍类纂》，文海出版社 1966 年版，第 546 页。

② 清末保定、天津的卫生防疫工作主要是由巡警局与卫生局共同负责的，二者在卫生防疫工作中既有协同又有争议。路彩霞所著《清末京津公共卫生机制演进研究（1900—1911）》对天津卫生局的卫生防疫工作进行了比较深入的论述，对天津南段巡警总局与天津卫生局的协同与争议也有涉及。[路彩霞：《清末京津公共卫生机制演进研究（1900—1911）》，湖北人民出版社 2010 年版。]

③ 《监督天津巡警道工程捐务各局事宜刘道承恩等禀会议扫除科章程暨用款数目文并批》，甘厚慈：《北洋公牍类纂》，文海出版社 1966 年版，第 1833 页。

④ 《天津扫除科章程》，甘厚慈：《北洋公牍类纂》，文海出版社 1966 年版，第 1834、1835 页。

⑤ 《直隶警务处试办章程》，甘厚慈：《北洋公牍类纂》，文海出版社 1966 年版，第 535 页。

⑥ 《宪政编查馆奏考核直省巡警道官制细则折》，载《东方杂志》第五年第七期（光绪三十四年七月二十五日发行），第 38 页。

⑦ 《直隶全省警务公所组织暨各员司职掌权限一览表》，载《直隶警察杂志》第一期，宣统二年八月十六日发行。

禁止搬运粪溺污秽物不用障盖等事，禁止贩卖一切有碍卫生之物。[①] 天津南段巡警总局还颁布有《卫生警察办法》，要求清理沿河码头处之秽物；遇有居民倾泼秽水即行禁止，以重卫生。[②] 直隶警务处制定有《预防转染病章程》，规定民众遇有传染病及因疫病而死亡者必须向巡警局迅速报告，并采取相应的消毒措施等。该章程还详细说明了清洁之法和消毒之法。[③] 直隶警务公所制定有《卫生科取缔饮食物营业规则》[④]。此外，《天津南段巡警总局禀定违警罪目百二十五条》及后来民政部颁布的《违警律》对卫生防疫事项也有规定。例如，规定凡违背一切官定卫生章程者，毁损明暗沟渠或受官署督促不行浚治者，装置粪土秽物经过街市不施覆盖者，于城市及人烟稠密之处开设粪厂者，均属于违警，要给予处罚。[⑤]

在实际工作中，巡警对于卫生防疫之事也是比较认真的。对于不讲卫生之人事及时纠正，对于防疫之事及时制定措施，并且采取多种方式向民众宣传。春季疫病易发之季，天津巡警局出示告示，告诫市民注意防疫，要求民间病故者无论是何病症都要在一日内到巡警局报告，请领执照，才可发牌埋葬，并且声明警局对此不索分文，如有病故之家不报者则查明重罚。[⑥] 保定工巡总局张贴启事，劝谕民众及时为幼童种植牛痘，以防疫病。[⑦] 天津巡警总局稽查员“因津埠连日狂风大作，尘沙迷目，禀请总局传饬，要求各街商民人等每日按早午晚三时淋水泼街，以重卫生”[⑧]。山海关巡警治理积秽，树立卫生木牌告示，受到了人们的称赞：“署山永协林文彬协戎自莅任以来，于街衢大加整理，日派警兵督饬苦工将通衢小巷所有积秽全行栽运城外，其凹凸之处悉以石

① 《天津南段总局现行章程》，甘厚慈：《北洋公牍类纂》，文海出版社1966年版，第602页。

② 《纪拟办风俗卫生警察之二事》，载《大公报》光绪三十四年四月二十四日（1908年5月23日）；《通饬风俗卫生警察各办法》，载《大公报》光绪三十四年五月初四日（1908年6月2日）；《拟定卫生警察办法》，载《大公报》光绪三十四年五月二十日（1908年6月18日）。

③ 中国第一历史档案馆：《清末直隶警务处拟定客店戏场及预防传染病章程》，载《历史档案》1998年第4期。

④ 《卫生科取缔饮食物营业规则》，载《直隶警察杂志》第二期，宣统二年九月初一发行。

⑤ 《宪政编查馆奏考核违警律折并单》，上海商务印书馆编译所编纂：《大清新法令（1901—1911）（点校本）》（第三卷），商务印书馆2011年版，第17页。

⑥ 《南段巡警总局卫生局示》，载《大公报》光绪三十年二月十五日（1904年3月31日）。

⑦ 《工巡局示》，载《大公报》光绪三十三年二月三十日（1907年4月12日）。

⑧ 《传谕按时泼街》，载《大公报》光绪三十四年三月初四日（1908年4月4日）。

沙垫平，并于沿街僻处设有木板告示，禁止大小二便，堆积秽物，违者惩罚不贷。其充苦工者系因赌被罚者居多，诚一举两得也，有裨卫生岂浅鲜哉。”①保定工巡总局为预防病疫，告示民众捕鼠，并给予金钱奖励：“天气炎热最宜洁净，一切污秽极宜驱除。兹据医生考验，老鼠一种最招瘟疫，且其窝巢皆近居人，若不设法驱除定于卫生大有关碍。为此示，仰军民人等一体知悉，如有捕得老鼠送交本局者，每鼠一头由本局发给铜子二枚以作酬劳。其死鼠由本局择地掩埋，以绝疫种而重卫生。”② 为使普通民众一目了然，天津、保定等地巡警局还以民众易懂之白话告示告诫民众要讲究卫生，预防疫病。如天津南段巡警总局出示白话告示，劝诫居民热天不要在外露宿以免生暑疫之病。③ 保定工巡总局为告诫居民讲究卫生、不要随意泼倒脏水也出示白话告示。④

总体来说，直隶巡警部门对于卫生防疫之事是比较重视的，设有专人或专门科室，制定有一系列规章制度，并采取多种形式向民众宣传，收到了一定的效果，取得了一定的成绩。天津、保定等城市道路日渐清洁，商民称便：“省垣自设警务局以来，起初公事甚严，街道洁净，并拦阻匪人，以清地面，铺家无不称便。”⑤ 在巡警治理和宣传下，民众的卫生防疫观念也得到了增强。但是，其中也多有不尽如人意之处。在天津的日本调查者认为，在光绪三十四年（1908 年）之前天津“卫生事业的成绩看来还不大，只不过是在天津城内外设立了二十七个公共厕所。以往是不问路旁墙壁随地滥撒大小便，今天几乎达到了绝迹，这不能不说是显著的成绩。然而，如果到公共厕所里一看，其杂乱不卫生的程度，几乎不能靠近，再加上在小胡同或狭窄道路里，那些不惹人注目的地方，仍然可以看到屎尿、尘埃散乱景象，只是不像从前那样严重罢了”⑥。《大公报》也报道：“禁止行人当街便溺亦为巡警之专责，西头小伙巷德合当后门口及清真大寺后地方住户栉比，为来往通衢，乃昨见该二处污秽狼藉，来往行人当街撒尿，并无人禁止，未免太不文明矣。”⑦

---

① 《有裨卫生》，载《大公报》光绪三十年正月二十一日（1904 年 3 月 7 日）。

② 《巡警局示照登》，载《大公报》光绪三十二年五月二十一日（1906 年 7 月 12 日）。

③ 《南段总局白话告示》，载《大公报》光绪三十四年七月十六日（1908 年 8 月 12 日）。

④ 《保定工巡总局白话告示》，全国图书馆文献缩微复制中心：《清末官报汇编 · 北洋官报》（光绪三十四年四月十三日），新华书店 2006 年版，第 1071 页。

⑤ 《警务废弛》，载《大公报》光绪二十九年八月初二日（1903 年 9 月 22 日）。

⑥ ［日］中国驻屯军司令部编，侯振彤译：《二十世纪初的天津概况》，天津市地方史志编修委员会总编辑室 1986 年版，第 323 页。

⑦ 《太不文明》，载《大公报》光绪三十年正月二十一日（1904 年 3 月 7 日）。

三、路政交通治理

在近代警察创办之前，中国传统城市并没有严格意义上的路政交通规则，因而经常是街道污秽、车马拥堵、人车混杂，既容易引发交通事故，又于市容有不良影响。直隶巡警建立之后，即对路政交通展开了治理，具体来说主要有以下几个方面：

第一，安设路灯。保定警务局创办之初就将安设路灯列入巡警应办之事，要求“设路灯，大街十丈一盏，小巷二十丈一盏”[①]。天津路面也安设有路灯，并对路灯管理和路灯设计不断改良。在路灯管理方面，起初是由绅董办理，雇佣灯夫看护点灯。但是这样花费较多，后为节省经费，改为按户均摊，几家共管一灯，灯油由该几家备办，自己点灯。每夜，本轮派一家经管。巡警局随时派人查看监督，不许互相推诿，或灯小不亮，或油少不到天明就灭，而且要把灯擦干净。[②] 在路灯设计方面，天津南段巡警总局各局区起初并不统一。天津南段巡警总局经过考查后，认为“舍短取长，灯式以五局三区为法，号牌以二局二区、四局四区为法，似宜略加变通。此项号牌用总局所存长圆形洋铁号牌，以白色油，局区写红字，灯写黑字，横钉灯下，一望而知。嗣后各局区务须陆续改良，以期整齐而壮观瞻”[③]。

第二，道路两侧植树、护树。巡警局多次出示告示，要求民众爱护树木，要求巡警认真稽查。如天津北段巡警总局传谕辖区巡警、居民保护路旁树木：“北段马路两旁所栽树木，几经培植始获绿叶成荫，当此春风解冻，正草木萌芽之候，若保护稍有不周，任令行人攀折，儿童、牲畜摇拽作践，则滋长不速，枯槁甚虞。须知种树之故非特徒侈外观，于卫生亦大有关系。津埠人烟稠密，疫病易生。河北树木颇多，居民吸收清气为益甚大。巡警有稽查道路之责，兼有管理卫生之权，若不知爱护树本，加以巡查，尚复成何警政。为此，通传各局队一体遵照，嗣后于该管地面路旁所栽树木须严饬各岗警加以保护，勿令人畜作践，以重林业而保卫生。倘有无知之徒不遵禁令，准各岗警拘送究罚。”[④] 天津南段巡警总局也发布告示，告诫民众爱护马路两旁之树木，不要

---

① 《创设保定警务局并添设学堂拟订章程呈览折》，天津图书馆、天津社科院历史研究所编：《袁世凯奏议》，天津古籍出版社1987年版，第608页。

② 《警示照登》，载《大公报》光绪三十一年十一月二十九日（1905年12月25日）。

③ 《天津巡警总局传单》，全国图书馆文献缩微复制中心：《清末官报汇编·北洋官报》（宣统元年闰二月二十八日），新华书店2006年版，第1584页。

④ 《天津北段巡警总局传单》，全国图书馆文献缩微复制中心：《清末官报汇编·北洋官报》（宣统二年正月二十八日），新华书店2006年版，第2628页。

向树木泼洒盐热等水，不准在树木上拴系牲畜，不准伤害树木。[①]

第三，修路筑桥，整顿街道。保定巡警初创之时，警务局即要求巡警留心察看所辖区段的道路、桥梁，注意修补。保定工巡总局设有监工科长一职，其责任之一就是“街道已修之处，随时查禁，估款禀报补修；街道未修之处，逐年查禁，禀报候示开办”[②]。天津南段巡警总局也要求巡警留心道路、桥梁等，要求“查有道路、桥梁、井沟及一切建筑公物破损或树木颠扑或地面凹陷者，即由该管区设立标识，并禀报总局核办”“凡于街道上滥行建筑或突出招牌旗标棚帐种种有碍行人者，概行禁止”等等。[③] 天津西头海会寺直至文昌宫一路，为来往之通衢。其两旁经居民历年渐渐培壅几成高台，中间则洼下如沟。每逢阴雨，车辆行人均极困难。天津南段巡警总局三局二区巡官谕令居民将两旁一律铲平，道路平坦，居民称赞：“该路之腐败已二十余年，今一旦变为坦途，莫不颂李赵二君之德政。”[④] 天津原造北洋桥，两岸太高，桥身太低，往来肩挑贸易、车辆行人诸多不便，于是巡警局用罚款兴修该桥，将桥身加高一尺五寸，以便行走。[⑤] 为维护路政，保证交通，保定工巡总局要求凡有改修房屋之家必须先报告该管分局，查核是否有碍道路，发给票照后才能动工[⑥]。天津巡警局也下令对沿街房屋进行整顿，以维路政市容，并且为了推动改造进程，考虑到了贫困之家的情况，采取了相应的措施：“其实在贫苦、力难自办者，由局酌定修改式样，核实估计，代为垫款修改。所用之物酌令各该户分限归还，于抽收房捐时责令分月带还。”[⑦]

第四，制定交通规则，确保交通秩序。天津南段巡警创办之后，随即颁布了《巡警条规》十八条，规定“凡车马行人须靠左边行走以免拥挤，如故意抗违者拘罚；凡街道两旁不得摆设货摊以致阻塞；凡螺口转角之处不准结队成群；浮桥开合时往来车马行人均须陆续过去，不准争先恐后……各项车辆不准

---

① 《南段巡警总局示》，载《大公报》光绪三十年六月初七日（1904年7月19日）。

② 《保定工巡总局员弁职守》，甘厚慈：《北洋公牍类纂》，文海出版社1966年版，第547页。

③ 《天津南段巡警总局现行章程》，甘厚慈：《北洋公牍类纂》，文海出版社1966年版，第601页。

④ 《巡警德政》，载《大公报》光绪三十一年五月十三日（1905年6月15日）。

⑤ 《巡局告示》，载《大公报》光绪三十一年九月二十七日（1905年10月25日）。

⑥ 《保定工巡总局告示》，全国图书馆文献缩微复制中心：《清末官报汇编·北洋官报》（光绪三十四年五月初十日），新华书店2006年版，第1158页。

⑦ 《天津府县巡警总局会衔告示》，载《大公报》光绪三十一年六月初二日（1905年7月4日）。

争先夺路以致拥塞"[1]。光绪三十二年（1906年）巡警部拟定了交通规则十三条[2]。光绪三十四年（1908年）民政部制定的《违警律》对交通规则也作了专门的规定。《违警律》第四章即是"关于交通之违警罪"。[3]

第五，加强对人力车、马车、电车等公共交通的管理。清末保定、天津等城市的主要交通工具是人力车、马车，存在讹索车价、随意停车、争抢客人、横冲直撞等问题，并经常出现伤人等交通事故。市民对这些问题颇有微词："强揽客坐、争索车价是一种野蛮现象，殊属可厌，且不雅观，于行人交通不免有碍，取缔规则诚保卫地方治安之不可缓者。"[4] 为了加强对人力车、马车的有效治理，保定、天津巡警部门都制定了相关的规则。天津南段巡警总局制定了《管理东洋车办法》[5]。光绪三十四年（1908年）天津南段巡警总局又制定了《洋车取缔规则》，并添置停车木牌，用十字形式标明。[6] 保定工巡总局也制定有《取缔人力车规则》，其规定与天津大体相似。天津遵照《违警律》制定了《取缔马车伤人办法》[7]。

电车在清末已经出现，但是主要在通商巨埠如天津等一些大城市运营。天津电车公司开办之初，巡警局就予以介入管理，与电车公司会同商定了《电车公司行车专章》《电车公司行车附章》等章程，对电车司机、行驶注意事项、伤亡行人后的处理办法、乘客乘车须知、乘客上下车等做了详细的规定。[8] 电车开行之后，天津南段巡警总局又多次发布白话告示，或者颁布禁

① 《巡警条规》，载《大公报》光绪二十八年七月二十日（1902年8月23日）。

② 《内务·各省内务汇志·巡警部拟定交通规则十三条咨行练兵处转饬陆军各营遵守》，载《东方杂志》第三年第八期（光绪三十二年七月二十五日发行），第183页。

③ 《宪政编查馆奏考核违警律折并单》，上海商务印书馆编译所编纂：《大清新法令（1901—1911）（点校本）》（第三卷），商务印书馆2011年版，第13、14页。

④ 《分发洋车取缔规则》，载《大公报》光绪三十四年正月十四日（1908年2月15日）。

⑤ 《天津南段巡警总局现行章程·管理东洋车》，甘厚慈：《北洋公牍类纂》，文海出版社1966年版，第604-607页。

⑥ 《分发洋车取缔规则》，载《大公报》光绪三十四年正月十四日（1908年2月15日）；《添植停车十字木牌》，载《大公报》光绪三十四年正月十六日（1908年2月17日）。

⑦ 《吴厅承钱孙等呈拟照违警律酌定取缔马车伤人办法乞示遵文并批》，全国图书馆文献缩微复制中心：《清末官报汇编·北洋官报》（宣统元年五月初九日），新华书店2006年版，第1644页。

⑧ 《电车公司行车专章》，《电车公司行车附章》，甘厚慈：《北洋公牍类纂》，文海出版社1966年版，第1068-1072页。

谕，告诫民众要留神电车，注意安全。[1] 尽管巡警局严定章程，屡颁告示、禁谕，但是电车伤人事件还是层出不穷，据《大公报》记载仅光绪三十二年七月（1906年8月）某日一天就出现了三起电车伤人事件[2]，同月发生的电车轧伤师范学堂教习吕女士事件更是引起了绅商学界的普遍不满[3]，要求巡警局对电车运营加强管理："津埠自创设电车以来，伤人之事层见叠出，其原因固由于地窄人稠，一时躲避不及，而亦由司机人依势敢为，罔知慎重。言之令人发指。当事者急宜妥筹善法，以重生命而保商誉。"[4] 宣统三年七月（1911年8月）发生了电车轧伤救护孩童之巡警周后山事件，更是激起民愤，砸毁电车玻璃。直隶巡警道、直隶警务公所、天津县城董事会、顺直咨议局等就此事件屡次与电车公司交涉。[5] 电车轧伤巡警周后山事件正在处理之际，又发生了电车撞伤富义和等事件，从而引发了全社会的关注和对电车公司的愤怒。"近来本埠绅商学工各界及自治机关，对于此次电车连次轧人事，均持镇定主义，静看交涉使、巡警道、审判厅办理此案手续如何，以定最后对待之方针。盖以国权人命所属，万不能任该公司如此蹂躏蔑视。倘该公司仍持前番无理强硬主义，则将来之风潮必有不堪设想者。"[6] 直隶总督也专门为电车屡次伤人之事札饬天津南段巡警总局妥筹办法："天津街市地窄人稠，自电车驶行以来，时有伤人情事，若不妥筹办法，使津人啧有烦言，将以电车为众矢之的，不独吾民生命攸关，亦非该公司之利也。"[7]

---

① 如《巡警局白话告示》，载《大公报》光绪三十二年正月二十八日（1906年2月21日）；《示谕照录》，载《大公报》光绪三十二年八月初二十八日（1906年10月15日）。

② 《伤人何多》，载《大公报》光绪三十二年七月二十日（1906年9月8日）。

③ 详见《女学界之不幸》，载《大公报》光绪三十二年七月初五日（1906年8月24日）；《保存生命》，载《大公报》光绪三十二年七月初八日（1906年8月27日）；《公禀照录》，载《大公报》光绪三十二年七月初九日（1906年8月28日）；《禀词照登》，载《大公报》光绪三十二年七月十九日（1906年9月7日）。

④ 《女学界之不幸》，载《大公报》光绪三十二年七月初五日（1906年8月24日）。

⑤ 详见《巡警道致电车公司》，载《大公报》宣统三年七月初八日（1911年8月31日）；《警务公所移天津地方审判厅文》，《又移审判厅》，《警务公所致审判厅》，载《大公报》宣统三年七月初九日（1911年9月1日）；《公议电车公司交涉办法》，载《大公报》宣统三年七月初十日（1911年9月2日）；《电车公司致巡警道函》，载《大公报》宣统三年七月十一日（1911年9月3日）；《众怒难犯》，《天津县城董事会呈巡警道文》，载《大公报》宣统三年七月十四日（1911年9月6日）；《注意交涉》，载《大公报》宣统三年七月二十三日（1911年9月15日）；《天津县城董事会致电车公司函》，《天津县城董事会呈巡警道文》，载《大公报》宣统三年八月初九日（1911年9月30日）。

⑥ 《众怒难犯》，载《大公报》宣统三年七月十四日（1911年9月6日）。

⑦ 《札文照录》，载《大公报》光绪三十二年七月十七日（1906年9月5日）。

总之，清末直隶巡警对路政交通的治埋收到了一定的效果，但是远未达到预期效果。其中原因：一方面是由于民众路政观念、交通安全意识淡薄，习惯已久，难以骤然改正；另一方面是执勤巡警未能恪尽职守、勤于任事。“天津自设巡警以来，地方颇多受其益……惜未能全体一致，往往多不照章而行，如马路大街之定章，行人须按两边分上下道而行，车马须按中间分上下道而行，井井有条，庶不致有拥挤碰撞之患。今马路大街上行人往往纷杂错乱，毫无定规，警兵荷枪痴立形同木偶，迨道路壅塞然后鞭笞行人、小贩、人力车夫使之退让。则何如预定其界限之为愈乎？日前曾由总局示谕车辆须遵道而行，然仍未能厘然不紊，绝无整饬之象焉……又如巡警原为便民而设，凡地面有所不便，事无大小，警兵皆有管理之责，乃尝见有狭僻小巷竟以满载之独轮车行经其中，致使行人待诸巷外，不能畅行而无阻。至于人力车皆宜有一定停车之地方，乃近来当街停放，往往因道路阻塞而启纷争。凡此一切皆为警兵之所当管理者，乃皆一任其自然，不闻不见，以致偶游街市，觉节节梗阻，直无一通畅之道途。此不得不为巡警咎也。”①

四、陋俗陋习整顿

巡警在整饬社会风气，破除社会落后习俗方面投入了大量的精力，做了不少工作，设立专人或专门科室、进行广泛宣传、制定专门条规等。如直隶警务处在保安股下设有正俗所委员一人，职掌“应行告诫、禁止之一切命令并监察地方贱民棍徒结会、拜盟、扶乩、符咒等事”②。直隶警务公所行政科之第一科主要职责之一是整饬社会风俗。天津南段巡警总局还制定有风俗警察办法，指出“近来各处戏园，凡散戏之时，观剧者异常拥挤，并妇女与之随行混杂其间，不惟有失体统且恐不免生事，特饬该管局区设法办理，以维风化”③“近查各马路及各街巷，每见男子与及笄女子同坐洋车或妓女合坐洋车搂抱怀前，伤风败俗莫此为甚，应严定限制，认真管理。凡单客洋车不准坐二人，但坐客十岁以下者二人算一人，三岁以下者三人算一人。至只身一人，无

① 《论巡警为安闾阎之要政》，载《大公报》光绪二十九年十二月初四日（1904年正月20日）；《论巡警为安闾阎之要政》（续昨稿），《大公报》，光绪二十九年十二月初五日（1904年正月21日）。

② 《直隶警务处试办章程》，甘厚慈：《北洋公牍类纂》，文海出版社1966年版，第535页。

③ 《纪拟办风俗卫生警察之二事》，载《大公报》光绪三十四年四月二十四日（1908年5月23日）。

论男女，携带幼孩十岁以下者应照章”[1]。清廷民政部颁布的《违警律》第七章为“关于风俗之违警罪”，严禁暗娼卖淫，演唱淫词、淫戏，于道路裸体行走等，并规定了相关的处罚标准。

清末，巡警对不良社会风气、落后旧俗陋习的整饬涉及内容比较多，如《天津四乡巡警现行章程》规定符咒治病骗钱者，沿街招贴售卖春药者，歌唱淫词戏曲者，卖春宫图画、洋片及淫词曲本者，假装医卜星相骗钱者等，都属于有关风化之事，必须禁止，不服禁者送局讯究。[2] 具体说来，直隶巡警主要从以下几个方面对不良社会风气、旧俗陋规进行了整饬。

第一，整顿娼妓。清末开设妓院、妓馆属于合法行为，直隶一些地方还抽收妓捐，作为警费的一项来源。天津巡警局将妓女分为上、中、下三等收捐管理。直隶大部分地方也是效仿天津的办法，对妓女分等收捐管理。如张家口“头等妓馆每人月捐洋三元，二等每人捐洋一元五角，巡警因之随时稽查保护”[3]。因为娼妓合法，且收捐管理，所以清末所谓的娼妓查禁管理，仅仅是针对暗娼、开设转子房及妓馆中的不法行为等，对政府认可的妓院、妓馆巡警是有保护责任的。保定工巡总局第二局发布的白话告示对此有明确的说明：“一个国家，风俗总要良善才好。本分局有维持风俗的责任。因为娼妓们是顶败坏风俗的，要想一概禁止又恐怕你们为饥寒所迫无别的法子营生，是以总局设了一个方法，立了多少的规矩，指定了八条胡同为上等娼妓们住所，又指定乾草林、东上坡、北菜园三处为下等娼妓们住所，除了上面所说的地方以外不许娼妓们满市的乱住和开设转子房等事。这个意思就是娼妓要住在一处尚与风俗无大妨碍，若是到处的乱住或私自设立转子房，都把好人引诱坏了，这是一件顶不好的事。总局屡次出示晓谕，大家谅都知道了。去年一年，本分局及各分局办的暗娼同转子房的案子很多，不能一件件地说清，你们谅亦早有所闻了。到了抓着来了，就要把设暗娼一家的人赶出境外，或递解回籍，或发县管理，并把他所住的屋封闭起来。这罚则也就很厉害。现在本分局恐怕无知的愚民过了日久又生出玩法的心思，特意编出这白话告示说给与大家听听。自出了这张告示以后，要是有私自卖娼及开设转子房的人赶快的痛改前非，总要知道娼妓这个皮肉生涯是顶不体面的一件事。现在这个时候或为人家做针线，或为人家做粗活，都可以寻出钱来，何必做此极羞耻的事情。如实在无法子营生，

---

① 《通饬风俗卫生警察各办法》，载《大公报》光绪三十四年五月初四日（1908 年 6 月 2 日）。

② 《天津四乡巡警现行章程》，甘厚慈：《北洋公牍类纂》，文海出版社 1966 年版，第 635 页。

③ 《捐及娼优》，载《大公报》宣统元年九月初六日（1909 年 10 月 19 日）。

不得已而为娼妓，也可到八条胡同，也可到乾草林、东上坡、北菜园等处去，不必在指定的地方以外再设立暗娼或转子房。倘要不听，总局稽查、暗查委员及本局长警很多，访查甚密，到了查出以后，抓着来了，就要从重办罪的，那时后悔无及了。”① 天津南段巡警总局也制定规章，要求巡警对政府认可的妓馆进行保护，同时查禁暗娼：“天津为通商码头，商贾云集，租界相望，娼寮妓馆势难禁止，除由卫生局收捐稽查外，如有不安本分，诱拐贩卖及窝藏来历不明之妇女，拘局查究；管理娼妓与管理居民铺商不同，无论何时皆可前去检查，但不得稍有扰害情事……妓馆须严查博徒盗贼及不法人等之藏匿，如有浪掷多金、形迹可疑者，宜秘密查明，即报总局；娼妓禀控领家苛虐情节不虚及每日报纸所登属实者，即由该管局区究办，切勿稍纵；凡查妓馆如有醉汉无赖之徒横行肆扰者，或该馆主前来禀告者，即由该管局区查办；妓馆日夜歌舞，但不别生事端，概不过问；凡查有娼妓滥扣客人衣服或押留游客属实者，拘局究办。”②

开办济良所，以救济身陷苦海却有心从良之妇女，是直隶地方政府整顿娼妓的重要措施之一。光绪三十二年（1906 年）天津士绅李士铭等向天津南段巡警总局提出仿照上海济良所办法开办天津济良所。天津南段巡警总局对津郡士绅倡办济良所之举颇为认同，而且鉴于济良所“化贱为良”的重要社会意义，与士绅协商，将济良所改为了官商合办。《天津南段巡警总局现行章程》专设《试办天津济良所章程》一部分。该章程规定“本所以保全清白，拯济善良为宗旨……凡津郡租界内外南北各妓以及教演女戏或诱拐贩卖来历不明或年至二十五岁而领家勒情不令从良或非理冷虐查有实证者，均禀明巡警总局拏究，一经审实，即将该女送所教养、择配，俾期化贱为良；所中事务，延请本邑女董一二人，须德工兼备、年逾五旬者，作为监督，随时稽查，并约耆年司事一二人管理银钱诸务，仍由巡警总局督查……经费捐集以先，暂由巡警总局于罚款内拨用”③。继天津之后，直隶省城保定也开办了济良所。

第二，取缔淫秽书刊、戏剧及售卖春药等不良社会行为。伴随娼妓业的昌盛，社会上售卖淫秽书刊、春药和演绎淫剧等不良行为大行其道。对此，巡警局进行了严厉查禁，并多次发布告示，予以禁止。

---

① 《保定警务第二局白话告示》，全国图书馆文献缩微复制中心：《清末官报汇编·北洋官报》（宣统元年闰二月十九日），新华书店 2006 年版，第 1538 页。

② 《天津南段巡警总局现行章程》，甘厚慈：《北洋公牍类纂》，文海出版社 1966 年版，第 604 页。

③ 《天津南段巡警总局现行章程》，甘厚慈：《北洋公牍类纂》，文海出版社 1966 年版，第 614、615 页。

针对售卖淫秽书刊、图画之行为，天津南段巡警总局要求巡警严厉查禁，告诫商贩不得贩卖："风化为地方所关，人心由趋向而定。本总办近来访闻马路一带，有摆设之洋片摊，其中夹有春宫像片，摄影描形，诱人观看。在售者，虽图赚钱，而看者易于悦目。现在津埠兴办学堂，各处林立，所有学生类皆青年子弟，或情窦初开，或血气未定。此等诲淫画片最易动人心志，若不严行禁止，何以维持风化而正人心。除饬各分局一律严行查禁外，合亟出示严禁，为此示，仰尔等知悉。自示之后，如再有摆设春宫淫片摊场，责成该管各段巡警弁兵随时抓送总局，以凭讯办，决不姑宽。"① 天津南段巡警总局暗查访得茶园有一种售卖照像片者暗中售卖春宫像片，于是向总局汇报。天津南段巡警总局据此下令各局区严查禁止："据暗查禀称，各茶园有一种售卖照像片者暗中售卖春宫像片，各租界茶园亦有售卖者。茶园之内幼童幼女皆有，殊属伤风败俗，理合禀乞钧鉴，等情。据此查售卖春画大干法纪，亟应严禁，以维风化，除函请各国工部局及公署查禁外，合行通传各局区严查该管界内有无上项情事，遇即抓获送局究办，切勿疏纵。"② 保定工序总局因查有书店私下售卖淫书、淫画，于是发布告示予以严禁："近查各该店多有私售春宫，悬挂墙壁，群聚围观，坏人子弟，言之殊堪痛恨，亟宜禁止。除传饬各分局查禁外，合行出示晓谕，为此示，仰各书店人等一体知悉。自示之后，除将各种图画照旧售卖外，其各种淫书务须悉数毁销，毋留余孽。倘有阳奉阴违，一经查出，定即严究不贷。"③

针对售卖春药行为，巡警局一面要求各局区巡警严查，一面发布告示严禁。为了让民众了解春药、打胎药等药的害处及其伤风败俗之事，巡警局刊发白话告示，以普通市民容易理解之话语进行劝谕："现在有一种药铺，他不管什么叫伤天害理，什么叫坏人心术，配制一种春药，任意售卖，向满街的墙上粘贴报单，大书种子、壮阳、打胎等字样，真是一件极坏的事。那种子、壮阳的药，确是一种春药，药性极其猛烈，人要吃下去，轻者伤坏身体，重者断送性命。年少无知的人，只贪图一时的快乐，买得这种药吃，因此受害的不知有多少。再说那打胎的药，更是背反人理的一种东西，不但杀害性命，有乖上天好生之德，并且能引诱性情放荡之人，作出坏人名节之事。因为他知道有这种打除私胎的法子，故此胆敢作邪钻穴越墙的丑行。至于报单上说专打鬼胎，全

① 《巡警局示》，载《大公报》光绪三十年八月二十八日（1904年10月7日）。

② 《天津巡警总局示谕》，全国图书馆文献缩微复制中心：《清末官报汇编·北洋官报》（宣统二年正月十一日），新华书店2006年版，第2535、2536页。

③ 《保定工巡总局告示》，全国图书馆文献缩微复制中心：《清末官报汇编·北洋官报》（光绪三十三年十二月二十二日），新华书店2006年版，第809页。

是托词。哪里有什么鬼胎呢？看起来制卖种子、壮阳、打胎等药的，实在于风俗人心大有妨害。我们为整顿风俗人心起见，故此出示劝谕。从此以后，不可再卖这种药，我们已经饬派暗查员随时密查，如查得有制卖以上各药的定不能宽恕。并已饬谕各岗丁，如见粘贴售卖以上各药报单的一定也不能容恕。那已粘贴的报单，限七天由粘贴报单的药铺自己派人揭了去。务望各药铺以后总要制那有益的药，万不可贪图小利，作那败坏风俗人心的生意了。”①

对于演绎淫戏淫剧等行为，巡警局一方面向各戏园派出监视员，随时稽查监督；另一方面，要求戏园将所演戏曲事先呈报审查，“每日于十二点钟将次日之戏目定准，由本区巡警去取，送呈总局查核。倘有不合之处，两点钟示令更改，至两点钟后补改方为准许。演剧须按堂会唱法，不准装作淫态，以正风化”②。同时，巡警局多次发布告示严禁演出淫秽戏剧：“茶楼戏唱原为商旅宴息之区，如能演忠孝节义之戏更足资人观感，亦文明各国所不禁。虽然优孟衣冠，实则有关风化。乃近来查得，各茶楼所演之蹦蹦戏渐有无耻之徒混迹其中，演唱淫词，装扮丑态……合旨通谕禁止，为此示，仰各茶楼戏班人等知悉。自示之后，不准扮演丑态淫戏，其听戏之妇女亦不准混杂与男子同座，如敢故违，定行惩罚，绝不姑宽”③；“歌词戏剧足以感人心而关风化，是以演唱淫戏迭经示禁。近查各园所演仍有不免淫荡之处，致使无知匪徒高声喊好，分外异样，殊属不成事体，为此出示严禁。自示之后，仰该员演戏均以纯正为宗旨，所禁淫戏概不准演，即听戏人等亦不准高声喊好。如敢故违，定即究惩不贷。”④

在严禁淫戏淫剧的同时，巡警局支持改良新戏的排演，打击私开票房排演杂剧之事，“以期转移社会，稗得渐入文明”⑤。如天津移风约会向巡警局举报有人私设票房，以排演改良新戏为名而演习杂剧，禀请巡警局查禁。巡警局随即发布告示禁止排演杂剧，提倡改良新戏：“改良戏系为维持风化起见，自应准予示禁。除禀批示外，合行出示晓谕，为此示，仰闲杂人等知悉。自示之后，不准各处私设票房，聚集无业游民，演习杂剧，以致夺人听闻。倘敢阳奉

---

① 《劝谕浅说》，载《大公报》光绪三十一年九月二十四日（1905年10月22日）。

② 《严禁淫戏》，载《大公报》光绪三十二年正月初九日（1906年2月2日）。

③ 《巡警局示谕二则》，载《大公报》光绪三十一年五月初二日（1905年6月4日）。

④ 《南段巡警总局第三局二区示》，载《大公报》光绪三十三年四月初八日（1907年5月19日）。

⑤ 《南段巡警总局告示》，载《大公报》光绪三十三年十二月初三日（1908年1月6日）。

阴违，一经本总局查出，定行拘究，绝不宽贷。”①

第三，劝禁迷信陋俗。烧香拜神等迷信自古就有，即使是现在，也不同程度地存在着。清末封建迷信更是盛行。改良社会旧俗、陋俗，破除封建迷信是其重要内容之一，“风俗改良必先开通民智，而开通民智首在破除迷信”②。为破除迷信陋俗，巡警局多次以普通民众易懂的白话文发布劝禁浅说。例如，妇女前去烧香拜佛的比较多，于是天津四乡巡警局发布告示，劝诫人们尤其是妇女不要相信迷信，不要去庙里烧香拜佛：“每年四月二十以后，南乡蜂窝庙唱戏出会，引得各处的男男女女成群结伙前去烧香……若说烧香灵验、免灾去病呢，你看前几年，上妙峰山烧香的，半路下冰雹，冻死多少人！天津如意庵烧香，庙中失火，烧死多少人！海下马师傅坟地烧香，遇风翻船，淹死多少人！你看烧香有好处没有？从这立庙敬神的法子，是借着泥像劝戒人，要是做好事的神佛保佑，做恶事的菩萨见怪，那都是骗愚民的。现当我们中国力求文明的时代，总要破除迷信方好呢。不要致外人笑话。本总局为维持风化起见，一面传饬各处巡警，遇见妇女成群结伙，鸣锣执旗引路，上庙烧香，即行查办。再出白话告示，先为劝道，责成各家家长嘱咐年轻妇女们切不可烧香逛庙。为什么好人家的子女与娼妓及游荡子弟们混在一堆，拥拥挤挤，不成样子。此种败坏风俗之事为本局不忍坐视，所以苦口劝道。望尔乡民妇女各人都要自爱，在家遵守规矩，不去烧香逛庙，那才是体面人家呢！”③ 宣统元年（1909 年）天津南段巡警总局又发布白话告示劝谕人们尤其是妇女不要迷信烧香拜佛。④

第四，劝禁赤身裸体、沿街高唱等不雅社会行为。赤身裸体、沿街高唱等不雅社会行为与娼妓、售卖淫秽书刊、买卖春药、演绎淫戏淫剧、迷信陋俗等相比似是小事，但是巡警局也给予了足够的重视，多次劝禁。例如，天津南段巡警总局光绪三十一年（1905 年）发布告示，劝谕民众不要赤身裸体、沿街高唱：“袒裼裸裎人情畏其相浼，啸歌讴唱俗尚为之潜移，虽小节之无伤，实大端之攸紧。津埠地面五方萃处，近来商务渐臻繁盛，政化日以开通，凡属平治道途、扫除汙秽诸要政次第举行，总期力除鄙陋，借谋公益。近以时届炎夏，居民人等时有赤身露体、沿街高唱者，不特有失文明，抑为外人窃笑，于政教大受窳败之影响。除分饬各局区随时禁止，剀切晓谕外，合行示禁，为此

---

① 《南段巡警总局告示》，载《大公报》光绪三十三年十二月初三日（1908 年 1 月 6 日）。

② 《保定工巡总局告示》，载《大公报》光绪三十三年六月十三日（1907 年 7 月 22 日）。

③ 《四乡总局示》，载《大公报》光绪三十四年四月十三日（1908 年 5 月 12 日）。

④ 《天津南段总局白话告示》，全国图书馆文献缩微复制中心：《清末官报汇编・北洋官报》（宣统元年正月十三日），新华书店 2006 年版，第 1204 页。

示，仰居民人等一体知悉。须知赤身露体有关风化，沿街高唱实类野蛮，吾民具有良知，孰不顾全体面，惟以相沿成习，视为故常，习焉不察。殊不知事涉细微，究属有违公德。本局府县均有管理人民之责，不惮谆谆告诫，以期改良进化。即或负苦者流以天气炎热，有汗流浃背之患，亦宜身着坎肩，借以蔽体。街衢行走纵不能责以矩步规行，赤身露体、沿街高唱之恶习在所必除。如经本局府县告诫之后，再有蹈此恶习者，则是不遵条教，即为免教化之民，谅尔等必不出此。其各思之改之，破除陋习，共进文明，不致为外人所窃笑，是则本府县所深幸也。"① 光绪三十三年（1907 年）天津南段巡警总局再次发布白话告示，劝谕民众不要赤身露体在街上行走②。保定工巡总局对于道路上的赤身露体等行为也是多次劝禁。光绪三十四年（1908 年）保定工巡总局示谕严禁道路裸体，并明确了处罚标准："现因商民人等在道路裸体，不但观之不雅，且于风化攸关，此等禁例已在奏定违警律内第三十六条详言之矣。倘再有违犯者，援照法律处分五元以下一角以上之罚金，以负三令五申之至意。"③ 宣统元年（1909 年），保定工巡总局再次发布告示，严禁赤身露体在道路上行走。④

清末巡警对落后旧俗陋习、不良社会风气的整顿取得有一定的效果，但是效果并不大。这是因为，一方面，普通民众对这些陋俗陋习大多"相沿成习，视为故常，习焉不察"⑤，所以很难骤然更改。而且一些陋俗陋习如烧香拜神、焚烧纸币、天旱祈雨等迷信行为更是"深入人心"，难以骤然禁止。蔚州民众更因迷信祈雨而殴打巡警、捣毁巡警传习所："蔚州数月无雨，入夏异常亢旱。五月中旬城内关外及各村镇无不设坛祈雨……又有禁戴草帽之例，遇者即被扯碎。种种恶习，皆历世野蛮之举动也。今年五月下旬，由南关设坛，檄调南乡一百数十村大半抬大轿，于二十三日午前，由南门进城游街。适遇巡警岗兵身着巡衣，头顶草帽，被城南八里崔家庄随轿之人将巡兵草帽扯碎。又遇二巡兵亦碎之，随遇五六兵悉被扯碎。将数草帽挂于轿上游行。巡兵理论，触动众怒，将巡兵赶跑。振臂一呼，即有北口等八村挺出数千人，拥至巡警传习所。巡兵见势凶猛，急闭局门。众用巨石砸开，复将各房窗棂、局内箱柜、虎

① 《巡警总局及天津府县会衔告示》，载《大公报》光绪三十一年七月初五日（1905 年 8 月 5 日）。

② 《巡警总局示谕》，载《大公报》光绪三十三年六月十一日（1907 年 7 月 20 日）。

③ 《严禁道路裸体》，载《大公报》光绪三十四年六月十五日（1908 年 7 月 13 日）。

④ 《保定工巡总局告示》，全国图书馆文献缩微复制中心：《清末官报汇编・北洋官报》（宣统元年五月初六日），新华书店 2006 年版，第 1629 页。

⑤ 《巡警总局及天津府县会衔告示》，载《大公报》光绪三十一年七月初五日（1905 年 8 月 5 日）。

头牌、洋鼓、洋号、钟表什物尽行捣毁，巡衣被褥等件或扔屋顶或弃或碎扯摊地，亦有抢去者。而巡兵均越西墙，躲至财神庙，得免。復将所押苦工数名释放。各村人抬轿回村……事后城内已无一岗兵矣。”① 另一方面，由于这些陋俗陋习早已“深入人心”，所以巡警对其整顿措施主要以劝诫、查禁为主。但是巡警的这种劝诫、查禁到底能够发挥多大作用是需要打个问号的。从当时巡警局屡次发布劝谕来看，实际效果并不理想。天津县即说：淫戏及蹦蹦戏“虽经出示严禁，但禁者自禁，演者自演，几成积重难返”②。而且戏馆、妓馆等缴纳捐费作为巡警经费，这种寓禁于征的做法也使得整顿效果大打折扣。天津县即指出：淫秽戏目“今欲概行禁止，戏馆皆有捐输，又恐此禁彼开，禁犹未禁”③。对于娼妓的整顿尤其如此。巡警以整饬娼妓为名，开办妓捐，宣称“妓捐系于抽纳之中，寓限制之意”④。但是，这种寓禁于征的做法并不能对娼妓行业进行有效管理，不能抑制娼妓的蔓延，而是在征收捐税的利益驱动下，仅仅对暗娼、转子房等未经官府认可的妓女、妓馆进行查禁。加之部分巡警腐败，以为妓女提供保护牟利，因此禁娼措施常常流于形式。至于禁娼措施之一的济良所的开办也为人们所批评：“保定自去岁济良所开办以来，各处娼妓云集省城，于是学界、商界、陆军界以及官绅富家弟子均纷至沓来，沉溺其中，迷不知返。虽明曰济良而实一良未济，徒长一城之淫风，断送多少良家弟子品行，损伤多少良家妇女名节。闻提倡者为总办某公，噫！所居何心，而偏为此伤风败俗之举哉。”⑤ 更为严重的是，一些陋俗陋习在巡警中也有存在。如朝阳府第四路小三保营子村巡弁赵洛振，因天旱不雨，妄听谣言，谓柳条沟传家坟内尸身化为旱魃在此作祟，意欲率众挖掘。传家亲属出面拦阻，双方大起冲突。最后赵洛振之议不得不作罢。⑥ 管理者自身尚且如此，怎么去说服民众，去管理民众呢？这种情况更加严重地影响了对陋俗陋习和不良社会风气的整顿效果。

---

① 《迷信祈雨捣毁巡警传习所》，载《大公报》光绪三十四年六月十八日（1908 年 7 月 16 日）。

② 《天津县详请禁止男女合演淫戏及蹦蹦戏文并批》，甘厚慈：《北洋公牍类纂》，文海出版社 1966 年版，第 499 页。

③ 《天津县详请禁止男女合演淫戏及蹦蹦戏文并批》，甘厚慈：《北洋公牍类纂》，文海出版社 1966 年版，第 499 页。

④ ［清］官修：《清实录·德宗景皇帝实录》卷 553，中华书局 1987 年版。

⑤ 《保定之四现象》，载《大公报》光绪三十三年三月初二日（1907 年 4 月 14 日）。

⑥ 《巡弁迷信之一斑》，载《大公报》宣统元年六月初一日（1909 年 7 月 17 日）。

第五章　清末直隶警政与地方社会

第一节　警政与地方自治

清末地方自治兴起，光绪三十四年（1908年）清廷颁布《九年筹备立宪清单》，对地方自治作了详细的规划，从此地方自治作为清政府的一项政治制度确立下来。直隶省的地方自治与全国其他省区有所不同，因为直隶省是清政府地方自治的试点，因此直隶地方自治的兴办时间要早得多，光绪三十二年（1906年）就已开始。在直隶省，天津又是试点中的试点，光绪三十二年六月（1906年7月）天津创办自治局，光绪三十三年（1907年）天津县议事会通过选举方式产生，光绪三十四年（1908年）天津县董事会成立。光绪三十四年（1908年）天津府自治局改为直隶筹办地方自治总局，进一步加强了对直隶全省地方自治的领导。宣统元年九月（1909年10月）顺直谘议局成立，作为一个省级地方自治组织正式开始运作。①

地方自治与警政建设处于同一时期，同为清末新政的重要措施，二者必然会有千丝万缕的联系，确切地说二者相互作用，关系密切。

一、地方自治对警政的影响

清末，社会各界人士较为普遍地将警政视为地方事务或地方绅民必须要切实关心的事务，因此在地方自治兴办后也自然地将警政视为地方自治范围内的重要事务。《东方杂志》刊文指出："警察有国家警察与地方警察之别，而地方警察宜必本国家法则而行。惟国家警察之任属于官吏，其费由国家支给，而职务在保全国之秩序。地方警察之任属于绅民，其费由地方自筹，而职务在维

---

① 徐建平、赵艳玲、范红霞等学者对清末直隶地方自治进行了深入研究，见徐建平：《清末直隶宪政改革研究》，中国社会科学出版社2008年版；赵艳玲：《清末民初的代议制——从顺直谘议局到直隶省议会的案例考察》，社会科学文献出版社2012年版；范红霞：《清末新政时期直隶地方自治》，河北师范大学2002年硕士论文。

一部之治安。"[①] 光绪三十四年（1908 年）天津县董事会成立，天津士绅对其寄予很高的希望，指出："举凡天津一县之教育、实业、工程、水利、救恤、消防、卫生、市场、警察费等事皆根据于本章程二十八条，董事会得依议事会之议决一一担任实行。今日董事会既经成立，则以上诸事地方上应行创设者概不能依赖地方官，其应行改良之处亦必不能责成地方官。非特不能倚重地方官也，恐向之依赖地方官、责成地方官者，自今以后皆不能不依赖董事会、责成董事会矣。"[②] 针对当时部分省份地方警察扰民的现象，《论近日警察之扰民》一文指出："东西各国之警察皆属于地方官自治制度之下，而裁判所之构成又由民选委员以为陪审员，故以地方之民自办地方之警察，并无自居于立法司法之地位，而防其所办者之或有流弊。诚如是，虽令所用之警察咸有作奸犯科之心，亦将戢伏而不敢动，又何至如今日所办之警察扰民之事日出不穷乎？故吾言欲行警察非先订正法律，改良裁判法，尤必与自治制度相辅而行，周礼所载司虣司稽之职，正与今日之警察无异，皆归市师胥师所辖，而属于乡大夫之下，由是观之，与其官办不若归地方绅民自办之为善。"[③]

不但绅民较为普遍地将警政视为地方事务，就是官方也大都将警政视为地方自治所关之要务。在直隶推广地方自治的过程中，庆云县设立亲民局（后改名为庆云县自治公所），制定《亲民局暂行试办章程》，规定："所有学堂、巡警、工艺诸要政悉令局绅热心劝助，要在力行实践。"对于庆云县的办法，直隶总督袁世凯也是比较认可的"拟设亲民局并试办章程，均悉官绅协商要政，即古人询及万民之意，亦各国地方自治之基"，要求对"学堂应设若干，民力任捐若干，巡警或招募或抽丁或乡团"等事，"仰即移会局绅妥议详办，毋得以空言搪塞"。[④] 保定城议事会开会时保定工序总局叶观察指出官治与自治是"相济为用"的关系，他以警政为例指出：办理警政离不开自治，"巡警者，其性质乃官治行政也，保定城关之巡警隶于省会，尤纯乎为国家官治行政也，而实则与自治行政有密切之关系。盖巡警虽属官治行政，而对乎自治，一

---

① 《论国人宜注意公共事业》，载《东方杂志》第四年第四期（光绪三十三年四月二十五日发行），第 72 页。

② 《祝董事会之前途》，载《大公报》光绪三十四年六月十五日（1908 年 7 月 13 日）。

③ 《论近日警察之扰民》，国家图书馆分馆编选：《（清末）时事采新汇选》（第 13 册），北京图书馆出版社 2003 年版，第 6939 页。

④ 《庆云县拟设亲民局并批》，甘厚慈：《北洋公牍类纂》，文海出版社 1966 年版，第 218 页。

方面实有不可须臾离者也”①。

警政建设关系本地治安，关系到每个人的切身利益，因此各级议员和自治机构对警政建设指陈利弊，多次提出改良整顿意见，并监督巡警官兵。而地方督抚及巡警局等也不得不按照国家规定，遇有相关警务事宜请议事会或谘议局核议。如光绪三十三年十月（1907 年 11 月）天津南段巡警总局欲变卖太虚观地产，借资修盖巡警局，因太虚观是公产不得不按照自治章程规定致函天津县议事会核议。天津县议事会考虑认为：天津南段巡警总局“所定办法虽间有与自治章程条例未符之处，然略为变通即无碍于贵局另建新房、议事会变卖不动产之本质”，于是议定办法四条，“太虚观房地为地方公产，将来变价及体恤道士赎房停租等事皆由董事会自行办理，以符定章，巡警局不必过问；太虚观变价后，由董事会于得价内拨洋四千五百元交由巡警总局就指定地址另建新房，定期将该庙房地腾出交董事会；巡警局修建新房一切办法由巡警总局自行酌夺，议事会、董事会两会不必过问；巡警局此项新建之房既系由庙产变价公款内支付，则此房仍应作为公产，照清理庙宇庙产办法一律办理，由董事会注册”②。

顺直谘议局成立后，对警政建设更加关注，多次提出改良整顿警务议案（见表 5-1《顺直谘议局有关警务议案情况统计表》）。

表 5-1　顺直谘议局有关警务议案情况统计表

会议名称	议案名称	资料来源
顺直谘议局第一次常年会有关警务议案	1. 议决改良警务案	《记载》，载《东方杂志》第六年第十三期（宣统元年十二月二十五日发行），第 479、480 页
	2. 申覆咨询整顿巡警案	
	3. 陈请巡官区长薪俸应以裁绿营饷项拨充以便行政而图改良案	
	4. 陈请整顿顺天警务案	

① 《工巡总局叶观察演说》，载《大公报》宣统二年三月十四日（1910 年 4 月 23 日）。

② 《天津县议事会移南段巡警总局录批抄送变卖庙基修改警局办法文》，全国图书馆文献缩微复制中心：《清末官报汇编·北洋官报》（宣统元年闰二月十三日），新华书店 2006 年版，第 1506 页。

续表

会议名称	议案名称	资料来源
顺直谘议局第二次常年会有关警务议案	1. 申复咨询警务备经费荒案	根据《大公报》宣统二年八月至十一月顺直谘议局第二届常年会议事日表整理
	2. 陈请警务长区官薪俸仍应归国家经费以便行政而图改良案	
	3. 巡警款饷应以裁绿营饷银拨充以纾民困而图改良案	
	4. 裁撤卫生局归并警务公所卫生科腾出之款举办贫民工厂案	
	5. 关于顺天警务侵夺权限呈请更正案	
	6. 开矿地方办理巡警财政宜责成本地方官不宜使外官侵越案	
	7. 热河学堂警务改归绅士经理以符定章而期进步案	
	8. 质问巡警道何故将各州县巡警区域一律改为五区案	
	9. 设法维持全省警务案	
	10. 巡警道眷属不宜住公所案	
顺直谘议局第三次常年会有关警务议案	1. 筹设水上警察案	根据《大公报》宣统三年九月至十月有关顺直谘议局议案记录整理
	2. 添设渔业警察以保护利权案	
	3. 巡警道札饬各属设立警察会议警务公所亦应添警务会议以通上下机关案	
	4. 请巡警道严饬各州县警务公所添设暗查委员认真查访是否尽职有无弊害案	
	5. 陈请府厅州县巡警费统归自治预算范围以期入款出款归一划一案	

续表

会议名称	议案名称	资料来源
宣统二年顺直谘议局临时会有关警务议案	1. 督部堂陈答复议决关于顺天警务侵夺权限呈请更正案文	根据《大公报》宣统二年十月至十一月顺直谘议局临时会议事日表整理
	2. 督部堂陈答复质问巡警道违背议案擅改警区案文	
	3. 督部堂答复议决热河学堂警务照章选用本地士绅案文	
	4. 提议巡警道违法宜呈请督宪查办案	
	5. 各州县巡警区域不得一律划为五区案	
	6. 请于滏阳河一带设立沿河警局以除积弊保商裕国便民建议书	
宣统三年顺直谘议局临时会有关警务议案	1. 捏报警费故违警章陈请书	根据《大公报》宣统三年正月至三月顺直谘议局临时会议事日表整理
	2. 提请实行预备巡警案	
	3. 推广巡兵以防外患意见书	
	4. 整顿巡警认真教练而挽危局意见书	
	5. 再提议热河学堂警务案	
	6. 呈请整顿顺天警务拟具条陈呈请通饬各属严防盗匪以保治安案	

顺直谘议局有关直隶警务的众多议案中，整顿顺天警务案和弹劾直隶巡警道舒鸿贻案非常典型，该两个事例充分展现了顺直谘议局对直隶警政的督促。

整顿顺天警务案：

宣统元年（1909 年），顺直谘议局在第一次常年会议决通过《陈请整顿顺天警务案》，指出：清末推行警政，直隶为全国之冠，但是“直隶警务虽较他省为优，而顺属二十四州县中除霸州、涿州稍有规模外，其余各属有屡经滋事者，有旋办旋裁者，有有名无实者，有尚未开办者。推原其故，一由于直隶全省警务处划顺天各属于范围之外，所有提倡整顿诸端概置不理；一由于顺天独立警务处虽有总办、提调各名目，既未认真办理又未实行稽查，是以各州县观望因循，人自为政，以致各属警务甚形复杂，流弊丛生，赌风盗风至今犹炽。倘长此不已，非惟近畿之百姓难获治安，亦且于立宪前途大生阻碍”。对此，顺直谘议局提出两条整顿办法，“拟请咨商顺天府尹设法筹办，俾顺天警务与全省归于一致；抑或仍就顺天所设之警务处，改派妥员认真办理，并仿照直隶警务处参用本地士绅公同规划，实力稽查，以期达完全立宪之目的”[①]。直隶总督与顺天府尹经过咨商，决定采用第一条办法，即“顺天警务与全省归于一致”，并明确在直隶巡警道未设之前，顺属警务应先由直隶警务处统筹办理，为此札饬顺属各州县和直隶警务处：“宣统二年正月十九日奉督宪、尹宪札开，案据顺直谘议局陈改良顺天警务，拟请咨商设法筹办，俾顺天警务与全省归于一致等因一案，当经本督部堂、本府尹堂往复咨商，顺直警务未归划一本非完善办法。查奏定各省官制通则清单内开，各省应设巡警道专管全省巡警、消防、户籍、营缮、卫生事务，现在直隶巡警道未设之先，顺属警务应先由警务处统筹办理。惟顺直各属警费不同，应如何酌剂，以期适宜之处，统责成该处通饬行查，酌拟办法，详候核夺施行。嗣后凡关于顺属警务事件并应分详本府尹堂，以备查核。此事为划一顺直警务起见，该处务当通盘筹划，认真办理。”[②] 宣统二年二月（1910 年 3 月）直隶警务处遵命，遴派警务处稽查委员高蕴杰、审定所委员陈树楷前往顺属各州县调查警务情况。[③] 随后根据查覆情况，直隶警务处饬令顺天各属划一警款，裁并区域等。

由上述可知，顺直谘议局《陈请整顿顺天警务案》得到了直隶总督和顺天府尹的首肯，直隶警务处和顺天各属也一度遵案办理。但是，未过半年顺天府尹即不顾成案，擅自另行建立顺天警务公所，重新将顺属警务独立于直隶全省警务范围之外。所以，宣统二年（1901 年）顺直谘议局第二次常年会议议决了《关于顺天警务侵夺权限呈请更正案》。顺直谘议局根据《谘议局章程》指出，谘议局为全省立法机关，凡“谘议局议定可行事件呈候督抚公布施行，若督抚不以为然，应说明原委事由，令谘议局覆议。是谘议局未奉批准之案尚不能擅自取消，则凡已奉批准之案不有本局议断无自行取消之理。整顿顺天警务一案升任尹堂凌既经承准于前，则以后不论有何变更均应咨商督部堂，交令本局覆议”。顺天府尹擅自将议决呈准饬行的《陈请整顿顺天警务案》取消，“殊属侵夺谘议局权限”。根据“《谘议局章程》第二十七条，本省督抚如有侵夺谘议局权限事，得呈请资政院核办；第二十三条，谘议局议定不可行事件，得呈请督抚更正施行”。于是，议员们共同议决，顺天警务案必须呈请资政院

① 《陈请整顿顺天警务案》，载《大公报》宣统二年四月二十二日（1910 年 5 月 30 日）。

② 《警务处通饬札文》，载《大公报》宣统二年二月初六日（第 2742 号）1910 年 3 月 16 日。

③ 《警务处详覆遵饬委员前赴顺属将各厅州县现办巡警情形切实调查暨通饬各属行查文并批》，全国图书馆文献缩微复制中心：《清末官报汇编・北洋官报》（宣统二年二月十二日），新华书店 2006 年版，第 2696 页。

核办，同时还要呈请直隶总督咨商顺天府尹奏请更正实行。[①]

弹劾直隶巡警道舒鸿贻案：

前文已经述及，宣统二年（1910年）直隶巡警道缺添设，直隶总督陈夔龙遴保叶崇质与陈燮年二人。叶崇质在直隶办警多年，此前曾被直隶总督杨士骧拟保充任巡警道，直隶社会各界对其也颇为认同。叶崇质可谓是直隶巡警道的不二人选。但是清廷否决了直隶总督的奏保，而是另外从民政部预报交军机处存记单中简用舒鸿贻补署巡警道缺。这一安排颇出意料之外，在津保各界引起了强烈反响："直隶添设巡警道一缺，曾经督宪陈制军奏保全省警务处兼保定工巡局总办叶观察崇质堪胜其任，不料竟为某大力者暗中所夺。保定各界闻之不胜惊异，拟即号召全省各界开会筹商对待之办法。"[②] 顺直谘议局也介入此事，议长阎凤阁为此事谒见藩宪。可见，舒鸿贻自上任直隶巡警道之初就与直隶地方官绅和顺直谘议局议员关系不恰。

舒鸿贻上任直隶巡警道后，即竭力整顿警务，颇思一番作为。不久之后，舒鸿贻向民政部汇报了自己在直隶巡警道任上的主要政绩，共有任用属员，改划区域，注重教育，变通部章设立局所，于警务公所内附设研究所，通筹各属警务，整顿水上警察，添设旺道庄、炮台庄两处巡警分驻在所等八个方面。[③] 但是顺直谘议局并不以为然，对巡警道舒鸿贻提出多方质疑。对于改划区域一事，直隶谘议局认为："今于各州县巡警区域一律定位五区，在辖境适中各州县于经费事固属两得，而直隶各州县辖境有逾数百里者，有仅二三十里者，警区强归一律，揆诸实际实觉窒碍难行，一旦法兴事违非弁髦长官之命令即妨碍本地之情形，欲谋便利而反生阻碍，似有未合。"而且"分区一事必须适合各地情形，自应有地方官酌量分划，巡警道只立于督饬核办之地位，而不必预定一区域之数，强令情形不同之各处而必使之相同自不待言。且督部堂前批该道请将巡警区域一律划为东西南北中五区亦谓各属区域习惯不同未便遽于遥制，致有削足适履之虞等语。是一律划为五区于事实有碍"[④]。因此，提出《议决各州县巡警区域不得一律划为五区案》。对于巡警道舒鸿贻提出的全省推广警务长制一事，谘议局认为各州县民众负担太重，颇有不支之势，如果再添设一警务长，"月薪如此之多，小民益加负累"，所以反对此议，并由议长谒商道

---

① 《议决关于顺天警务侵夺权限呈请更正案》，载《大公报》宣统二年十一月初二日（1910年12月3日）。

② 《挽留巡警道》，载《大公报》宣统二年三月初五日（19010年4月14日）。

③ 《巡警道到任后举办一切事宜请咨部立案文》，载《直隶警察杂志》第二期，宣统二年九月初一日发行。

④ 《直隶谘议局议决各州县巡警区域不得一律划为五区案》，载《江南警务杂志》1910年第10期，第119-121页。

宪，此事只好暂时作罢。[①] 对于谘议局的干预，巡警道舒鸿贻认为："警务为国家行政，地方议会不应干预。"谘议局则认为"警费出自民间，确是地方行政"，谘议局有监督之权。双方观点不一，矛盾不断升级，最后谘议局经过共同议决，认为巡警道舒鸿贻的举措多有违背定章，侵越权限，于是呈请督宪弹劾。[②]

通过调查，顺直谘议局列举了巡警道舒鸿贻的劣迹四条，呈请直隶总督查核：一、"侵冒公款以济私"。警务公所常年经费至四万余两之多，该道眷属聚住所内，一切用度公私混淆；又于所旁开辟民地，用公款建花园，为眷属游玩之地；财政总汇处查其报销浮冒不实之款至五万六千余两之多。二、"滥用私人以利己"。其胞弟舒继元被委任为一等委员，遇事勒索，物议沸腾，又改姓为汪氏仍居要津；其堂弟舒翥、表内弟汪毓麟及保定工巡总局局长崔振魁结党营私。崔振魁系御史汪春霖奏参江西巡抚冯汝骙案内之劣迹着著、奉旨撤差人员，该道却破格任用，其中必有请托贿赂。三、"漠视警章以酿乱"。此事是指夏间易县广昌乡民聚众砸毁警局，波及学堂、自治各事；滦州遵化因警务腐败，烟犯、赌犯、盗犯所在皆有，民众聚众相率不纳警费。四、"违背定章以任性"。定章警务公所文科员至多不过三四员，该道每科任用至十六七员之多，并设秘书房，有在该书房行走或学习行走名称。此等名称惟上书房军机处有之，可见其妄自尊大；其眷属移住所内，驱逐属员觅居旅店，往往贻误要公，而且有泄露机要之忧。[③]

针对顺直谘议局列举的巡警道舒鸿贻的劣迹四条，警务公所进行了逐条辩驳：一、"侵冒公款以济私"。警务公所辩称，以眷属居住所内，即以为公私混淆，此乃没有证据的推测，不合逻辑。凡公所人员亦有私人用款，没有不允许家眷居住所内。公所用费有账可查，不难立辨，为公为私不可以口头判决；财政总汇处查其报销浮冒不实之款至五万六千余两之多，是概念混淆。因为财政处所核减者为预算案，非报销案。"预算者预算政费之必须，未必来源之有著也。现在各署局所预算案内无著之款不知凡几，不独敝公所为然也。而财政处所以为此核减，盖因各省协饷停解，财政困难，不得已而为之举。"公所后添建大堂及东跨院一所，曾经详明督宪作为巡警道住宅，批准有案，不是建花园。二、"滥用私人以利己"。公所委员姓名详院有案，报部有案，每月报销亦有案，巡警道自到任之日起所造官册及报销册从无舒继元、汪继元、舒翥之

---

① 《添官作罢》，载《大公报》宣统二年六月十六日 1910 年 7 月 22 日；《各州县添派警务长之议作罢》，载《申报》宣统二年六月二十六日 1910 年 8 月 1 日。

② 《侵权被劾》，载《大公报》宣统二年十一月初二日（1910 年 12 月 3 日）。

③ 《被劾劣迹》，载《大公报》宣统二年十一月初四日（1910 年 12 月 5 日）。

名，即未用其人，而曰遇事勒索，仍居津要，可谓无的放矢；江毓麟结党营私不知何所指；崔振魁系在江西撤差人员，但现行法律并没有不能在他省委差的规定，请托贿赂并无实据。三、“漠视警章以酿乱”。易州毁警事件发生在夏间，巡警道舒鸿贻刚刚上任，何能即酿乱端。乡民聚众，系因执行办理不善所致，巡警道对于地方不过居于监督地位，完全归咎于巡警道与理不合。四、“违背定章以任性”。公所分科办事，科长、科员均按部章规定，额外委员系仿照内外厅及各省警务公所定额，共计二十四员，详院有案。原案谓每科用十六七员，系传闻之误；至于设秘书房，有在该书房行走或学习行走名称之事，委员名目已报部详院，亦无秘书之设，有无秘书字样也不难查考，妄自尊大之说又为无的放矢；云眷属移住公所，驱逐属员移居于外之事，前有专案已经审查科取消。①

不管顺直谘议局弹劾巡警道舒鸿贻的劣迹是否准确，舒鸿贻本人是否如警务公所辩驳一样清白无辜，但是顺直谘议局与巡警道舒鸿贻关系之紧张可见一斑。此时，天津又发生学界请愿国会风潮，巡警道舒鸿贻因而被直隶总督严责：“巡警道有管理地方之责，不应任学生集众开会。”② 由于与顺直谘议局和直隶总督等关系都不融洽，舒鸿贻遂萌生退意，于宣统二年十一月二十日（1910年12月13日）借口回籍修墓，请假三个月，交卸去任。宣统三年二月（1911年3月），舒鸿贻假满回津。但是，此时顺直谘议局对巡警道舒鸿贻的弹劾还没有完结。上年顺直谘议局弹劾舒鸿贻劣迹，经直隶藩司、提法司查核，没有违法确据。但是谘议局对这一结果并不满意，认为藩司、提法司所查办“各种违法事件尚多遗漏，并有含糊错误之处”③，于是再次呈请直隶总督查办。最后，直隶总督陈夔龙采取了调停办法，将舒鸿贻与通永道叶崇质调换，以叶崇质调署直隶巡警道，舒鸿贻派委通永道。对此事《大公报》报道说：“正任巡警道舒鸿贻此次假满回津，本拟仍回原任，嗣因谘议局旧案重提，复有二次弹劾，故该当道特将该道与通永道叶崇质观察彼此调署。”④

整顿顺天警务案，尤其是弹劾直隶巡警道舒鸿贻案，充分展现了顺直谘议局对直隶警政的影响。

二、警政对地方自治的作用

警政对于清末地方自治的兴办具有不可替代的作用，“在朝在野佥谓警务

① 《警务公所致谘议局书》，载《大公报》宣统二年十一月十一日（1910年12月12日）。

② 《闲评二》，载《大公报》宣统二年十一月二十六日（1910年12月27日）。

③ 《禀揭无效》，载《大公报》宣统三年三月初一日（1911年3月30日）。

④ 《弹劾无效》，载《大公报》宣统三年三月十四日（1911年4月12日）。

举行是地方自治之根基”①。黄遵宪早在创办湖南保卫局时就曾指出：“警察一局为参政万事之根本，诚仗官民合办，听民之筹费，许民之筹办，则地方自治之规模隐寓其中而民智从此而开，民权亦从此而伸。”② 清末一般士人也认为“地方警察同时保存社会各部固有之机能，以适当之机关为自治上谋公益，情势甚顺也”③。直隶地方官对警政与地方自治的关系也有着深刻的认识。良乡县县令惠年认为：“巡警为自治之基础，必须实力奉行，不蹈敷衍因循之弊，方合立宪定章。”④ 沧州万牧和寅认为：“巡警为内治要政……当此时事多艰、预备立宪之际，允宜实力奉行，以树基础，不宜因循延误，稍事敷衍。”⑤ 武强县令韩炳枢指出：“设巡警以安内，为自治之先声。”⑥ 沙河县则就警务局设立民事裁判所，“以去官民隔阂”，“立地方自治基础”⑦。清廷对警政与地方自治的关系也有着深刻的认识。光绪三十二年（1906 年）清政府巡警部因地方自治兴办而电催各省认真改良警政，指出：“地方警察与立宪有密切之关系，惟各省府厅州县往往视警政为末图，动辄敷衍因循，徒存名目，殊于治道有乖。现在立宪宗旨已奉明诏，各省自当于警察要政破除积习，极力改良，以树地方自治之基础。”⑧

警政对于地方自治的作用，具体表现在，警政在选举区划、人口调查、卫生治理、道路工程等许多方面为地方自治的兴办预先进行了准备，堪称地方自治基础。

在城镇乡自治选举区域划分方面，直隶大部分州县是依据原有之警区，不再重新划分。如直隶地方自治之试点地区天津，规定以现有巡警之区域为单位划分为八区进行选举：“初选举之选举票先按被选举人所住区域划为八区分拣……此项之区域以巡警南北段所辖为第一区，四乡东局所辖为第二区，四乡

---

① 《藩司增详束鹿张令禀请将自治二字申明更正文并批》，甘厚慈：《北洋公牍类纂续编》，文海出版社 1966 年版，第 145 页。

② 《黄遵宪致梁启超书》，《中国哲学》（第 8 辑），三联书店 1982 年版，第 384 页。

③ 《对于我国地方警察之研究》，载《法政学交通社杂志》1907 年第 2 期，第 70 页。

④ 《良乡县惠令年详城内巡警分班抽调粗具规模文并批》，全国图书馆文献缩微复制中心：《清末官报汇编·北洋官报》（宣统二年二月），新华书店 2006 年版，第 2726 页。

⑤ 《沧州万牧和寅禀接办警务切实整顿文并批》，全国图书馆文献缩微复制中心：《清末官报汇编·北洋官报》（宣统元年六月二十一日），新华书店 2006 年版，第 1850 页。

⑥ 《武强县韩令炳枢禀任内筹办各项新政文并批》，全国图书馆文献缩微复制中心：《清末官报汇编·北洋官报》（宣统元年二月二十六日），新华书店 2006 年版，第 1418 页。

⑦ 《沙河县拟就警务局设立民事裁判所以为地方自治基础禀并批》，甘厚慈：《北洋公牍类纂》，文海出版社 1966 年版，第 182 页。

⑧ 《电催各省改良警察》，载《大公报》光绪三十二年八月初三日（1906 年 9 月 20 日）。

南局所辖为第三区，四乡西局所辖为第四区，四乡北局所辖为第五区，海河一局所辖为第六区，海河二局所辖为第七区，海河三局、四局所辖为第八区，其住居县境而不在以上八区内者皆属于第一区。”① 光绪三十三年二月（1907年3月）进行选举时，为慎重起见，天津于自治总局设立选举总课，借用巡警各分局设立选举分课，并以巡警维持秩序。天津自治局为此事专门禀请直隶总督，请其札饬巡警总局：“章程第二十一条所载选举区域系用巡警区域分为八区，现拟于本局设选举总课，于八区各设分课。第一区系巡警南北段所辖，在围墙内拟即借用东南西北四路宣讲所，此外七区皆在乡间，各区应设分课二三处不等。乡间村落觅屋为难。考东西各国，关于选举事宜另设选举警察，遇有紊乱秩序之时藉资弹压，法至善也。现在开办选举，即以巡警之区域为区域。关于选举事宜虽外洋各国，亦时有争议，况天津系初次试办之，事益宜预为计虑，且领选举执照，换选举票，往来杂沓，在在需人照料。所有该七区各分课此次拟暂借用巡警各分局，既省费用，藉图整肃。”② 天津府自治议事会选举具体分课地址是：第一区（围墙以内）用四路宣讲所，南路南宣讲所内，西路西宣讲所内，东路地藏庵宣讲所内，北路河北甘露寺宣讲所内；第二区（东乡）用巡警各局，一在大毕庄，一在陈林庄，一在范家庄，一在何家庄；第三区（南乡）用巡警各局，一在蔡家台，一在张家窝，一在大寺村；第四区（西乡）除杨柳青外用巡警各局，一在杨柳青公立学堂，一在三河头村，一在大稍直口；第五区（北乡）用巡警各局，一在北仓，一在双街村，一在朱唐庄；第六区（海河一局巡警地）用巡警各局，一在土城，一在灰堆；第七区（海河二局地）除咸水沽外用巡警各局，一在咸水沽宣讲所，一在白塘口，一在下郭庄，一在八里台；第八区（海河三、四局地）除葛沽外用巡警各局，一在葛沽宣讲所，一在邓善沽。③

选区依照巡警区划，投票所借用巡警局所，节省了人力、物力、财力，并且可用巡警随时维持选举投票秩序，百利而无一害。鉴于此，宣统元年五月（1909年6月）天津议事会议员改选，进行初选举投票，其投票区及投票所均仿照光绪三十三年（1907年）天津府自治议事会选举分课办法，并且选举区划完全相同，“合计划分八区为投票区，以巡警南北段为第一区，四乡东局为

---

① 《试办天津县地方自治公决草案一百一十一条》，甘厚慈：《北洋公牍类纂》，文海出版社1966年版，第86页。

② 《天津府自治局请札饬巡警总局准予借用分局设立选举分课文并批》，甘厚慈：《北洋公牍类纂》，文海出版社1966年版，第101页。

③ 《照录自治议事会选举分课地址》，载《大公报》光绪三十三年二月十六日（1907年3月29日）。

第二区，南局为第三区，西局为第四区，北局为第五区，海河一局为第六区，海河二局为第七区，海河三局、四局为第八区”[①]。宣统元年（1909年）天津议事会议员改选投票与光绪三十三年（1907年）天津府自治议事会选举不同之处在于选举投票地址选择方面更加借重巡警局。光绪三十三年（1907年）天津府自治议事会选举分课地址间有宣讲所，宣统元年（1909年）天津议事会议员改选投票地址，除第一区投票所设立于议事会、董事会所在地外，“四乡及海河各区投票所设立于各巡警局所在之地，海河三局、四局之投票所应设立于巡警三局”[②]。因为巡警在此次天津议事会议员改选工作中出力颇多，天津县董事会专函天津南段巡警总局表示感谢，并建议给予出力警员奖励：“前次办理改选议事会议员，承分传各局区照拂一切，所有调查选举资格、注册及行初选举各事宜诸臻妥叶，胥赖贵总局暨各学区乐与维持之力，感纫公谊，曷可言喻，用特肃函鸣谢。至四乡海河各局区员弁诸多襄劳，拟请由贵总局应如何酌予奖励，敬候钧裁，仍希传知各局区道达谢。”[③] 天津南段巡警总局接收了天津董事会的建议，给予各局区巡官一律记功一次：“查南段暨四乡襄办贵会改选议员，各局区巡官既据台函内开各著微劳，应一律记功一次，以示鼓励。”[④]

鉴于地方自治选区依照巡警区划节省了人力、物力、财力，并且可用巡警随时维持选举投票秩序等诸多方面的有利作用，宣统元年（1909年）直隶自治总局依据清政府颁布的《城镇乡地方自治章程》，拟定了直隶《城镇乡地方自治章程施行细则》八条，其中第三条明确规定：“城镇乡之区域，得由各厅州县就现在之巡警区划，有不便者，由各州县酌量分划，禀候核夺。”[⑤] 前有天津的成功经验，再有章程的明确规定，所以直隶地方自治区域划分大多依据现有之巡警区划，或者将巡警区划酌量更改与自治区划相统一。如望都县，

---

① 《请看谘议局投票期限》，载《大公报》宣统元年四月二十八日（1909年6月15日）。

② 《请看谘议局投票期限》，载《大公报》宣统元年四月二十八日（1909年6月15日）。

③ 《天津县董事会公布文件·天津南段巡警总局复本会函》，载《大公报》宣统元年八月二十日（1909年10月3日）。

④ 《天津县董事会公布文件·天津南段巡警总局复本会函》，载《大公报》宣统元年八月二十日（1909年10月3日）。

⑤ 《直隶自治总局拟定城镇乡地方自治章程施行细则》，甘厚慈：《北洋公牍类纂续编》，文海出版社1966年版，第96页。

“光绪三十四年开办自治，因五警区为五自治区”[①]。文安县，“自清光绪三十二年创办学警，全县划分十八区，至宣统二年，自治会成立，改为八区”[②]。涿县初划为十三区警区，后办理地方自治，将警区与自治区合并为九区，并实行警董制，民国时期才取消警董制改为区董制。民国《涿县志》记载：“考涿县初分十三区，后改九区，系行警董制。至民国四年，京兆尹王达通令各县选送士绅赴北京自治研究所肄业，毕业后分别委充为本县各区正副区董，前警董取消。”[③]

地方自治除在选举区域、投票所等方面借助警区、巡警局所外，宣讲地方自治知识、户口调查、卫生治理、道路工程等方面也有借助巡警之处。如肥乡县开办地方自治，四乡责令暂借巡警分局，责成各警董一律仿照城内演讲地方自治知识。[④] 至于户口调查，本是地方自治、议员选举的基础，“地方自治自应以清查户口为第一要务”[⑤]。清末直隶的户口调查工作主要是由巡警来执行的，这一点在前文已有详细论述，此处不再赘述。卫生治理、道路工程等也是地方自治的范畴。光绪三十四年（1908 年）清政府颁布《城镇乡地方自治章程》，规定城镇乡自治事宜有“本城镇乡之卫生：清洁道路、蠲除污秽、施医药局、医院医学堂、公园、戒烟会，其它关于本城镇乡卫生之事”“本城镇乡之道路工程：改正道路、修缮道路、建筑桥梁、疏通沟渠、建筑公用房屋、路灯，其它关于本城镇乡道路工程之事”。[⑥] 前文已经述及，卫生、道路工程治理是警察的职能之一，因此警政的先期兴办无疑在这些方面为地方自治做了准备工作。

此外，为推动地方自治，清政府决定由巡警道专司其事：“军机大臣核议各省地方自治，地方官具视为缓图，未能认真办理，殊于立宪前途大有关系。

---

① 《民国望都县志》卷三《建置志·区乡》（中国地方志集成·河北府县志辑·第 40 辑），上海书店出版社 2006 年版，第 54 页。

② 《民国文安县志》卷一《方舆志·乡镇》（中国地方志集成·河北府县志辑·第 29 辑），上海书店出版社 2006 年版，第 46 页。

③ 《民国涿县志》《第四编党政组织·第四卷自治》（中国地方志集成·河北府县志辑·第 26 辑），上海书店出版社 2006 年版，第 69 页。

④ 《内务·各省内务汇志》，载《东方杂志》第四年第六期（光绪三十三年六月二十五日发行），第 295 页。

⑤ 《广东汉军副督统奏条举立宪机宜折》，全国图书馆文献缩微复制中心：《清末官报汇编·政治官报》（光绪三十三年九月二十二日），新华书店 2006 年版，第 32735 页。

⑥ 《宪政编查馆奏核议城镇乡地方自治章程并令拟选举章程折（附清单）》，故宫博物院明清档案部编：《清末筹备立宪档案史料》（下册），中华书局 1979 年版，第 728 页。

拟令责成巡警道专司其事，随时调查劝道，以期日有进步。"[①] 同时，将地方自治的办理成绩作为巡警道考核的内容之一。巡警道"考核之法最注重者两事，（一）各该省警察要政推行之迟速，（二）地方自治办法之优劣。所有各巡警道之甄别去留，即以此为取决"[②]。地方自治成为巡警道职责范围内的事务，并且是考核的重要内容之一，这也使得巡警道不得不重视地方自治的办理，以巡警协助地方自治的兴办。

总之，警政在诸多方面为地方自治做了前期准备工作，对于清末地方自治的兴办具有不可替代的作用。

第二节　警政与地方士绅

士绅在中国近代社会，"构成成分复杂，指属范围比较广泛"[③]。这一群体在地方社会治理中扮演着重要角色，发挥着举足轻重的作用。他们在地方上享有很多特权，广泛地参与地方事务的管理，对地方事务具有很大的发言权和影响力，在地方上扮演着社会秩序的维护者、社会风气的教化者等多种角色。乔志强主编的《近代华北农村社会变迁》即指出："清代农村社会履行社会功能的中坚力量是士绅阶层，因为他们在当时社会中具有优越和特殊的社会地位。他们作为退休官僚或官僚阶级的预备人员，政治地位优越；他们所持的儒家伦理观念乃是当时占主导地位的价值观念，且能与政治制度一体化；他们一般都拥有一定数额的财产；他们保持着乡居和耕读的生活方式。这些特点使得他们在农村社会中享有较高的威望和影响力也使得他们具有履行各种社会功能的实际能力。"[④] 张仲礼也指出：绅士拥有种种特权，在社区与国家之间履行着司法、行政、治安、经济、教育等重要功能。[⑤] 萧公权在《中国乡村：19 世纪的帝国控制》一书中指出："士绅是乡村组织的基石，其实并不夸张。村庄可以，也确实曾在没有士绅的状态下存在，但没有士绅的村庄，很难有任何高度组织性的活动。"[⑥] 从众多学者的论述可见，士绅在社会治理中的角色与作用

---

① 《各省地方自治责成巡警道》，载《大公报》光绪三十四年三月十一日（1908 年 4 月 11 日）。

② 《巡警道考绩之实行》，载《大公报》宣统二年四月初二日（1910 年 5 月 10 日）。

③ 乔志强：《中国近代社会史》，人民出版社 1992 年版，第 173 页。

④ 乔志强主编：《近代华北农村社会变迁》，人民出版社 1998 年版，第 828 页。

⑤ ［美］张仲礼：《中国绅士：关于其在 19 世纪中国社会中作用的研究》，上海社会科学院出版社 2002 年版，第 54-74 页。

⑥ 萧公权：《中国农村：十九世纪帝国政权对人民的控制》，转引自黄宗智：《华北的小农经济与社会变迁》，中华书局 2009 年版，第 24 页。

举足轻重，无法替代，他们是官与民发生关系的中介，所谓“绅既借官势以欺民，官也靠绅力以施治，民既靠绅势以行事，绅也恃民力以拒官”①。因此，清末警政建设自然也离不开士绅的支持与参与。

地方士绅不但具有参与办理警政的能力，也有此方面的意愿。因为，他们“视自己家乡的福利增进和利益保护为己任”②，有着强烈的保护本地安全、维护本地治安的观念。近代以来，每次大的动乱地方士绅都会组织团练等组织，保卫地方安全。太平天国运动兴起后，清政府更是多次谕令各省督抚督饬地方官会同士绅举办团练，以资保卫。当时的著名巡抚胡林翼曾说道：“自寇乱以来，地方公事，官不能离绅士而有为。”③ 可见，兴办巡警、维持地方治安是符合他们这一观念的。而且士绅也希望借助警政建设等新政提升自己的威望，巩固自己的社会地位，获取一定的利益。因此，地方士绅对办理警政具有一定的积极性，一些士绅更是主动为办理警政捐款。

一方面士绅具有参与警政建设的能力和意愿，另一方面政府在警政建设中遇到了困难，需要地方士绅的支持和参与，需要借助士绅来解决。清末兴办警政面临着诸多困难，其最主要者有两个，一是人才缺乏，二是经费支绌，尤其是经费支绌问题自始至终一直未能解决。首先，人才缺乏。警察制度是个“舶来品”，是从西方引进的，中国本土并无任何基础，也就没有产生此项专门人才的土壤，只是到警察教育创办后一段时间这一问题才逐渐得到解决。因此，在警政创办之初的相当一段时间内，专项人才缺乏是其一大问题。在警政创办之前，兴办保甲、举办团练等，清政府是借助于地方士绅来进行的。兴办警政之初，清政府首先想到的也是借助地方士绅。其次，经费支绌。经费困难是清末新政的一大难题，也是警政的一大问题，自始至终困扰着警政的发展。清末地方警政经费不列入中央财政预算之内，均由各地方当局自行筹措，直隶省的办警经费也不例外。对于直隶各州县的办警经费，直隶省地方当局明确规定：“各州县创办巡警，皆由各该州县就地筹款，不得另请款项。”④ 但是，办理警政，服装、器械、办公场所、警员薪水等都需要银钱，如何筹措警政经费成为地方政府首选必须要考虑的问题。没有经费，警政的兴办就无法实现，只能是空谈，是纸上谈兵。解决的办法有什么呢？就是抽收各种捐税。光绪三十

---

① 王先明：《论近代社会中的绅士集团》，载《史学月刊》1989 年第 1 期。

② 张仲礼：《中国绅士：关于其在 19 世纪中国社会中作用的研究》，上海社会科学院出版社 2002 年版，第 54 页。

③ 胡林翼：《麻城县禀陈各局绅筹办捐输情形批》，《胡文忠公遗集》，沈云龙主编：《近代中国史料丛刊续编》第 34 辑，文海出版社 1985 年版，第 4298 页。

④ 《筹办通省巡警学堂通饬各州县遵行各项章程》，甘厚慈：《北洋公牍类纂,》文海出版社 1966 年版，第 526、527 页。

二年（1906年）直隶警务处对各州县的警费筹措方法做了统一规定，要求各地“以二十顷地公养巡警一名，倘地面瘠苦或再展为三十顷养一名”[①]。这样按土地征收警捐遂成定制。但是，直隶各州县的警费筹措方法实际上仍未能得到完全统一。无论是抽收各种捐税，还是按土地征收捐税，随粮带征，都离不开地方士绅的支持，“夫地方新政未有不由地方筹款者也，地方筹款未有不由官绅合办者也”[②]。这是因为，士绅在地方上拥有特殊的权威和地位，对本地也比较了解，筹款较易。因此，无论是解决人才缺乏问题，还是解决经费支绌问题，在地方警政建设尤其是办警之初，其最佳选择就是借助地方士绅，让他们参与进来。正如清末对警政具有相当经验的官员增韫（增韫，光绪三十一年之后先后担任直隶按察使、布政使并曾兼任直隶警务处督办，参与清末直隶警政的兴办；光绪三十四年调任浙江巡抚，积极办理浙江警政）所言：“筹办警务，一患于人才缺乏，一患于经费支绌”，于是办理警政不得不令各府厅州县“公举公正明达绅士充当巡董，协助就地筹款各事宜，盖以本地方之人办本地方之事，因势利导，自不致有隔阂之虞矣”。[③] 增韫这番话精练地点明了之所以要依靠地方士绅办理警政的原因。

正是因为士绅的广泛参与，直隶警政才得以迅速兴办，并取得了成绩。因此，直隶各州县请求褒奖本地办警出力之士绅如警董、区董的禀文数量非常多，而且每次保举人数比较多。如南和县，知县禀称该县警董国殿忠、侯赞元等办理警务不遗余力，国殿忠、侯赞元均恳奖给五品奖札。[④] 荣成县，县令禀称：警政“开办以来，盗贼敛迹，闾阎安堵，惟该董等精心擘画，力为训诲，日夜辛勤，不无微劳足录，似应择优请奖，拟恳宪恩将该警董马凤池、绅董周桐轩……赏给五品奖札，又警董候选知县郭文澜、五品顶戴杨国桢……赏给六品功牌”[⑤]。永年县，宣统元年闰二月（1909年4月）督宪一次即批准给予该县办警出力警董武用宾五品奖札；警董王尚义、程鸿图、常必胜，区董李懋

① 《直隶警务处详报遵札核定通省各州县巡警试办章程文并批》，甘厚慈：《北洋公牍类纂》，文海出版社1966年版，第648页。

② 《论丰润席捐事》，载《大公报》宣统元年十一月二十五日（19010年正月6日）。

③ 增韫：《奏为浙江省筹办巡警情形事》，中国第一历史档案馆馆藏档案，宫中档全宗，04—01—01—1093—014。

④ 《南和县保奖警董》，载《大公报》宣统元年十一月初二日（1909年12月14日）。

⑤ 《容城县牛令恒禀警董办理巡警著有成效请奖文并批》，全国图书馆文献缩微复制中心：《清末官报汇编·北洋官报》（宣统元年闰二月初四日），新华书店2006年版，第1460页。

功、田蔚然等五名由直隶警务处给匾额一方。① 吴桥县，宣统元年（1909年）禀请给予巡董王廷楷、赵文澜、曹廉勤五品奖札②；宣统二年（1910年）又禀请“巡警总董刘祖术老成望重，总核警费，切实和平，应请另札传谕嘉奖；警董文生温廷棻坐办收支，两年以来诚笃可靠，应请赏给五品奖札”③。

地方士绅广泛参与警政建设，不仅仅是直隶特有的情况，全国皆是。民政部曾指出：“各省州县乡镇警政，全赖有巡董维持，方克冀收成效。”④ 清末直隶地方士绅参与警政建设主要表现在三个方面：一是直接参与办理警政，二是为警政建设捐款，三是监督警政建设。

一、直接参与办理警政

清末直隶警政的兴办方式可分为两种，即官办和官督绅办。官办，如当今之警政，所有警政事项均由官方办理。官督绅办，即“官督其事，而以绅商参与其间”⑤，是指官方主办警政，总督警务，但是某些具体工作如筹款、发饷、募警等则由士绅来办理。在直隶，警政官办方式只有省城保定和通商大埠天津两大城市。这两地的位置重要，经济发达，人才济济，而且集全省之财力、物力、人力办理警政，因此可以实行官办的办警方式。官督绅办的办警方式为天津、保定之外的其他州县所采用，特别是乡镇办警更是如此。

官督绅办的办警方式创兴于天津四乡办警。当时规定，“殷富之区按五十户挑巡警一名，穷僻之区按百户挑巡警一名，责成村董各在本村挑选、保充……按天津四乡及海河一带之户数，分地方之贫富，约略合计募警七百二十四名。每名每月应给工食亦系勘酌地方情形，由村董核定，多在八、九元，少在四、五元。其款就用乡间向有之秋季青苗会、冬季支更费改办。如有不敷及军衣器械一切杂费，即以不入祀典庙田之有余者，酌量抽提。至若迎神、赛

① 《督宪批示录要》，全国图书馆文献缩微复制中心：《清末官报汇编·北洋官报》（宣统元年闰二月二十五日），新华书店2006年版，第1569页。

② 《吴桥县吕令调元禀请奖励警务员绅文并批》，全国图书馆文献缩微复制中心：《清末官报汇编·北洋官报》（宣统元年六月初十日），新华书店2006年版，第1793页。

③ 《吴桥县吕令调元禀办理警务出力员绅请分别奖励文并批》，全国图书馆文献缩微复制中心：《清末官报汇编·北洋官报》（宣统二年），新华书店2006年版，第2778页。

④ 《民政部拟甄查各省巡董》，载《大公报》宣统二年十一月二十九日（1910年12月30日）。

⑤ 《论警察利弊》，国家图书馆分馆编选：《（清末）时事采新汇选》（第5册），北京图书馆出版社2003年版，第2556页。

会、演戏一切无益之举，也一律改为巡警费。款皆责成绅董管理，官不经手”①。

官督绅办的方式解决了天津四乡在开办警政中所遇到的诸如筹款、募警等方面的难题，使得四乡巡警顺利兴办。直隶当局看到了这种方式的实效性，于是通谕各州县仿行办理：各州县兴办警政“尤在官督绅办，款须公同经管，不须官人经手”②。在官方倡导和实际需要的作用下，官督绅办这一办警方式在直隶全省广大州县、乡镇开始推广。在笔者所见到的直隶各州县呈直隶总督及直隶警务处的办警禀件和各州县的县志中，大都提到了本地士绅参与警政之事。例如，青县，“举地方绅士一人为警董，办理筹款事项”③。高邑县，巡警局“设警董一人，管理警款出纳事宜”④。安平县，办警分全县为十二区“每区设分局一处，遴选绅士中粗通警务者派充警董”⑤。无极县，“清末创办警政，县公署因令各村按银两多寡派警款，招警兵，散居各村，村有警董，掌理事务”⑥。赵州四乡办理巡警，规定“区长专办地方警察之事，警董经理筹款领发薪饷之事”⑦。大名，规定“巡官专管警务，警董但监察局务而不预警政，划开权限，以免争执”⑧。卢龙县和开州更明确地提到了官督绅办的方式。卢龙县令曹琳在禀件中说：“官督绅办，概不假手胥役，以免流弊。应派区长，总局则以公正城绅充之，各分局则以公正乡绅充之。此外，按段添派警董一二

---

① 《天津四乡巡警现行章程》，甘厚慈：《北洋公牍类纂》，文海出版社1966年版，第634页。

② 《藩臬两司会详通饬各属赶办巡警文并批》，载《大公报》光绪三十一年十二月二十四日（1906年正月18日）。

③ 《民国青县志》卷七《经制志·时政篇·警务》（中国地方志集成·河北府县志辑·第46辑），上海书店出版社2006年版，第208页。

④ 《民国高邑县志》卷三《行政志·组织》（中国地方志集成·河北府县志辑·第7辑），上海书店出版社2006年版，第37页。

⑤ 《安平县金令永禀整顿全境巡警文并批》，甘厚慈：《北洋公牍类纂》，文海出版社1966年版，第673、674页。

⑥ 《民国重修无极县志》卷一《建置志·武备》（中国地方志集成·河北府县志辑·第8辑），上海书店出版社2006年版，第365页。

⑦ 《赵州四乡巡警办法》，甘厚慈：《北洋公牍类纂》，文海出版社1966年版，第680页。

⑧ 《大名县李令绮青禀奉饬改良巡警情形文并批》，全国图书馆文献缩微复制中心：《清末官报汇编·北洋官报》（光绪三十四年正月二十九日），新华书店2006年版，第877页。

人，专司收支款目。”① 开州，“慎选绅董，招募兵丁，遵照定章一律开办，计城内中区建设三局，由官督绅总司其事”②。宣统二年（1910年），顺天府整顿警政，“于各属添派巡官，以巡官行职务，以绅董管收支，而皆受监督于州县”③。直隶巡警道设置后，巡警道还以官方正式发文对官督绅办这一方式予以明确：“至于部定官制而外，各属皆以警董综核度支办法未尝不善，但警款须汇归理财所一处，经理警款者须公举总理一员，各村或酌设分董帮同劝办，但全属出入款项必须责成总董经理，各该地方官与警务长均有监督考核之责。”④

顺直谘议局更是将官督绅办这一方式视为直隶各州县办理警政的既定方针。热河办理警政没有设置警董，顺直谘议局就此提出异议，并成为谘议局议案，《议决热河学堂警务照章选用士绅案》，并提出了复议《复议热河学堂警务照章选用士绅案》。顺直谘议局指出：“去年会期议决热河学堂警务照章选用士绅一案，蒙督部堂答准热河都统咨复各节行局查照等因。奉此。查学警为宪政要图，一省之中无论为府为厅为州为县必须一脉相承，如身使臂，如臂使指，方能收道一风同之效，万不能此界彼疆，自为风气。乃查热河都统原咨有与时事法理未尽吻合者，谨再缕晰陈之……又称热河巡警系咨奉部章，职务内并无警董名目，应用各款向由都统于税捐项下筹拨，本地士绅并无分文补助，亦与厅州县由士绅筹收警款，必须派董经理者不同，热河情形较异，自未便相提并论等语。查热河巡警经费悉从粮捐、木、炭、车、船、磨等捐项下拨充，当经财政局详报有案。粮捐确系公益，附捐木、炭、车、船、磨等又系公益。特捐款既出之地方，犹谓地方无公文之补助。不知他厅州县由绅筹收警款，于地方必须派董经理者，与此项有何区别？何以必谓无须设董？如谓创始由官，未假绅手，地方即不许过问，立宪国家恐无此政体。且官筹之款何一非来自地方，是无论由官由绅其来源固皆一致。所谓未便相提并论者，其理由何在？此不合者三。即张家口奏设工程巡警局以察哈尔都统为督办，亦有警董之名，何以热河章程独异？查局章第二十一条，凡本省单行章程规则本局有议决之权。总之热河僻居边陲，自提倡新政以来，财政之艰尤非内地可比，况此后推广自

① 《卢龙县兼充巡警提调曹令琳禀筹办城乡巡警遵章拟定简明规则呈核文并批》，甘厚慈：《北洋公牍类纂》，文海出版社1966年版，第692页。

② 《内务·各省内务汇志·直隶》，载《东方杂志》第五年第二期（光绪三十四年二月二十五日发行），第135页。

③ 《顺天府奏整顿顺属州县巡警并创置警务公所改编马巡探访队办法折》，载《江南警务杂志》1910年第6期。

④ 《巡警道通饬各厅州县按章划分区域及一切改良办法填表具报备查文》，载《直隶警察杂志》第二期，宣统二年九月初一发行。

治需款尤殷，倘立法未臻完善，不特巨款虚糜，即一切新政均难望有起色。理合据理再陈，仍请查照原议，将热河……巡警局一律添派警董，庶几款归实用，事有专责，教育操防必能逐渐发达，地方幸甚。为此，公同议决，呈候公布施行。"[①] 对于顺直谘议局的议案，宣统三年三月（1911 年 4 月）直隶总督陈夔龙答复："直隶全省警款多由民间负担，是以设有警董专司经管警款，并不干预行政。"[②] 可见官督绅办这一办警方式伴随了直隶警政的始终。

官督绅办这一办警方式中，"绅"即警董、区董，其产生主要有两种方式。一是官方直接授权，由县令委任。如安平县办警，"遴选绅士中粗通警务者派充警董"[③]；新河县，光绪三十二年（1906 年）办警，"委邑绅孟有麟、崔梦熊为董事管理之"[④]；香河县光绪三十年（1904 年）设立警局，由知县委任总董、副董，十六保各举分董。二是选举产生。当然并不是人人都有选举权和被选举权，只有地方士绅、村董等有这样的权利。如元氏县，"每村设警董二，由公民公举"[⑤]。蠡县，警董选举省城警务学堂毕业生刘绍镛等二名充当，区董选举司德兴等六员充当。[⑥] 安平县，光绪三十四年（1908 年）总董李佩兰因病告退，需要再次公选警董。该县令即"遵照宪处禀，遵章催饬，令巡官传知四乡分局区长、警董并绅耆学界于六月二十五日投票公举"[⑦]。经过选举，该县河漕村分局警董武举刘锡朋得到四十八票，为最多，于是刘锡朋被委任为巡警局总董。保定四乡办理警政时制定了《保定四乡巡警各局应设巡董分任局事章程》，明确规定：警董由各警区所辖各村正副并董事投票选举产生，而且必须是"家道殷实"之绅，否则即使"得票较多仍免派充"。[⑧]

官督绅办这一办警方式中，警董的主要职责是筹款，这也是官督绅办这一

① 《覆议热河学堂警务照章选用士绅案》，载《大公报》宣统三年二月二十六日（1911 年 3 月 26 日）。

② 《督部堂陈答复呈覆热河学堂警务照章选用士绅案文》，载《大公报》宣统三年三月二十一日（1911 年 4 月 19 日）。

③ 《安平县金令永禀整顿全境巡警文并批》，甘厚慈：《北洋公牍类纂》，文海出版社 1966 年版，第 674 页。

④ 《民国新河县志》《经政考七・军警门》（中国地方志集成・河北府县志辑・第 71 辑），上海书店出版社 2006 年版，第 422 页。

⑤ 《民国元氏县志》《行政・公安局》（中国地方志集成・河北府县志辑・第 9 辑），上海书店出版社 2006 年版，第 319 页。

⑥ 《蠡县高令景祺禀办理全境巡警呈送章程文并批》，甘厚慈：《北洋公牍类纂》，文海出版社 1966 年版，第 689 页。

⑦ 《选举巡警总董》，载《大公报》光绪三十四年八月初一日（1908 年 8 月 27 日）。

⑧ 《保定四乡巡警各局应设巡董分任局事章程》，甘厚慈：《北洋公牍类纂》，文海出版社 1966 年版，第 554 页。

办警方式产生的主要原因之一。吴桥县县令即指出："警务得力，一在巡官得人，一在巡董之筹款。"① 清河县县令也指出："卑县地仅东西南三路，北则距城不远即属南宫县界，约计管辖三百余村，又系著名瘠区，当时办理警务，事事草创，风气锢弊，筹款甚难，使非有公正明干之绅董相助为理，不易为功。"② 盐山县办理警政，警董"皆以本县士绅充之，以督催四乡警费"③。临榆县，"所有一切经费由本地方措办，每堡设警董一名，专司筹款事宜"④。除筹款职责之外，警董还有其他一些职责，如管理警款与发饷、置办军装、招募警员等。例如，束鹿县，巡警费"由巡董经管……各该巡警薪饷统由巡董发给"⑤。赵州四乡，"警董经理筹款、领发薪饷之事"⑥。蠡县，"警董管各分局进出款项，倘各村延不交钱或滥行开支、藉端苛派，准警董查实指名禀县，以凭究办"⑦。涞水县，"其城外关厢地面亦饬由绅董方骏臣等设立分局，招募警兵，遵章举办"⑧。保定四乡，警董"专理发饷，置办军装及收存各村所摊巡警经费"等事，其经费"如有至期未交来者"，警董有"催索之责"。⑨ 此外，监督巡警官兵也是警董的一项重要职责，但是警董只有监督职责，并不能决定违犯警章之巡警的去留处罚。例如，卢龙县规定"巡兵多系新募不谙警章，倘有不遵约束或恃巡警为护符、鱼肉乡民、放赌庇匪者，应由该区长、警董随

---

① 《吴桥县吕令调元禀请奖励警务员绅文并批》，全国图书馆文献缩微复制中心：《清末官报汇编·北洋官报》（宣统元年六月初十日），新华书店2006年版，第1793页。

② 《清河县梁令成哲禀警董张鸣宸等办理警务著有成效请分别给奖文并批》，全国图书馆文献缩微复制中心：《清末官报汇编·北洋官报》（宣统元年十月十三日），新华书店2006年版，第2268页。

③ 《民国盐山新志》卷十《法制略·新政篇七》（中国地方志集成·河北府县志辑·第43辑），上海书店出版社2006年版，第199页。

④ 《民国临榆县志》卷十二《武备篇·营制》（中国地方志集成·河北府县志辑·第21辑），上海书店出版社2006年版，第562页。

⑤ 《束鹿县禀开办警察临时会议缘由呈送清折文并批》，全国图书馆文献缩微复制中心：《清末官报汇编·北洋官报》（宣统元年正月初十日），新华书店2006年版，第1189页。

⑥ 《赵州四乡巡警办法》，甘厚慈：《北洋公牍类纂》，文海出版社1966年版，第680页。

⑦ 《蠡县高令景祺禀办理全境巡警呈送章程文并批》，甘厚慈：《北洋公牍类纂》，文海出版社1966年版，第691页。

⑧ 《涞水县汪令嘉棨详现办巡警情形暨所筹经费文并批》，甘厚慈：《北洋公牍类纂》，文海出版社1966年版，第683页。

⑨ 《保定四乡巡警各局应设巡董分任局事章程》，甘厚慈：《北洋公牍类纂》文海出版社1966年版，第554页。

时查明，立即知会总局，禀县究办”[①]。蠡县规定，“巡官、警董总理各局区警务事宜，倘各局区区长、巡兵人等有违警章，准警董协同巡官据实禀县，以定去留”[②]。广昌县警董马汝海等曾向直隶警务处禀控区长郭毓镜舞弊，肃宁县一区巡董杨绍武曾向直隶警务处痛陈该区警员劣迹。

二、督促警政建设

如前所述，任职警董、巡董的地方士绅，其对警政的监督是有法规明确的。对于那些不在警局任职的地方士绅来说，他们对于警政的督促主要是通过三种途径实现的。一是向警局、州县等官员禀陈；二是向议事会、董事会或谘议局建言，借此影响政府；三是通过报纸揭露警政弊端，提出改良意见等。

向警局、州县官员禀陈是士绅监督地方事务的一种传统方式，是士绅代表民众与官方的一种直接沟通方式。如任丘县警务长王朝烈，令其妻弟徐长顺串通剃头匠王凤岗，盗卖军装，被当地绅民查知，于是“阖邑绅民人等赴县禀控，并将买回军衣三身送案查究，复邮禀警宪大人查办”[③]。顺天府宁河县职绅冯永源向顺天府尹禀控，该县乡间巡警俱以无赖游民充当，借势滋扰，民受其累。顺天府尹收到禀控后，即札行宁河县县令查明是否属实。[④] 磁州巡官袁瑞侵利揽权、假公济私、劣迹多端，多次被当地士绅禀控：“光绪三十一年七月，举人薛省三等禀伊吞公便私，有败学界一案；又有举人王宾圭等禀伊擅费公款一案；光绪三十三年八月四乡绅士路鹤龄等禀伊轻身败节，见利忘义，因私害公，不堪巡官一案，内有袁瑞擅减警款，因私废公，隔阂之由实从此起等语；今年正月因断铜元，城内又有告伊之案；又有木匠行公禀伊浮派捐款，尽归私囊。”[⑤] 完县文生郝受益等因该县三街蒙学拨用原属于巡警经费的花捐，恐影响本县警政建设，于是上禀直隶警务处，请其饬县仍将花捐全归巡警局[⑥]。类似的上述事件，《大公报》等历史资料中多有记载。

向议事会、董事会或谘议局建言，借此影响政府，督促警政建设，是近代地方自治兴起后，地方士绅督促警政建设的一种新途径。这一途径的效率相对较高，对地方官府的影响较大。因为如前所述，议事会、董事会、谘议局本身

---

① 《卢龙县拟呈创设城乡巡警简明规则》，甘厚慈：《北洋公牍类纂》，文海出版社1966年版，第694、695页。

② 《蠡县高令景祺禀办理全境巡警呈送章程文并批》，甘厚慈：《北洋公牍类纂》，文海出版社1966年版，第689页。

③ 《禀请究办擅卖军衣》，载《大公报》宣统三年七月十一日（1911年9月3日）。

④ 《禀陈警政滋事》，载《大公报》宣统元年闰二月初七日（1909年3月28日）。

⑤ 《饬查巡官劣迹》，载《大公报》光绪三十四年九月十八日（1908年10月12日）。

⑥ 《禀请拨用花捐》，载《大公报》光绪三十四年八月初十日（1908年9月5日）。

具有监督地方政府施政的权力，对地方警政建设具有很大的影响，而清末议员的选举条件决定了议员非绅即商。近代以来绅、商是互相流动的，有的学者将二者合称为绅商阶层，如马敏教授①、马小泉教授②等人。议员来自于士绅或者绅商，与地方士绅接触密切，以便于沟通。因此，在近代地方自治兴起后，向议事会、董事会或谘议局建言，成为地方士绅督促警政建设的一条重要途径。如天津士绅刘孟杨认为南段巡警总局委置坐办等员过多，人浮于事，虚糜经费，于是向议事会投递说帖，请议事会照章议办："议事会议长、议员诸公台鉴，窃查警察为地方之新政，设局办事与从前各种局所不同。天津南段警务创办之初，总局只设一总办、一提调，经营擘画，措置裕如。乃日久弊生，顿然旧习。现在南段巡警总局总办之外，有会办、有帮办、有坐办，而坐办竟至三员之多，不但一国六公使所属无遵循之准，而薪公所费太巨，地方上之财政亦隐受其亏。孟扬前曾充该总局课长三年，窃以为该局如设一通晓警务、专任办事之总办，再辅以精明干练之提调，悉心经理，足能游刃有余。即或因近年事务较繁，再加派一会办或帮办足矣。乃今日该局总办、会办、帮办之外，又设坐办三员之多，殊于地方新政前途大有妨碍。谨查地方自治章程第二十八条第二项，自治事务如教育、实业、工程、水利、救恤、消防、卫生、市场、警察等类之创设改良并其方法事均属于议事会应行议决之范围；又第三十一条，关于本地警察之创设改良，议事会得商请该管官署酌办。今天津南段巡警总局委置坐办等员如此之多，该员等薪公不能谓不属之警察费，而警察费均属民脂民膏，似此任情糜滥地方，议会应有干涉之权。拟请贵会照章议决；或查照地方自治章程第二十八条第二项及第三十一条，商请督宪改良；或查照第三十三条上书督宪，质问其理由。惟现在该局坐办三员系经前督宪端及护督宪崔先后札委，今督宪陈方始莅任，似即以商请改良为宜。孟扬为维持地方新政起见，故敢不避嫌怨，冒昧上言，务乞贵会照章议办，以维警察要政，实为公便。"③天津县文童宋崇祺因见"河北榷署后三太爷庙，每月朔望烧香男女云集，良莠不齐。在娼妓烧香，意图饵客，不顾廉耻，引人揶揄，而良家妇女亦艳抹浓妆，与之混杂，致引无知少年在该庙内外结群排立，品头评足，戏谑任情，往往酿奸拐事端。似此情形，该庙适成为诲淫之区处。且妇女进庙烧香久在禁例，倘再任该庙淫祀照常，实贻地方两种隐患。一，各商家执事人半属青年，

① 马敏：《官商之间：社会巨变中的近代绅商》，华中师范大学出版社2004年版。

② 马小泉：《地方自治：晚清新式绅商的公民意识与政治参与》，载《天津社会科学》1997年第4期。

③《刘孟扬为南段巡警总局事上议事会说帖》，载《大公报》宣统元年十一月二十一日（1910年正月2日）。

往往假烧香名目以图渔色，由是大开嫖戒，致亏空者实繁有徒，其扰害商务关系利源匪浅；一，良家青年妇女血气未定，赴该庙烧香，观此淫奢情形，最易乱其心志，或背夫与人私逃，或嫌贫变良为娼，淫奢风炽，其俗又何堪设想。究其原因，由该庙诲淫起点。言念及此，该庙实为津郡孟贼。况童居与该庙同区，目睹情形，殊伤风化”。于是，向天津县议事会投递说帖，恳请议事会提议，转请天津南段巡警总局，出示严禁良家妇女及娼妓赴该庙烧香，以破除迷信而保治安。天津县议事会认同宋崇祺的意见，并据此备文移请天津南段巡警总局严禁民众赴该庙烧香：“查三太爷庙并未载诸祀典，祈以愚民借神惑众，从中渔利，以致该庙香火日繁。每逢朔望不但娼妓假托进香，冶容诲淫，即良家妇女渐亦浓妆入庙，相习成风，而无知少年又复游荡其中，借娱心目，非严行禁止，恐于风俗人心大有关碍。应请广垂厉禁，无论何项人民均不得入该庙烧香，以端风化而清闾阎。敝会本有维持风教之责，兹据该文童声请示禁前来，理合备文移请贵局严禁施行，实为公便。”①

在近代报刊兴起后，通过报纸揭露警政弊端、提出改良意见成为士绅督促警政建设的又一重要途径。与前两条途径相比，这一途径无法与政府官员直接沟通，所以效果受到影响，但是却可以畅所欲言，基本上不受限制，而且它也能在一定程度上产生影响，因为官方对报刊报道之事也不是不闻不问的。《天津南段巡警总局现行章程》规定：值日所庶务课责任之一是，“详阅各报，遇有关系警察事件加盖呈阅图章，已经办理者盖一办字，应行访查者盖一查字，录出交稽查员往查，随将查复情形具禀呈候批示。每日各报阅毕后即呈总监阅看，阅毕交下存查”②。天津《大公报》就经常刊载警务文章，以期引起警界重视，使警政日臻完善。光绪二十八年九月（1902 年 10 月），针对天津巡警兴办以来，“盗贼滋扰之事时有所闻，段内居民仍有夜不安枕之势”，提出“整顿巡警条议”五条：兵宜熟悉地方、兵数宜增、兵皆持械、家置巡哨、宜立赏罚。③ 光绪三十年十一月（1904 年 12 月），针对巡官中“竟有擅自用刑罚、惩责无度”之现象，有士绅提出巡官责人宜定限制，并且要对轻重犯人的惩罚制定规则，不应惩罚无度：“夫巡官执行刑罚，固为辅助之职务所宜然，然以身犯微罪之人而擅责重刑，以致之死地，揆诸警察制度得毋谬乎。今

---

① 《天津县议事会公布文件致天津巡警总局文》，载《大公报》宣统元年八月初十日（1909 年 9 月 23 日）。

② 《天津南段巡警总局现行章程》，甘厚慈：《北洋公牍类纂》，文海出版社 1966 年版，第 563 页。

③ 《整顿巡警条议》，载《大公报》光绪二十八年九月二十一日（1902 年 10 月 22 日）。

宜由总办定以限制，凡重犯宜送总局惩办，巡官不得擅自处治；其轻罪责释之犯，至多不得过若干棍。不然若任其所为，不予以限制，将来必至有滥用非刑而累及无辜者，是不可不防之于微也。”① 光绪三十三年十二月（1908 年 1 月），有人针对天津“自入冬以来，抢窃之案在所不免，防范虽甚严紧，而地面仍难保”的情形，指出这种状况既不是警员不尽职，也不是捕务废弛，“盖法必因时而变，事必逐渐改良，天津之警务固甚完善，然苟故步自封，不求进益，恐将日趋腐败，大违创设之初心。今就其牢牢大端，急宜改良者，约略陈之，以冀当道之采择焉”②。他提出三点建议，区址宜重为划分、夜岗易改为会哨、奖赏宜重于惩罚。光绪三十四年正月（1908 年 2 月），有士绅针对巡警经费筹措问题，提出令各州县广栽树木，将来伐卖作为警款的意见：地方警政“各府厅州县或仍未举办，或办而有名无实，或反复扰索。推原其故，皆由于款项不足。今欲筹当年经费以办巡警，莫如辟各地固有之利，以卫各地之民。何言之？如官衙之隙旷者随在皆有，如官道、城池、诸衙署其两旁暨内外间，饬令栽种杨柳易生之木，夹列而不留空地，不过十年，蔚为成材，择其较巨者，隔间砍伐，一律补栽，莫大之利源以启。近虽屡饬州县种树，但皆阳奉阴违，尝见校阅期近，该县知上宪亲临其地，急于城外隙地密植树秧，以后树之全活者十无一二。拟请由该管衙门札饬各属县及城守，遴选公正绅士合办种植，再派暗委巡查，实则赏，虚则罚。十年后可得巨款，专储以为巡警之用，则警款有资，不取求于商富，而善政可以通行”③。

三、为警政建设捐款

士绅不但担任警董、巡董，直接参与警政建设，出面筹款，而且有些士绅还慷慨解囊，捐助警费。如东明县人待诏衔附生刘钺“因该县巡警筹款维艰，捐助经费银四千两”④。西宁县人四品职衔前广西浔洲木梓通判井应斗“因该县巡警经费支绌，捐助银二千一百二十五两”⑤。安肃县南庄头村村正旗人觉

① 《论巡官责人宜定限制》，载《大公报》光绪三十年十一月初六日（1904 年 12 月 12 日）。

② 《改良天津警务议》，载《大公报》光绪三十三年十二月初八日（1908 年 1 月 11 日）。

③ 《立宪祛障录》，载《大公报》二千号祝典增刊，光绪三十四年正月初九日（1908 年 2 月 10 日）。

④ 杨士骧：《奏报绅士刘钺井应斗捐输巡警经费请奖叙事》，中国第一历史档案馆馆藏档案，宫中档全宗，档案号：04—01—35—0705—027。

⑤ 杨士骧：《奏报绅士刘钺井应斗捐输巡警经费请奖叙事》，中国第一历史档案馆馆藏档案，宫中档全宗，档案号：04—01—35—0705—027。

罗常秀，“因警款亏累，慨捐京钱百吊，以助饷糈”①。东安县区董张海山办理警政出力，并且捐助警费银四百八十两。② 南和县童生杨麟瑞、苏显名、杨名琴、张青选、孙景康等五人捐助警费，直隶警务处请示督宪给予杨麟瑞七品功牌，其他四人给予九品功牌。③ 安州修造中区巡警局所，绅士田廷柏、杨增劝捐巨款。④ 南乐县赞礼生乔金堂捐助警款京钱二百吊。⑤ 密云县办警，警局由知县陆嘉藻和士绅宁权、张曾共同筹资建立。⑥ 乐亭县兴办巡警，“武生杜秀章报效警费”⑦。赵州兴办警政，宣统二年（1910 年）冬季来临之际，“巡警身无皮衣，不便昼夜梭巡，查巡警饷费本属竭蹶，此项不敷之款未能禀请挪用，董等正在仰屋兴叹、束手无策之际”，该州南三相村村正王凤鸣因见经费支绌，筹措为难，捐助京钱二百二十吊。于是，该州巡警局用此款购买皮衣十余件，冬日巡警巡查服装条件得以改善。为此，赵州特向巡警道禀请给予奖励，并希望以此激励更多人捐助警款：“王凤鸣家仅中资，竟不惜重财，解囊慨捐，非有意邀奖，而满腔热诚殊堪嘉尚，似未可没其急公好义之忱。伏祈逾格转请赏给五品奖札，以昭激励而维警政。如蒙允准，将来继起乐输者未必不接踵而至，于警政前途不无小补矣。”⑧

清末，直隶警政兴办过程中士绅的广泛参与是必不可少的。但是，士绅在多方面促进警政建设的同时，也给警政建设带来了一些负面影响。因为，人的素质高低是不同的，士绅也不都是高素质的，其中也有不少劣绅，尤其是到了近代，由于捐纳制度的泛滥等原因导致士绅集团中人员身份构成及素质构成的

---

① 《警务处详据安肃县曾令详该县村正觉罗常秀慨捐警费请奖励文并批》，全国图书馆文献缩微复制中心：《清末官报汇编·北洋官报》（宣统元年十月二十四日），新华书店 2006 年版，第 2325 页。

② 《警务处详覆核明东安县区董张海山捐助警款请奖一案文并批》，全国图书馆文献缩微复制中心：《清末官报汇编·北洋官报》（宣统元年五月初四日），新华书店 2006 年版，第 1618 页。

③ 《督宪批示录要》，全国图书馆文献缩微复制中心：《清末官报汇编·北洋官报》（宣统元年七月二十日），新华书店 2006 年版，第 2000 页。

④ 《核奖安州出力警董》，载《直隶警察杂志》第一期，宣统二年八月十六日发行。

⑤ 《直隶巡警道详据赵州详村正王凤鸣慨捐巨款请给奖文并批》，载《直隶警察杂志》第四期，宣统二年十月初一日发行。

⑥ 《民国密云县志》卷五之二《警务》（中国地方志集成·北京府县志辑·第 6 辑），上海书店出版社 2002 年版，第 88 页。

⑦ 《督宪批示录要》，全国图书馆文献缩微复制中心：《清末官报汇编·北洋官报》（宣统元年正月二十七日），新华书店 2006 年版，第 1275 页。

⑧ 《直隶巡警道详据赵州详村正王凤鸣慨捐巨款请给奖文并批》，载《直隶警察杂志》第四期，宣统二年十月初一日发行。

变化，很多劣衿败绅也充斥于其中。这些劣绅假公济私，仗势欺人，对包括警政在内的新政推行产生了一定的负面影响。“观今日地方热心之士，或创办一学堂，藉以指赖公款；或振兴一善举，藉以苛敛民财，美其名曰提倡公益，号于众曰一意维新，其实假公济私，损人利己，仰事俯畜之资，舍此别无他出。甚至有家道贫寒，毫无凭借，仅恃官吏虚衔，奔走运动，或挂名于新政之局所，月得数百金，或托身于公共团体，气压数百人，如此辈者亦居然为缙绅之家，负乡里之望，遇有地方公务，非其人出首不可焉，不亦可怪也哉！”[①]《时报》也刊文说：“各省绅士除自好之士不理外事者外，其办事者大率贪诈无耻，恃官势以凌乡里，复挟众以抗官，其甚者私结外人，盗卖土地，为乡人之所发指，盖此辈平素本不安分，其鱼肉乡民掠夺财产业已视为固然，特以慑于官威，不能无所顾忌，今既获正大之题目，如开学堂、开矿寺事，于是利用之以行其欺诈之手段，把持一切，无所不为。”[②] 御史萧丙炎在宣统三年的一份奏折中痛陈道：“臣闻各省办理地方自治，督抚委其责于州县，州县复委其责于乡绅，乡绅中公正廉明之士，往往视为畏途，而劣监刁生，运动投票，得为职员及议员与董事者，转居多数。以此多数刁生劣监，平日不谙自治章程，不识自治原理，一旦逞其鱼肉乡民之故技，以之办理自治，或急于进行而失之操切，或拘于表面而失之铺张，或假借公威为欺辱私人之计，或巧立名目为侵蚀肥己之谋，甚者勾通衙役青差，交结地方长官，藉端牟利，朋比为奸。”[③] 可见，老一辈的拥有强烈乡土观念的正绅已经退避三舍，在逐渐减少，而劣衿败绅日渐增多，并占据了乡村领导位置。这些劣衿败绅在警政建设中不可能发挥良好的作用，只能是带来负面的影响。《大公报》对警政建设中这些劣绅劣迹也是多有报道，如光绪三十年九月十二日（1904 年 10 月 20 日）报道：天津县新城村正王文宗，借办巡警为名，蒙混请提村公款拨充经费，勒提三清宫、关帝庙产业及集仁痘局公款，被关帝庙道士和集仁局董陈连昌等先后具禀到县告发。[④] 光绪三十四年二月二十八日（1908 年 3 月 30 日）报道：宣化府赤城县海城东北青泉堡镇警董程启泰，本是无赖，滥施刑罚，罚款私收，侵吞公款，“剥民之脂膏而吸以中饱，鱼肉乡里罪已不赦……种种狼食狗盗笔不胜书，况武断乡曲，人人敢怒而不敢言，唯隐以混号曰独霸天、曰狗稀屎，肖其

① 《论扩张绅权必要之条件》，载《大公报》宣统元年三月初十一日（1909 年 4 月 30 日）。

② 《论官绅为新政之蠹》，国家图书馆分馆编选：《（清末）时事采新汇选》（第 11 册），北京图书馆出版社 2003 年版，第 5868 页。

③ 《御史萧丙炎奏各省办理地方自治流弊滋大拟请严加整顿折》，故宫博物院明清档案部编：《清末筹立宪档案史料》（下册），中华书局 1979 年版，第 757 页。

④ 《天津县示》，载《大公报》光绪三十年九月十二日（1904 年 10 月 20 日）。

臭恶不可近而已"[①]。光绪三十四年六月二十一日（1908 年 7 月 19 日）报道："武清县梅厂镇警董常金鑑，因筹款与该镇铁铺李某大起冲突，该警董喝巡警四人各持棒棍，找至李某门首打骂，并云县官派我办警务，你若不遵，先打后禀。李某之母畏威，于十四日早自缢，幸路人救下，许久始甦。"[②] 光绪三十四年九月十二日（1908 年 10 月 6 日）报道了宣化府东汛巡官曹赞相等联结多人禀称张理厅警董史化南、郝长久，目不识丁，均称土豪，侵吞公款等事。[③] 直隶束鹿县令也指出："卑县从前巡警兵饷其权尽操各村正副之手，该村正副等公正廉明、能悉警章者虽间有人，而贪污卑鄙、假公济私、不知警章为何物者比比皆然。以不识警章之人而令办警察之事，不特南辕北辙，而嘘糜饷糈，迁延时日，决无起色之可言。"[④]《大公报》所载《论绅权》一文中更是尖锐地批评劣绅："官之网利向有所不尽者，可藉绅力以佽之。官之渔民向有所不敢发者，可假绅手以行之。官得绅而其恶愈肆，绅倚官而其毒愈滋，惟意所向无不如志，是绅者一变名之隶也。自有此绅……巡警逐变为官之快壮。"[⑤] 因此，在直隶各地反抗警政的事件中，由这些劣绅所激起的也不在少数。宣统元年八月（1909 年 9 月），直隶丰润县民众数千人暴动，反对提高学堂、巡警等新政捐税，提出了"毁学杀绅"的口号[⑥]。宣统二年六月（1910 年 7 月），直隶易州乡民暴动，反对加捐办理学堂、警察，提出了"将自治员、警务董治以死罪，永不许若辈再办学堂、巡警等事"[⑦] 的要求。可见，乡民对劣绅已恨之入骨。有鉴于此，宣统二年六月（1910 年 7 月）清廷谕令："各省举行新政，就地筹款，如学堂、巡警诸务，原以本地方之财用办本地方之公益，而地方自治，即以此为根基……乃闻不肖州县，平时上下隔绝，于行政筹款等事不加体察，委之地方绅董。绅士之贤者，或洁身引避，不愿与闻；或亦热心公益，出力办事，而凭借官势，不谅舆情；甚或借端抑勒，挟私自肥。百姓以为

---

① 《赤城巡董恶劣现象》，载《大公报》光绪三十四年二月二十八日（1908 年 3 月 30 日）。

② 《巡警病民》，载《大公报》光绪三十四年六月二十一日（1908 年 7 月 19 日）。

③ 《札文照录》，载《大公报》光绪三十四年九月十二日（1908 年 10 月 6 日）。

④ 《束鹿县禀开办警察临时会议缘由呈送清折文并批》，全国图书馆文献缩微复制中心：《清末官报汇编 · 北洋官报》（宣统元年正月初十日），新华书店 2006 年版，第 1188 页。

⑤ 《论绅权》，载《大公报》光绪三十三年四月二十三日（1907 年 6 月 3 日）。

⑥ 《记事 · 直隶丰台乡民抗捐记事》，载《东方杂志》第六年第十一期（宣统元年十月二十五日发行），第 350 页。

⑦ 张振鹤、丁原英：《清末民变年表》（下），中国社会科学院近代史研究所近代史资料编辑：《近代史资料》总 40 号，中国社会出版社 1983 年版，第 103 页。

厉己，则怨窦丛生，驯至布散谣言，酿成事变。”因此，命令各省督抚“务当慎选牧令”，州县地方官要“善用士绅”。[①] 同年十一月（1910年12月），民政部也指出，“乃现闻各省所选巡董，多有劣绅市侩从中把持，转致滋生阻碍”，因此“拟即由部派员前赴各省，会同巡警道，详细甄查各巡董是否称职，并厘定应具之资格，以期实行整顿”。[②]

由上述分析可知，清末直隶警政建设中，地方士绅既有一定的贡献，也带来了一些负面影响和不安定因素。但总的来说，士绅作用是不可替代的，他们不但直接参与警政建设，在其中担任警董、巡董，为警政建设筹款募饷，而且还为警政建设慷慨捐款，并通过多种途径督促警政建设，提出各种改良意见。如果没有地方士绅的参与，清末直隶警政的兴办是很难想象的。正如时人所说：“非官绅同德一心，则警政万无起色，警政不立，官绅不合，则朝廷所期徐树立宪政基础亦无可望。”[③]

第三节　警政与旧治安组织

一、新旧两种体制交融并存，共同维持地方社会治安

虽然清末直隶兴办警政的原因之一是旧有治安体制窳败，不能有效地履行自身职责和维持社会治安，但是直隶兴办警政采取的并不是激进的弃旧建新方式，其建新与汰旧是同步进行的。由于人力、物力、财力、政治局势、思想观念等各方面的原因，这一建新汰旧的过程一直持续到清亡也未能彻底完成。因此，这一时期在社会治安的维持上，在城镇总体上实行的是以巡警为主，以旧治安组织为辅的方式，新旧两种体制交融并存；在广大落后的乡村，旧治安组织仍然广泛地存在并且发挥着重要作用。这是因为：一方面，在这些落后乡村人们的观念还不可能迅速更新，辛亥革命后还有大量“孔乙己现象”的存在，更何况在清末呢？不但如此，一些政府官员、士绅本身就对中国旧有之保甲等基层治安组织赞叹不已，对于近代警察制度的认识也不深刻。宁河县县令认为：“巡警即保甲遗意，而办法稍殊。”[④] 密云县县令陈雄藩也认为：“保甲之

① ［清］官修：《清实录·宣统政纪》卷37，中华书局1987年版。

② 《民政部拟甄查各省巡董》，载《大公报》宣统二年十一月二十九日（1910年12月30日）。

③ 《四川警察总局详定各州县办理警察官绅权限划一章程》，国家图书馆分馆编选：《（清末）时事采新汇选》（第19册），北京图书馆出版社2003年版，第10248页。

④ 《宁河县吴令筹办芦台巡警酌拟章程禀并批》，全国图书馆文献缩微复制中心：《清末官报汇编·北洋官报》（光绪三十年九月初四日），新华书店2006年版，第314页。

良法美意，自曾胡诸臣办理后，益复周密无俟。观缕近世泰西之巡捕、日本之警察为政治家所称道，然互相比例，其实亦不过与我中国之保甲大同而小异耳。"① 另一方面，由于办警经费难筹的制约，广大的乡村还不能全面兴办巡警，即使兴办之处有的也是有名无实，甚至最后被裁撤。例如，光绪三十四年（1908 年）完县士绅上禀直隶警务处，"现在合邑巡兵仅存六七十名，完邑城内酌留大半，其余各乡巡警以一兵而兼数村，焉能守望相助，殊属有名无实"②。以一兵管理数村是不可能确保社会治安的，因此这些乡村基层治安的维持必然还要依赖旧有的治安组织。

旧治安组织主要有保甲、团练、绿营等。对于保甲，直隶各州县的处理方式不尽相同。直隶许多州县是将保甲组织彻底裁撤，另建新式警察；有些州县则是将保甲改办为警察，不过在这些州县中，一些州县改办并不彻底；有些州县在还在大力整顿保甲，或者是警政与保甲同时兴办。例如，高邑县，"清光绪三十二年奉令创办警察，当就保甲局乡勇改编，并加以淘汰"③。涿县，光绪三十年（1904 年）办警，"由保甲局改为巡警局"④。涞水县在办理山后巡警时即是"将山后之保甲局七处勘酌情形改为巡警六分局，应募巡兵即以原有之保甲民兵改编"。这里的巡警"有事则按户轮充，无事仍散而归农，一切经费悉照保甲旧章"。⑤ 可见，其改办是非常不彻底的。东安县，光绪三十一年（1905 年）办理巡警，设总局于县城，四乡各设分局。⑥ 光绪三十三年十月（1907 年 11 月），东安县县令又因"东安县今岁盗案层出，近届严冬盗风不清"，而"传谕各村就地筹款，开办保甲"⑦。抚宁县也是一边办理巡警，一边办理保甲，对此抚宁县令认为："安良必选除暴，法莫善于保甲，更莫善于警察相辅而行。当即认真举办，慎选公正绅董村民派充保甲长，不时稽查。一面出示严禁地痞土棍借端生事，务使匪徒无从讹足，盗贼自当敛迹。尤恐未能

---

① 《署密云县陈令雄藩请办保甲禀并批》，甘厚慈：《北洋公牍类纂》，文海出版社 1966 年版，第 701 页。

② 《禀请拨用花捐》，载《大公报》光绪三十四年八月初十日（1908 年 9 月 5 日）。

③ 《民国高邑县志》卷三《行政志·组织》（中国地方志集成·河北府县志辑·第 7 辑），上海书店出版社 2006 年版，第 37 页。

④ 《民国涿县志》第四编《党政组织·第一卷》（中国地方志集成·河北府县志辑·第 26 辑），上海书店出版社 2006 年版，第 56 页。

⑤ 《涞水县汪令嘉榘详现办巡警情形及所筹经费文并批》，甘厚慈：《北洋公牍类纂》，文海出版社 1966 年版，第 681 页。

⑥ 《民国安次县志》卷一《地理志》（中国地方志集成·河北府县志辑·第 23 辑），上海书店出版社 2006 年版，第 451 页。

⑦ 《催办保甲》，载《大公报》光绪三十三年十月二十二日（1907 年 11 月 27 日）。

一律肃清，并雇募马勇十二名，携带自购快枪，常年分路警察，实力巡缉，以辅保甲之不足。”① 直隶之密云县、宣化县则与时局相悖，在全省大力兴办警政之时却大力整顿办理保甲。宣化县县令解释道：“求治之道，不贵乎改弦易辙，创立新法，而贵乎以人立政，通上下之情……以地方之款办地方之事，古之乡兵，今之巡警即隐寓其中。”对于宣化县办理保甲之事直隶总督袁世凯并没有反对，而且还大加赞赏，批示道：“所拟保甲章程八条均属妥善，足见尽心民事，深堪嘉奖，仰仍认真办理，以收实效。”②

至于绿营、团练，则不如保甲之情况普遍。对于绿营，根据罗尔纲先生考证可知，直隶各州县绿营兵大部分在清亡前已经裁撤。但是也有部分州县绿营兵一直存在到清亡，如宣化县绿营兵到宣统三年才悉数裁撤③。团练存在之情况，如宣统元年（1909 年），临榆县举办乡团，保卫地方：“临榆县北口外接壤建昌县内蒙古一带，今有票匪成群结队，扰害居民，绑获男女，强行勒赎，甚至惨遭杀害，不可胜计，虽有官军驻扎保护，奈该匪出没无常，殊难防御。刻有乾沟各镇绅商联络乡民，集议摊资购备钢子枪六十杆、毛瑟枪二百杆，各镇乡民轮流御敌，仍一面联络官军互相攻击，以冀共保地方又安。各乡民均极赞成。”④ 民国《完县新志》也记载：“惟警务以警察力有未逮，势不得不借助于团勇。”⑤ 团练本身是一种临时性治安组织，是为配合地方官府、保甲组织等应付突发危机而设的。团练的这一性质决定了它不可能像保甲那样长时间、普遍地建立，因此清末直隶省团练与巡警并存的情况并不普遍。但是，这种情况在宣统末年发生了变化。宣统三年（1911 年）辛亥革命爆发，直隶虽然与革命爆发地湖北相去甚远，但是直隶官绅等也是非常恐惧。《大公报》报道：“自湖北乱起，人心大为不安。”⑥ 于是，“为防制土匪、共保治安起见”，顺直谘议局呈请直隶总督通饬各州县创办乡团。直隶总督批示：“事属可行，惟乡团名目恐滋误会，应改为地方保卫社，简章内乡团、民团字样均照改，团

---

① 《抚宁县捐廉雇募马勇办理巡警并拟添巡海砲船禀二件并批》，全国图书馆文献缩微复制中心：《清末官报汇编 · 北洋官报》（光绪三十年九月十四日），新华书店 2006 年版，第 376 页。

② 《宣化县谢令办理保甲情形禀并批》，国家图书馆分馆编选：《（清末）时事采新汇选》（第 8 册），北京图书馆出版社 2003 年版，第 4328、4329 页。

③ 《民国宣化县新志》卷九《兵备志》（中国地方志集成 · 河北府县志辑 · 第 10 辑），上海书店出版社 2006 年版，第 396 页。

④ 《举办乡团》，载《大公报》宣统元年十二月初一日（1910 年正月 11 日）。

⑤ 《民国完县新志》卷四《行政第二（下）· 治安》（中国地方志集成 · 河北府县志辑 · 第 40 辑），上海书店出版社 2006 年版，第 272 页。

⑥ 《推广民团》，载《大公报》宣统三年九月十七日（1911 年 11 月 7 日）。

长为社长，团勇改社勇，催办员改为劝办员，不得稍有强迫，其枪械一项应就民间现有器械应用，候札行巡警道饬遵办理。”[①] 因此，在武昌革命发生后，直隶之天津及许多州县都办起了团练。如雄县，“清宣统末，地方不靖，省令各县设立民团，以资保卫”[②]。静海县，“清宣统三年成立保卫社，驻城内自治公所”[③]。保定绅商各界也拟组织民团，并报请直隶总督“请令军械，以资防卫”，不过“督宪以该处官兵甚多，足资保卫，当即谕令从缓”[④]。广宗县，也欲遵照直隶总督命令举办保卫社，但是未及举办，清朝灭亡了：“（光绪）二十八年，县民景廷宾乱后，又奏令悉缴团中枪械。宣统三年，顺直谘议局咨请直隶总督饬各属创办乡团，以靖地方。旋复改乡团为保卫社，未行而民国成立。”[⑤]

天津更是新旧两种体制交融并存的典型代表。天津是直隶省和全国各省中办警较早的城市之一，也是直隶省乃至其他各省办警的榜样，其巡警不但人数多，而且比较正规。但即使警政如此发达，天津仍不得不借助旧治安组织来辅助巡警共同维持社会治安。天津刚接收，直隶当局就立即在“附近津城二十里内，按东西南北及四隅分设保甲局八处，每局派文武员弁各一人，酌带马步巡丁，稽查匪类”[⑥]。此后，保甲组织在配合巡警防范社会下层的不轨行为，追捕、拿获罪犯，维持社会治安中起到了一定的作用：“保甲局分四乡驻守，刻已按户清查门牌，保甲责成该牌甲户各长逐日稽察，以免居民窝藏匪类，并谕各居民遇有婚娶死丧等事一律至局报明，以便造册转详。”[⑦] 随着警政的不断发展，天津保甲组织才逐渐裁撤。天津四乡保甲局是在光绪三十一年（1905 年）初裁撤的。[⑧] 天津还设有北洋营务处，该处的津防捕盗营也有缉捕盗贼、维持社会治安的职能。由津防捕盗营破获的案件屡见报端，其在整顿治

---

① 《答覆照录》，载《大公报》宣统三年九月二十二日（1911 年 11 月 12 日）。

② 《民国雄县新志》第三册《法制略・警卫篇・保卫团》（中国地方志集成・河北府县志辑・第 38 辑），上海书店出版社 2006 年版，第 68 页。

③ 民国白凤文等修，高毓浵等纂：《静海县志》亥集《政事部・行政志・警卫》，成文出版社 1966 年版，第 1344 页。

④ 《民团缓办》，载《大公报》宣统三年九月十六日（1911 年 11 月 6 日）。

⑤ 《民国广宗县志》卷六《法制略》（中国地方志集成・河北府县志辑・第 73 辑），上海书店出版社 2006 年版，第 46 页。

⑥ 《恭报抵津日期接收地方情形折》，天津图书馆、天津社科院历史研究所编《袁世凯奏议》，天津古籍出版社 1987 年版，第 620 页。

⑦ 《清查保甲》，载《大公报》光绪二十八年八月十五日（1902 年 9 月 16 日）。

⑧ 《裁撤保甲继续闻》，载《大公报》光绪三十一年正月初二十一日（1905 年 2 月 24 日）。

安、维持社会秩序方面的表现并不亚于巡警局。不但如此，巡警局与北洋营务处还是互通有无的。查阅《大公报》，我们会发现多有巡警局将缉获之盗贼“送北洋营务处研究”的报道。至于团练方面，天津在武昌革命发生后，迅速建立了多个团练组织。如天津绅商成立了保卫局，并制定有章程①；天津体育社则办理了临时警察队，“练马步各排，轮班巡查街市”②，并制定了简明规则十一条。天津所属各乡亦设立民团，“县会职员穆文敬、张嘉钰、樊兆鹏、徐肇光诸君，以天津城会、镇会现均设局保卫，所有距津不远之各乡，亦应一律招募民团，方足以资防御，刻已由该员等通知各乡仿办矣”③。水会在天津的消防工作中更是做出了突出贡献，大有与消防队争雄之势。天津的消防队可谓正规、先进，不但人员齐全而且配备有一些较先进的灭火工具。但是，天津城内外的每次救火行动中几乎都少不了水会，尤其是光绪二十八年十二月十一日（1903 年 1 月 9 日）的宫北大火中，消防队控制不住火势，不得不邀请关上、助水、防险、胜水、泽济等水会合力扑救，才将大火扑灭。④ 由于认识到了水会的作用，直隶总督袁世凯在接收天津后的第二年，即批准了阖津水局关于恢复水会的禀文，经天津府出示晓谕，明确要求水会“仍循旧章复办，以防烧患”⑤。宣统二年（1910 年）颁布的直隶省《警察救火章程》更详细规定了水会与消防队的配合办法及对水会的管理规则。⑥ 到清亡时天津城设有水会五十三处，义务消防队员五千余人，其中部分水会在民国时依然存在。天津的事例更进一步说明了清末直隶省在维持社会治安方面是新旧两种体制交融并存，共同负责。

综上所述，清末直隶省就全省而言是巡警与旧治安组织并存，而具体到某些城市、州县也是如此。

二、旧治安组织人员对警政的抵制

近代警察制度的兴办是符合社会发展要求的，是大势所趋。但是这并不代表社会中所有人对此都持欢迎态度，尤其是旧有治安组织中的部分人员。因为近代警察制度的兴办也是他们中许多人失业的痛苦过程，毕竟警察组织没有能力完全接收旧治安组织中的所有人员。即使是被接收的人员，也要进行相关的培训，更要受到警律的制约，不可能任意妄为，这些对被接收的旧治安组织人

---

① 《保卫局立案》，《募团办法》，载《大公报》宣统三年九月十三日（1911 年 11 月 3 日）。

② 《查街规则》，载《大公报》宣统三年九月十四日（1911 年 11 月 4 日）。

③ 《推广民团》，载《大公报》宣统三年九月十七日（1911 年 11 月 7 日）。

④ 《大火详记》，载《大公报》光绪二十八年十二月十二日（1903 年正月 10 日）。

⑤ 《水会复办》，载《大公报》光绪二十九年五月十七日（1903 年 6 月 12 日）。

⑥ 《警察救火章程》，载《直隶警察杂志》第四期，宣统二年十月初一日发行。

员来说也是痛苦的，或者说不愿意看到的。毕竟改变本身就是一个痛苦的过程。而且，在新旧两种治安组织并存的过程中，由于权力的重叠，利益的争夺，也经常发生各种冲突、矛盾。如邯郸县“局董往往以保甲村正副吞食警费，而保甲人等又以花户拖欠不交，互相争讼，纠葛不清”①。顺直谘议局曾就查禁赌博一事指出，巡警查禁赌博，影响了胥吏生财之路，因而遭到胥吏的多方诋毁，破坏警政："禁止赌博为风俗警察之要图，而暗与沟通为到处胥差之通弊。直隶自创办巡警以来，虽无大效，而赌盗之风或觉稍息。惟是前此一百四十余州县，偶有因巡警程度尚低，不免一二为抓赌滋事者。且赌风既息，则胥吏向所恃以为生活者，一旦断绝，因亦多方诋毁。遂由地方官禀请前故督杨札令，凡聚赌之处，该局区须密报地方官，必待派差持票会同捕击。而赌风遂又日炽一日，盖各州县衙署班捕差役无不暗与赌盗相通，尽人皆知。果若所言，是特授此辈以放纵庇护之机，而为开一绝大之利源也。故近来详查各州县情形，竟有聚赌在巡局左近，而该巡官区长方且熟视之，而无可如何。拟捕捉，则获违章之咎；往报，则有漏池之处，迨至偕差持票往捕，其赌匪已早远飏。或有先派巡警侦察而秘密禀者，偶遇赌匪反抗，不服滋事，而地方官则又以违章擅捕责之，该匪等遂益无忌惮。故近来所谓禁止赌博者，已徒成虚语，而赌匪且遍地皆是，盗匪亦因以潜滋矣。”② 顺直谘议局所指出的现象不一定到处皆有，但是差役等借庇护赌盗匪徒而谋利的现象还是有的。巡警严厉查禁赌博，一方面影响到了他们的财路，另一方面也夺取了他们的部分权利，因此必然会遭到他们的反对，从中阻挠。山海关巡警办理认真，影响了衙署差役的生财之路，从而引起了他们的反感：山海关“自设立巡警以来，一年有余矣。管带吴都戎乙皿颇能任劳任怨，于地方利弊大加整顿，无论斗殴盗案等件一经报案，无不立传立讯，小事当即完结，重案立即送县，毫无花费。故衙署差役，渐减生财之路，颇滋不悦”③。

① 《邯郸县郑令思壬禀酌拟巡警章程文并批》，全国图书馆文献缩微复制中心：《清末官报汇编·北洋官报》（光绪三十四年正月初八日），新华书店 2006 年版，第 829 页。

② 《议决改良警务案》，载《大公报》宣统二年正月二十日（19010 年 3 月 1 日）。

③ 《巡警认真》，载《大公报》光绪三十年三月二十七日（1904 年 5 月 12 日）。

第六章 清末直隶警政历史评价

第一节 比较视野下直隶警政的正向效应与特点

一、直隶警政对清廷办警政策产生了深远影响

清政府在决定办警之初，对近代警察制度的认识很是肤浅，对警察与军队的区别也没有正确的认识，因此才有了光绪二十七年七月三十日（1901 年 9 月 12 日）的办警上谕："前因各省制兵防勇甚为疲弱，业经通谕各省督抚认真裁汰，另练有用之兵……著各省将军、督抚将原有各营严行裁汰，精选若干营，分为常备、续备、巡警等军，一律操习新式枪炮，认真训练，以成劲旅。"① 这道上谕被大多数学者视为清政府创办近代警察制度的起点。不久，督办政务处遵旨提出改革方案：将各省绿营、防勇通盘筹划，酌定数额，分为三等，"一曰常备军，挑选年少精壮，朴勇敢战者，优给饷项，严加训练若干营，按省分大小，酌定一二大枝，于省会及扼要处所屯驻，不得零星散乱。一曰续备军，分扎训练，饷数差减，亦使足以自给，亦按省分大小，酌定若干营。考中国历代兵家之理，采德、日陆军兵学之法，延聘教习实力训练，以成劲旅。一曰巡警军，应将旧有各营，裁去老弱浮惰，饷或仍旧，或酌增，另定操章，酌量归并若干营，分拨各处，兼归州县钤束，专为巡防警察之用"②。从清廷所颁上谕和政务处所拟方案可以看出，此时清廷对近代警察制度的理解并不深刻，还不清楚警察与军队的区别，认为警察与常备军、续备军性质相同，因而称之为巡警军，并且指出巡警军人员来源是"将旧有各营，裁去老弱浮惰"。也就是说，此时清廷所要建立的巡警军还只是军队的一种。有的官员干脆把巡警军理解为新建正规军。如山西巡抚赵尔巽说："晋省绿（营）兵行将汰尽，此后各属巡警兵即为经制之师，举凡保卫城乡、巡戍关隘、护饷解

---

① 朱寿朋：《光绪朝东华录》，中华书局 1958 年版，第 4718、4719 页。

② 《札北藩司等遵旨筹议更定兵制饷章录用武员训练条规章程并新军兵饷数目》，苑书义、孙华峰、李秉新：《张之洞全集》，河北人民出版社 1998 年版，第 4140 页。

犯等事，皆为巡兵专责。”[①] 因此，办警上谕颁布后的一段时间内，许多省份建立的巡警，并不是近代意义上的警察，而只是旧军队的改头换面。如光绪二十七年（1901 年）底闽浙总督许应骙首先响应清廷政策，上奏：“将通省（指福建省）练军制兵汰弱留强，别练巡警一支。”随后，许应骙将福建省“省城制兵改设巡警军第一、第二、第三共三队，以二队交福州城守协管带，以一队交督标中协副将管带”。[②] 光绪二十八年三月（1902 年 4 月），两江总督刘坤一遵旨改编江南制兵防勇，将各标练兵与水师改编为巡警军。[③] 同年，云南省奏称将境内绿营裁汰留强改练巡警军，同时规定巡警军饷银仍按照绿营旧章发放。[④] 同年，贵州改练巡警军也是将绿营汰弱留强。[⑤] 广西兴办巡警，前后两任巡抚都是决定将旧有军队改练：初时巡抚丁振铎决定“将绿营制兵并各团练挑作巡警。未及举行，前护抚臣丁体常饬令抚标两营并桂林城守营练军分段巡查，意在化无用为有用。惟未经训练，习气尤深，强令巡行，终形苦窳”[⑥]。在安徽，巡警首先从芜湖办起，将“保卫营勇二百名照加一百名改为巡警营”[⑦]。荆州办理警政，以旧军队官兵改办，以旧军队之经费改为办警经费，并按照常备军关防样式刊刻警察局木质关防：“现拟设立警察总局一所，分局八所，将旧有八旗步营及各汲桶查街房酌量归并，合满汉城门防守兵役，计共挑选精壮小甲五百名，编为警察一营。拣派总办协领一员，会办协领一员，提调佐领二员，稽查防御骁骑校及各世职共三十二员……由新军营拣派什长二名为教习，教练西操……拟暂就步营汲桶查街并各城门原有之费尽数提拨以应要需。”[⑧] “创办伊始，应颁给关防以昭信守。当饬营务处刊就木质关防各一颗。营务处关防文曰荆州驻防全营营务处之关防，常备军关防文曰统领荆州

---

① 《赵尔巽奏折》，转引自韩延龙、苏亦工等著：《中国近代警察史》（上），社会科学文献出版社 2000 年版，第 126 页。

② 《闽浙总督李奏闽省设立警务局实行警察折》，载《东方杂志》第一年第七期（光绪三十年七月二十五日发行），第 78 页。

③ （清）刘坤一：《刘忠诚公（坤一）遗集》，沈云龙主编：《近代中国史料丛刊》第 26 辑，文海出版社 1976 年版，第 4983 页。

④ 《会奏滇省操练新军折》，载《申报》光绪二十八年三月十八日（1902 年 4 月 25 日）。

⑤ 《贵州巡抚邓华熙奏黔省制兵防勇改为常备续备巡警等军分别训练期成劲旅折》，载《申报》光绪二十八年七月初九日（1902 年 8 月 12 日）。

⑥ 柯逢时：《奏为遵旨筹设警察巡军归并保甲事》，中国第一历史档案馆馆藏档案，宫中档全宗，档案号：04—01—01—1066—019。

⑦ 《巡警难办》，载《大公报》光绪二十八年五月二十七日（1902 年 7 月初二日）。

⑧ 绰哈佈：《奏为荆防遵旨改设警察办法事》，中国第一历史档案馆馆藏档案，宫中档全宗，档案号：04—01—01—1059—042。

驻防常备军之关防，警察局关防文曰荆州驻防警察总局之关防。”① 成都兴办巡警，将驻防旗营直接改办：“将前立之旗兵振威一营因其官兵员名薪饷旧额而变通改革，别定简明易行章程，以为满城警察之用。”② 西安兴办巡警，直接将步军营改名称为警察营，官兵及办公驻地无一更换。对此，西安将军长春奏称：“谨遵光绪二十七年七月内谕旨，拟请将步军营改为警察营，其各堆拨即名警察处，其兵丁即曰警察兵……仍派协领一员督理一切，并佐领等官分带巡兵。”③ 黑龙江光绪三十年（1904 年）兴办警政，直接“改练军为巡警军”④，设立巡警军八营。云南办理警政，初时全境巡警由半军事性质的团练改练，对此云贵总督丁振铎奏称：“除广南等处各团营势难遽裁，另片陈明外，所有各厅州县原练团哨即一律改为警察……所有原筹团款即请拨作警察经费。”⑤ 以上各省所设立的巡警军，大都是按照清廷规定，将旧有之制兵防勇改编，其编制统属与职责与旧有之绿营、防勇相似，有的省份甚至连旧有的称号、官兵职衔和编制都未作任何变动。这种情况在当时是比较普遍的，并非仅仅出现在上面所列举的几个省份。因此，也就有了宣统元年（1909 年）陆军部的命令：要求“原系防、绿各军，只将名目更换，仍用原营旧制，如巡警军等类”⑥，购置军械及工程销案归陆军部核销。而巡警所用各款，是要由民政部核销的。

从以上分析可知，巡警军更加具有军队的性质，与近代警察相距甚远，不是近代警察制度的发展方向。及时扭转这种方向，并将之引入近代警察制度轨道上的，是一些熟悉洋务、对近代警察制度有一定认识的封疆大吏，如湖广总督张之洞、直隶总督袁世凯，尤其是直隶总督袁世凯。

清末办警上谕颁布后，按照近代警察制度思路创办警政的是湖广总督张之

---

① 绰哈佈：《奏报遵旨改练常备警察刊就木质关防事》，中国第一历史档案馆馆藏档案，军机处全宗，档案号：03—5518—067。

② 苏噜岱：《奏为成都驻防旗营改办警察事》，中国第一历史档案馆馆藏档案，宫中档全宗，档案号：04—01—01—1060—001。

③ 长春：《奏为拟改西安步军营为警察营并添拨队兵并入俾资分布事》，中国第一历史档案馆馆藏档案，军机处全宗，档案号：03—6039—057。

④ 程德全：《黑龙江省创办警察先于省城设立专局请饬下袁世凯拣选卒业官弁来江事》，中国第一历史档案馆馆藏档案，宫中档全宗，档案号：04—01—01—1072—030。

⑤ 丁振铎：《奏为云南酌就各属团练改办警察事》，中国第一历史档案馆馆藏档案，宫中档全宗，档案号：04—01—01—1077—040。

⑥《抚部院准陆军部咨购置军械及工程销案应区别军用警用分送本部及民政部核销缘由分行遵办文》，全国图书馆文献缩微复制中心：《清末官报汇编·广西官报》（第 42 期，宣统元年十月），新华书店 2006 年版，第 10019 页。

洞、直隶总督袁世凯等地方督抚。在张之洞的主持下湖北警政的创办几乎与直隶同时，而且办警模式相似。张之洞对近代警察与绿营等国家军队的区别有着比较深刻的认识。早在他与刘坤一会奏的著名的《江楚会奏变法三折》中即提出裁撤绿营，以其所省之饷“养缉勇、设警察”：“此项省出之饷，只能改为养缉勇、设警察之费，不能指为充裕库储之计。盖精练备战之营，只可屯扎省城及要隘重镇两三处，断不宜各处分扎，又蹈营汛之失。省外府、县亦未便听其空虚，可即以此项省出之饷，酌设缉捕勇营派赴外府，择要分防，并设警察之勇，归州县调度。不过改募勇丁，则整饬去留，其权在地方官，勇可随时裁募，弁可随时更换，于饵乱安民既有实际，而经费可免另筹。”[①] 这样所设立的警察就成为地方官管理之下负责地方治安的组织。在创办武昌警政时，张之洞对警察与绿营区别的理解更进了一步。他指出，“警察乃专门学问，与营伍不同，寻常兵勇断不能充此选，即精兵亦不相宜，此项练军只可酌量派以弹压缉捕、看守局库等事，不宜令冒巡警军之名”[②]，因而坚持将绿营分年裁尽，另募人员充当巡警。光绪二十八年五月（1902 年 6 月）张之洞在武昌设立警务公所，札委臬司督理局务，委任武昌知府梁鼎芬为总办，试用知府金鼎为副总办，雇募曾经当过捕头的英国人珀蓝斯为警察总目。警务公所在城内设中东西南北五各局，城外设东、西、水、陆四局，酌采外国警察章程，警员由保甲改编和向社会招募，经费来源于官捐和民捐即房捐、铺捐等。巡警的职责是，“所有安抚良善，保卫生理，维持风化，整齐人心，巡防奸宄，缉捕盗贼，稽查户口，防救火灾诸要务”[③]。在创办巡警的同时，张之洞还开展了警察教育。一是选派警员赴日本学习警务知识，二是自办警察学堂。光绪二十九年（1903 年），张之洞在武昌阅马场设立警察学堂。

由以上简述可知，湖北武昌警政[④]办理模式与直隶保定、天津警政极为相似，二者所创办的巡警代表了近代警察制度的发展方向。但是，湖北警政并未如直隶警政那样引起清廷的高度重视。这可能是因为：一、湖北虽然武昌办警较早，但是并未如直隶那样迅速推广，而且其办理效果也不理想。以下材料可为作证：光绪三十一年七月二十日（1905 年 8 月 20 日），《大公报》报道：“湖北候补道朱观察创办巡警，因无妥善章程，拟函致南段总局将局章及各式

① 《遵旨筹议变法谨拟整顿中法十二条折》，苑书义、孙华峰、李秉新：《张之洞全集》，河北人民出版社 1998 年版，第 1425、1426 页。

② 《筹办练兵事宜酌议营制饷章折》，苑书义、孙华峰、李秉新：《张之洞全集》，河北人民出版社 1998 年版，第 1505 页。

③ 《鄂垣创兴警察示》，载《申报》1902 年 6 月 9 日。

④ 有关张之洞在湖北武昌创办警政的详细论述见陈彩霞：《张之洞与湖北近代警察制度的创建》，载《湖北警官学院学报》2011 年第 3 期。

应用书籍等件通融一份，以便照办。”① 如果武昌警政创办良好，堪称榜样的话，湖北省官员是不会舍近求远的。宣统三年（1911 年）宪政编查馆派员考察各省宪政筹备情形的调查报告也称：“湖北、江苏警务窳败已久。”② 二、直隶与湖北相比，地理位置优越。直隶距离京师最近，环卫国都，其治安状况直接关系到京师，因此其一举一动必然会引起清廷的重视。这一点从历任直隶总督在清政府中的地位和影响也可见一斑。三、保定巡警的创办原因之一是为天津巡警的创办做实验，而天津是清王朝首都的门户和北方最大的商埠，交涉收回天津是八国联军之役后清政府的重要外交事件，国内外对此都非常关注。因此，保定、天津巡警的创办必然会受到清廷的关注。在此背景下，保定、天津警政又获得了较好的社会反响，加之直隶总督袁世凯在清政府中举足轻重的地位，保定、天津巡警的创办自然受到了清廷更多的关注。

光绪二十八年七月五日（1902 年 8 月 8 日），直隶总督袁世凯将保定巡警创办情形具折上奏。清廷对保定警政所取得的成绩很满意，在此折上奏两个月后，于光绪二十八年九月十六日（1902 年 10 月 17 日）发布上谕，命令各省仿照直隶方法办理警政：“前据袁世凯奏定警务章程，于保卫地方一切甚属妥善，著各直省督抚仿照直隶章程奏明办理，不准视为缓图，因循不办，将此通谕知之”③。随后，各省开始大力兴办警政，并以直隶省为主要仿效对象。清廷也设立了巡警部，统辖全国警政。中国近代警察制度建设开始慢慢步入正轨。

巡警部的建立也打上了直隶的烙印。巡警部设立的直接诱因是出洋五大臣被炸事件。光绪三十一年八月（1905 年 9 月），出洋考察政治五大臣乘坐火车出发，遭到革命党人的炸弹袭击。五大臣被炸事件发生后，清廷极为震惊，并下定决心推行警政：“鉴于辇毂重地竟有匪人在火车上掷放炸弹之事，此等凶顽不法，难保无党羽混迹京城暗图生事。巡警至关重要，亟应认真办理，以销隐患而靖人心。”④ 在出洋五大臣被炸事件的侦破方面，直隶警务人员表现突出。当时，直隶总督袁世凯选派赵秉钧统帅巡警参与破案，很快查获刺客名籍。巡警破案如此迅速，促使清廷设立巡警部的决心更加坚定。鉴于直隶巡警的优异表现、直隶警政的突出成绩及袁世凯本人在清政府中的重要地位，清廷让袁世凯推举人选。袁世凯举荐署兵部左侍郎徐世昌为尚书，天津南段巡警总

---

① 《仿照警章》，载《大公报》光绪三十一年七月二十日（1905 年 8 月 20 日）。

② 《宪政编查馆奏派员考察宪政事竣回京谨将各省筹备情形据实胪陈折》，载《国风报》第一年第三十二号，宣统二年十一月二十一日（1910 年 12 月 22 日），第 11 页。

③ 朱寿朋：《光绪朝东华录》，中华书局 1958 年版，第 4935 页。

④ 朱寿朋：《光绪朝东华录》，中华书局 1958 年版，第 5401 页。

局总办、直隶候补道赵秉钧为侍郎，并得到了清廷的批准。巡警部尚书徐世昌是直隶总督袁世凯的好友故交，并曾帮助袁世凯办理军务。巡警部右侍郎赵秉钧是直隶总督袁世凯的部署，任职巡警部前长期担任天津南段巡警总局总办。此二人，尤其是赵秉钧，职掌巡警部，自然会将自己之前在直隶办警的经验用于巡警部的工作中。《大公报》报道也印证了这一推测："巡警部将来一切制度均拟仿照日本并体查北省情形酌夺办理。"①

巡警道的设置也受到了直隶警政的影响。在巡警道设置之前，各省省城与州县警务互不统属，一省警务没有专门的管理机构，只是委任藩司、提法司等管理。随着地方警政的发展，特别是州县乡镇警政的建设，一省之中无统筹规划和统一管理成为制约警政发展的一大弊端。该弊端造成各州县自行筹划，官制设置不一，警章有别。这样，建立省级的警政管理的专门机构成为必要。光绪三十二年（1906 年），直隶省在全国率先设立了统辖全省警政的最高管理机构——全省警务处。直隶警务处的创设无疑是一种制度上的创新，它突破了固有直省警制散漫的缺陷，提示了警务管理的一个发展方向，即设立省级专门的警务机构，专管全省警务。一年之后，光绪三十三年五月二十七日（1907 年 7 月 6 日）清廷决定在各省设置巡警道，管理全省警察业务。

在巡警道设置前，光绪三十二年（1906 年）巡警部曾提出设置巡警使的设想，"拟添设巡警使一员，其品秩如提学使"②。巡警部的这一方案，一方面有各省设置提学使的成案可供援引，另一方面来自于直隶州县官分职办事的例子：巡警部借鉴"直督袁慰帅去岁在直省创行州县官分职新制，系将地方事宜分为财政、学务、裁判、巡警四股"，提议将州县分职办事之法推广至直省官制，主张一省"政事分由藩、臬、学、警四司办理，而归督抚总其成"。③巡警部还拟订了巡警使的选任方式。但是，这一方案最终被清廷以经费困难与人才不足为由否决④。

由上述分析可见，无论是在中国近代警察制度的总体发展方向上，还是在建立巡警部，设立统辖全省警务机关等具体问题上，直隶警政都对清廷决策产生了深远影响，发挥了引导作用，引导清末警政走上了正确的发展道路。世人评论说："历行新政，惟日孜孜，造端宏大，凡将校之训练，巡警之编制，司

① 《巡警部之消息》，载《大公报》光绪三十一年十月二十五日（1905 年 11 月 21 日）。

② 《各省添设巡警使》，载《大公报》光绪三十二年四月二十八日（1906 年 5 月 21 日）。

③ 《警部拟援例奏简巡警使消息》，载《申报》光绪三十二年闰四月十二日 1906 年 6 月 3 日。

④ 《警察使决意缓设》，载《大公报》光绪三十二年六月十九日（1906 年 8 月 8 日）。

法之改良，教育之普及，皆创自直隶，中央及各省或相效法。”①

二、直隶警政对各省警政建设产生了广泛影响

首先，直隶警政为各省提供了一个可行的办警模式。光绪二十八年（1902年）清廷颁布谕令要求各省仿照直隶办警，光绪三十三年（1907年）民政部又发布命令，要求各省裁撤民壮各役，参照直隶、奉天等省办理警政："民政部咨催各省，速将民壮各役一律裁撤，参照天津、保定、奉天、四川、广东等省，办理警察，认真筹办，以重警政。”② 在清廷的一再要求催促下，全国各省多仿效直隶兴办、整顿警政。如湖南，光绪二十九年（1903年）巡抚俞廉三“遵旨经办”巡警，“根据直隶章程将保甲局改为警务局，派亲军后营兵丁轮流站街，省城始有警察之名”③。山东办理巡警，巡抚周馥直言：“仿照直隶章程，参以东省民情风气，拟订局制饷章及学堂章程课本。”④ 该省欲筹设本省模范监狱，于是委派人员“前往天津、保定会查新建模范监狱并罪犯习艺所，将一切规则章程调查”⑤。云南办理警政，也是“查照直隶章程，参以地方情形，酌量变通”⑥。浙江整顿警政，一方面“仿照直隶成规，以绅士为巡董”⑦；另一方面，仿照直隶警务处设立浙江全省警务处：“浙江从前开办巡警，限于省城一隅，而各俯州县以无筹议及之者。欲图改良非筹普及办法，创立总揽之机关，不足以资统一而利推行。查直隶巡警在各省之先，其效果最著，良由在省设立警务处以任提倡之责……现经饬于省城仿设浙江全省警

① 徐文尉：《养寿园奏议辑要·跋》，沈云龙主编：《袁世凯史料汇刊》第6辑，文海出版社1967年版，第885、886页。

② 《咨催各省仿办警政》，载《大公报》光绪三十三年五月十一日（1907年6月21日）。

③ 《筹办警察情形折》，（清）端方：《端忠敏公奏稿》，沈云龙主编：《近代中国史料丛刊》第10辑，文海出版社1967年版，第612页。

④ 《山东试办巡警拟定局制饷章折》，（清）周馥：《秋浦周尚书（玉山）全集》（第一卷），沈云龙主编：《近代中国史料丛刊初编》第82辑，文海出版社1967年版，第260页。

⑤ 《督宪杨准东抚咨派员赴天津保定调查监狱并习艺所规章分别札饬遵照文》，载《大公报》宣统元年五月十六日（1909年7月3日）。

⑥ 丁振铎：《奏为滇省设局试办警察拟定营制饷章请旨敕部立案事》，中国第一历史档案馆馆藏档案，军机处全宗，档案号：03—6001—073。

⑦ 增韫：《奏为浙江省筹办巡警情形事》，中国第一历史档案馆馆藏档案，宫中档全宗，04—01—01—1093—014。

务处，选派通悉法政警务人员分科办事。”① 江西九江创办巡警，提出“仿鄂省之筹款，直隶之办法”②。吉林办理巡警，“于捕盗队内抽改一营四百人，查照直隶章程办理”③。广西省城整顿警政，“于省城设立警察总局一所，分局四所，又在城外东洲地方设一分局，派委熟悉警务员绅，略仿直隶章程，将该三营练军严加挑选，并募补精壮巡兵”④。甘肃凉州创办巡警，“依照北洋奏定章程，除改练洋操新军五百名外，于常操队中挑选精壮合格甲兵一百二十名，作为巡警队兵，派员管带，分扎四城门关厢各处，无分昼夜，饬令切实稽查”⑤。河南欲创办巡警学堂，有关官员即来直隶参观天津巡警学堂，以为仿办：“河南候补道胡观察祥林，于昨早十点钟会同巡警局总办赵智菴观察及分府沈司马，赴堤头验看巡警学堂局势情形，闻豫省有创设巡警学堂之说。”⑥ 山西忻州办理巡警，“仿天津办法，筹办铺捐，以资经费，建警局，设教练所，置备军械、警灯、岗楼，修饬街道，市面为之一清”⑦。黑龙江整顿警政，大多仿照直隶办法，酌量变通。黑龙江将军程德全奏报说：“江省地处边徼，与直隶情形不同，办法亦应酌量变通，方可收因地制宜之效。现于本年（注光绪三十一年）十一月初一日就省城旧有之街道厅改为警察总局，区分五段，大致仿照直隶奏定章程而略参以陕西警务办法，总期切实简要，易于遵行……至外城巡警，查照天津现行四乡巡警章程略加增改，通饬各地方官查酌情形，劝谕绅商及时开办。”⑧ 奉天巡警总局为加强探访事宜，于是“仿照北洋办法”⑨，设立探访局。江苏办理警政，两江总督端方指出：“地方巡警系参仿北洋办

---

① 增韫：《奏为浙江省筹办巡警情形事》，中国第一历史档案馆馆藏档案，宫中档全宗，04—01—01—1093—014。

② 《浔兴警务》，载《申报》光绪二十八年十一月十八日（1902年12月17日）。

③ 达桂：《奏为吉林创设警察学堂事》，中国第一历史档案馆馆藏档案，军机处全宗，档案号：03—5520—027。

④ 柯逢时：《奏为遵旨筹设警察巡军归并保甲事》，中国第一历史档案馆馆藏档案，宫中档全宗，档案号：04—01—01—1066—019。

⑤ 《凉州副都统咨呈凉营设立巡警官兵试办有效咨请立案以垂永久由》，中国第一历史档案馆馆藏档案，巡警部档案全宗，全宗号1501，案卷号187。

⑥ 《验看学堂》，载《大公报》光绪三十年二月二十七日（1904年4月12日）。

⑦ 《章勤瀛太守近年办理新政纪略》，载《大公报》宣统二年八月二十二日（1910年9月25日）。

⑧ 程德全：《黑龙江省创办警察先于省城设立专局请饬下袁世凯拣选卒业官弁来江事》，中国第一历史档案馆馆藏档案，宫中档全宗，04—01—01—1072—030。

⑨ 《探访成立》，载《盛京时报》光绪三十三年七月初八日（1907年8月16日）。

法，次第组织，办理均有成效。”① 北京在光绪三十一年（1905 年）后先后设立内、外城工巡局和内、外城巡警总厅，其办理方法也多仿照直隶。《大公报》对此有详细报道，光绪三十一年九月十五日（1905 年 10 月 13 日）报道："前那协揆赴天津考查巡警，见巡兵表面甚为齐整，不胜赞欢，故近日内城工巡局将巡段改为巡队，其中即此原因。”② 光绪三十一年十一月初三日（1905 年 11 月 29 日）报道："自初一日起北京弹压地面，一律改用巡警，其意拟照天津巡警办法。”③ 光绪三十三年十二月初七日（1908 年 1 月 10 日）报道："昨日下午，北京外城总厅丞王丞宪特到南段巡警总局参观一切，并带去该局各项章程一册、警察事宜问答一本，以备参考。”④

由上述分析可见，直隶警政确实为各省办警提供了一种可行的模式，为他省所效仿。

其次，直隶为各省培养了众多警务人才。直隶警政的创办者对警察教育非常重视，在建警伊始就创办了巡警学堂。光绪二十八年四月（1902 年 5 月）保定巡警创办，保定警务学堂亦于同时创办。同年九月（1902 年 10 月）天津警务学堂创办，并在不久之后扩大规模，于光绪二十九年（1903 年）初将保定警务学堂并入天津警务学堂，组建了北洋巡警学堂，成为清末全国的重要警察教育基地。直隶巡警学堂建立之初，当时全国只有北京开设有京师警务学堂。直隶警察教育不但开设早，而且章程完备，课程设置完善，师资水平较高，并且允许外省咨送附学。因此，直隶警察学堂不仅为本省培养了大批警务人才，而且为全国其他省份培养了众多的警务人才。直隶总督杨士骧曾上奏说："北洋巡警学堂学生由京城各部院暨江浙、河南、甘肃、黑龙江、吉林等省咨送人员居其多数，前后共计录取官学生七百六十六名。”⑤ 宣统二年（1910 年）护理直隶总督崔永安在谈到北洋巡警学堂时指出："各省员生来堂附学及该堂员生应各省电调者有十五六省之多。”⑥《天津警察汇报》也指出："警察之事尤为今日政治上之急务，天津既为吾国警察导源之先河，内自京师，外及各省，创行警察，无不取材于天津警察学堂，而学堂诸生之成材以去

① 《派员考察日本宪警规则》，载《大公报》光绪三十四年三月十六日（1908 年 4 月 16 日）。

② 《改设巡队》，载《大公报》光绪三十一年九月十五日（1905 年 10 月 13 日）。

③ 《换用巡警》，载《大公报》光绪三十一年十一月初三日（1905 年 11 月 29 日）。

④ 《参观警局》，载《大公报》光绪三十三年十二月初七日（1908 年 1 月 10 日）。

⑤ 《直隶总督杨士骧奏改设巡警学堂及巡警教练所折》，载《学部官报》1909 年版，第 83 期。

⑥ 《护理直隶总督崔永安奏北洋高等巡警学堂成效卓著出力人员择尤请奖折并单》，载《学部官报》1910 年版，第 124 期。

者，又能其所学而发挥之，盖其效之在人耳目者矣。”[①] 这些并非直隶官绅的自我夸奖，当时各省办警的确纷纷派员来直隶学习。如山东兴办巡警，巡抚周馥奏报说：“臣抵任以来，已派兵一百名分赴京师、天津两处警务学堂就师学习。”[②] 江西清江府办理巡警，由天津选调警务学员十二名。[③] 云南办理警政，“经营数月，规模粗具，成效渐臻”，但是当地官员仍感不足，于是“又先后筹款资遣员弁学生分赴北洋及日本各学堂专习警务，俟其毕业回滇，洞明规则，再行设法添增联队”，以便推广警政。[④] 吉林办理巡警，除“查照直隶章程办理”外，还特别“咨商警部、北洋，火速调派熟谙警务暨学堂毕业学员来吉，以资任使”[⑤]。同时，吉林还派遣多名学生到直隶警察学堂学习，据《大公报》报道，光绪三十三年三月（1907 年 4 月）时，天津北洋巡警学堂有吉林咨送之学生二十多名：“警务学堂内现有吉林省咨送之学生，李世权、王庭芝、宋德舟、张心田、侯封岐、盛廷选、徐廷龄、郭兆槐、再昌、马□基、嵩山、杨魁英、聂耀东、胡佐卿、张允中、李溪海、泰至纯、李铭新、陈日昌、书凤等均届毕业，拟将该生等分送附近各局区阅历警局事宜，以资见习。”[⑥] 江苏南京改革警务，推广警政，多用直隶警察学堂毕业生：“宁垣警察巡士，虽自九月十六日站岗，而组织尚未完全，仅各署局附近地方及马路来往要区有巡士直立道旁，其余街巷商民均未见警察之利益。迭闻提议推广，迄未实行。且各路正副巡官，依然旧办保甲，未闻与学之员，故愈难见警察之效用。现警察总办将从前腐败各巡官一律撤退，而于率赴北洋学习警察毕业回省之各员弁内选择程度较高、品行较正者，分别委充各路各区正副巡官，均于初二三四等日陆续到差。此后警察当可逐渐改良，日有进步。”[⑦] 该省创办警察学堂，从直隶警察学堂调取警务毕业生为教习：“（光绪三十一年）七月间自天津调取警务毕业生试用巡检柳宗忠、候选县丞孙家棣二员来苏，面加考察，于巡警事宜尚称谙练，当饬司道设立警察学堂，即以该二员为教习，委派道员

---

① 《本报发刊辞》，载《天津警察汇报》（第一册），光绪三十三年四月初八日（1907 年 5 月 19 日）发行。北京大学图书馆藏。

② 《遵裁制兵改练巡警折》，（清）周馥：《秋浦周尚书（玉山）全集》（第一卷），沈云龙主编：《近代中国史料丛刊初编》第 82 辑，文海出版社 1967 年版，第 169 页。

③ 《学员将行》，载《大公报》光绪三十一年八月初三日（1905 年 9 月 1 日）。

④ 丁振铎：《奏为滇省设局试办警察拟定营制饷章请旨敕部立案事》，中国第一历史档案馆馆藏档案，军机处全宗，档案号：03—6001—073。

⑤ 达桂：《奏为吉林创设警察学堂事》，中国第一历史档案馆馆藏档案，军机处全宗，档案号：03—5520—027。

⑥ 《分送警生》，载《大公报》光绪三十三年三月十六日（1907 年 4 月 28 日）。

⑦ 《推广警察》，载《大公报》光绪三十一年十二月初五日（1905 年 12 月 30 日）。

为总办，藩臬两司督同经理。”[1] 甘肃兴办警政，“拟立学堂，尚乏师范，先由武备学堂挑取毕业生十名，分派教练。一面选择学生咨送天津巡警学堂，练习速成师范，俟其卒业回甘，广为传授”[2]。黑龙江办理警政，一面派人到直隶警察学堂学习，“于城旗及投效人员中选择年岁及格者考取十五员，先□□逞直隶警察、陆军、师范等学堂，各就其能力远近分科学习”[3]；一面咨请选调直隶警察学堂毕业生到黑龙江：“警察之学最精最密，在局之官弁巡兵人人皆出自学堂，然后详谙法程，洞达精要。现虽拣员先择浅近章程肄习举办，城乡内外顿易旧观，究难语于完全尽善。合无仰恳天恩，饬下直隶总督臣袁世凯由北洋警察学堂拣选高等卒业官弁四五员咨送来江，以便增设警务学堂，日求进步。”[4] 光绪三十一年（1905 年）初，两江总督一次即咨送北洋巡警学堂学习之官兵学生数十名。《大公报》光绪三十一年三月初六日（1905 年 4 月 10 日）报道是官学生三十二名、兵学生四十名[5]；光绪三十一年六月十七日（1905 年 7 月 19 日）报道是官兵各学生五十余名[6]。以此推断，当时两江总督咨送来津官兵学生至少在七十人以上，其人数是相当多的。北京办理巡警，也向直隶咨调天津警务学堂毕业生若干名，分派为各城区官。[7] 光绪三十二年（1906 年）京师各衙门议定：“凡警员赴天津警务学堂肄业者，本衙门免扣资俸，学堂免缴学费，俟六个月毕业分发各省帮办警务。”此举导致“近日内阁暨各部候补人员均纷纷呈请堂官咨送前往肄业”。[8] 此外，陕西[9]、四川[10]等省也曾向直隶咨送学员，学习警务。

各省不仅派员到直隶警察学堂学习，选调警察学堂毕业生，而且派人到直

---

① 陆元鼎：《奏为陈明遵旨筹办警察学堂情形事》，中国第一历史档案馆馆藏档案，军机处全宗，档案号：03—7216—007。

② 《陕甘总督升允咨送奏定创办甘肃警务章程》，中国第一历史档案馆档案，巡警部档案全宗，全宗号 1501，卷宗号 24。

③ 程德全：《奏为选员咨送直隶警察学堂及各学员应需经费拟由正款下动支具陈事》，中国第一历史档案馆馆藏档案，军机处全宗，档案号：03—5459—087。

④ 程德全：《黑龙江省创办警察先于省城设立专局请饬下袁世凯拣选卒业官弁来江事》，中国第一历史档案馆馆藏档案，宫中档全宗，04—01—01—1072—030。

⑤ 《续纪南洋送来学生》，载《大公报》光绪三十一年三月初六日（1905 年 4 月 10 日）。

⑥ 《巡警纪事》，载《大公报》光绪三十一年六月十七日（1905 年 7 月 19 日）。

⑦ 《咨调警生》，载《大公报》光绪三十二年闰四月二十日（1906 年 6 月 11 日）。

⑧ 《政事门·纪闻·中国部·直隶·京员入天津警务学堂肄业》，载《广益丛报》1906 年版，第 100 期，第 3、4 页。

⑨ 《警员毕业》，载《大公报》光绪三十二年六月初八日（1906 年 7 月 28 日）。

⑩ 《给咨回籍》，载《大公报》宣统三年五月十七日（1911 年 6 月 13 日）。

隶巡警局学习或者直接从巡警局选调警务人才。山东办理巡警，曾选调天津南段巡警总局巡官刘青元、遊戎全富。[①] 江西清江府办理巡警，由天津选调巡长十六名、巡查四名。[②] 在奉天，光绪三十一年（1905 年）盛京将军廷杰认为前任盛京将军增祺所办警务急宜改良，于是整顿警务，在省城“城关内外设分局六所，以北洋派遣来奉之警察员等派充总监、分巡各差”[③]。对此，天津《大公报》有具体报告，《大公报》报道奉天选调之警员有天津南段第三局正巡官罗济恒，天津南段巡警总局警务学员张香阁、韩嘉树，第一局二区巡弁张登瀛，第二局三队巡弁韩瑞瑄，第五局一区巡官陆宗保等人[④]；天津罪犯习艺所委员朱元炯奉调赴奉天办理警务，“并拟带巡弁等员数人，以资熟手”[⑤]。陕西办理巡警，派“警务员共十四名来津，送交警务总局，学习警务”[⑥]。江苏巡抚瑞澂改良警政，仿照直隶设置统辖全省之警务处，并拟从直隶选调警务人员担任警务处各科科员：“苏抚瑞莘帅以苏地警政办理未见起色，拟大加改良……莘帅于前日在本署设一警务处，遵照巡警章程分设各科，遇事亲加统率，以综其成。特委新从清江调来候选知县王兆甲为警务处参事官，巡警总局警政科科官熊士芬为行政科科官，其余各科员俟往北洋调到警务人员来苏后再行继委派。”[⑦] 民政部郎中全兴外放湖北巡警道，赴任时于京津随调警员多名，安置于武汉各警区及警务公所。[⑧] 北京办理警政，也多次派人赴直隶学习或选调警务人才。光绪三十一年九月（1905 年 10 月）清廷下诏决定设立巡警部，原设之内、外城工巡局改为内、外城巡警总厅，归巡警部直辖。十月，巡警部即向直隶派出学习警兵三百名：“北京初设警部，一切警章多未谙练，现在赵侍郎特派警兵三百名赴天津警局学习，以便造就警兵之资格。”[⑨] 十一月《大公报》又报道：北京“外城巡警划分各段，均系由津调来之警兵以驻扎之，

① 《总巡赴东》，载《大公报》光绪三十一年二月初三日（1905 年 3 月 8 日）。

② 《学员将行》，载《大公报》光绪三十一年八月初三日（1905 年 9 月 1 日）。

③ 廷杰：《奏报奉省整顿警察暨创办学堂筹款情形事》，中国第一历史档案馆馆藏档案，军机处全宗，档案号：03—5519—021。

④ 《委赴奉天》，载《大公报》光绪三十一年二月初三十日（1905 年 4 月 4 日）。

⑤ 《调员赴奉》，载《大公报》光绪三十一年十月二十六日（1905 年 11 月 22 日）。

⑥ 《学习警务》，载《大公报》光绪三十二年四月十一日（1906 年 5 月 4 日）。

⑦ 《抚署设立警务处》，全国图书馆文献缩微复制中心：《清末官报汇编·北洋官报》（宣统元年七月二十二日），新华书店 2006 年版，第 2012 页。

⑧ 《正署两警道政见之比较观》，载《申报》宣统二年八月初三日（1910 年 9 月 6 日）。

⑨ 《赴津学习》，载《大公报》光绪三十一年十月二十四日（1905 年 11 月 20 日）。

或租民房，或占官房，以便居住”[①]。北京巡警总厅消防队也拟从天津消防队选调人员：“北京巡警拟仿照天津消防队添设水龙机具，招募消防队兵，拟由天津消防队调拨熟手，以便教授。”[②]

直隶警政对各省警政建设的影响是广泛的、多方面的，在办警模式、警务人才培养等方面的影响更是巨大，无怪乎时人说：“中国之警察以北洋为第一，北洋之警察以天津为第一，此天下公言，非阿谀也。故各省之开办警察，其一切规则无不以天津为模范，其创办之始多半咨调北洋之警务学员，而且往往各派专员来津参观，以为效法之准。是天津之警察为通国所注目，着极大之声誉，概可见矣。”[③] 当时涉身中国警政的日本人三浦喜传也说：“各行省推行警政以北洋为模范，各行省之采用警员以北洋为渊薮，北洋实为警界众矢之的。”[④]

三、直隶警政受日本影响尤著

近代中国深受日本的影响，尤其是清末新政时期。著名的美国汉学者费正清对清末新政中日本的影响这样评价：“这段时间里日本对中国的影响，比英国 19 世纪对中国的影响，或者美国 1915 年至 1949 年对中国的影响，甚至是苏联在 1949 年后对中国的影响都更加深刻、直接。”[⑤] 当时，中国从官府到民间都主张向日本学习，并积极付诸实践。在这样的大环境之下，警政建设也受到日本的深深影响，直隶在此方面所受之影响较他省更深。这可以从赴日警务留学生、官绅赴日游历考察和警察学校日本教习三个方面得到明证。

首先，在赴日警务留学生方面，直隶学生数目位居全国前列。清末，在警务留学生的去向方面，日本居欧美之前，是中国警务留学生的首选国家：“今中国留学欧美者，岁不乏人，而法政警察两科，尚惟日本是赖。”[⑥] 因为当时国内兴办警政尤其是办警初期需才甚急，所以当时的警务留学生以短期速成科为主，这与清末留学教育的总体形势是相同的。光绪三十三年（1907 年），据留日总监督杨枢统计，“比年以来，综计官费、公费、自费学生之得毕业人

---

① 《巡警分段》，载《大公报》光绪三十一年十一月十三日（1905 年 12 月 9 日）。

② 《消防队将入京》，载《大公报》光绪三十二年二月三十日（1906 年 3 月 24 日）。

③ 《改良天津警务议》，载《大公报》光绪三十三年十二月初八日（1908 年 1 月 11 日）。

④ 《发刊词》，载《直隶警察杂志》第一期，宣统二年八月十六日发行。

⑤ John K. Fairbank，Edwin O. Reischauer，Albert M. Craig，East Asia：The Modern Transformation，Boston，1965 年，第 623 页。

⑥ 《警察刍言》，载《东方杂志》第三年第七期（光绪三十二年六月二十五日发行），第 151 页。

数，其速成者居百分之六十”[①]。例如，日本高等警务学堂：第二次警务速成科，光绪三十二年七月（1906年9月）开班，光绪三十三年正月（1907年3月）卒业，39人；第二次高等警察科，光绪三十二年闰四月（1906年6月）开班，光绪三十三年三月（1907年5月）卒业，166人；第三次高等警察科，光绪三十二年九月（1906年11月）开班，光绪三十三年九月（1907年10月）卒业，11人；第一次宪兵科，光绪三十二年八月（1906年10月）开班，光绪三十三年正月（1907年3月）卒业，107人；第二次宪兵科，光绪三十二年九月（1906年11月）开班，光绪三十三年九月（1907年10月）卒业，8人。高等警务学堂中国留学生共计331人。[②] 不过，这种短期速成科警察留学教育时间不是很长，光绪三十二年（1906年）下半年即被清政府叫停了。该年学部通咨各省停止派遣出洋学习各种速成科，随后巡警部按照学部规定通咨各省停派出洋学习速成警察：“近年以来各省派遣人员出洋学习警察及自备资斧请咨前往者络绎不绝，目下留学日本官私费各生合计已万人，以上就中学警察者亦不下千人，员数既多，气类不一，不得不明定限制，以昭郑重。本年学部曾经通电各省将出洋学习各种速成科学生停止派遣在案，警察一项关系尤为重要，自应援照学部定章一律办理。现在本部业经就京师设立高等巡警学堂，并经通咨各省分别筹办高等、寻常各学堂以资造就，有志警学者自不患无肄业之所，无庸再请出洋学习速成，徒滋靡费。除从前各省官私费出洋学生现未毕业者仍令照常学习外，嗣后各省应将官派出洋学习速成警察一项即行停止，其自费请咨者概行批驳，以节虚縻而严限制。”[③] 光绪三十二年八月（1906年9月）直隶省天津职员岳世忠禀请自费赴日本学习速成警察，直隶省即按照巡警部饬令予以批驳。[④]

对于赴日警察留学教育，当时全国多数省份都是比较重视的。湖北开办警政之始，张之洞就于光绪二十八年（1902年）挑选弁目二十人赴日本学习警务，光绪三十年（1904年）又选派文武员弁四十七名赴日本入警视厅及警察学校学习。[⑤] 湖南，巡抚赵尔巽在兴办警政的过程中“选派警察专班学生赴日

---

① 杨枢：《日本游学计划书》，刘真主编，王焕琛编著：《留学教育：中国留学教育史料》（第一册），国立编译馆1980年版，第396页。

② 《日本官立大学及高等专门学校中国学生统计表》，全国图书馆文献缩微复制中心：《清末官报汇编·官报》（第1期，光绪三十二年十二月），新华书店2006年版，第5095页。

③ 《警部通咨停派出洋学习速成警察》，载《申报》光绪三十二年八月二十二日（1906年10月9日）。

④ 《驳习警察》，载《大公报》光绪三十二年八月初二日（1906年9月19日）。

⑤ 黄晋祥：《日本与清末警政》，载《历史教学》1998年第3期。

本学习警务”；端方于光绪三十年十月（1904 年 11 月）接任湖南巡抚后，令这些留日学生“实力研究，编纂讲义课本，分期寄归，以资参考”。同时，“密查勤学纯谨之学生多名，补给学费，令其加功考索，渐进高深”，希望他们“异时学成归国，当必能实心任事，裨益地方”。[①] 端方在署两江总督督办江苏警务时也把“选派人员赴日本学习警务”“视为当务之急”[②]。此外，广东、浙江、四川等省陆续向日本派遣学生，专习警学，以备任使。

与其他各省相比，直隶对赴日警务留学教育更为重视。直隶创办警政之时，国内除京师警务学堂外，还没有其他警务学校，因此直隶省在创办本省警务学堂的同时，向日本派遣了大量的官费警务留学生。因为需才甚急，这些留日警务学生以速成警察科为主。在巡警开办后的第五年即光绪三十二年（1906 年）上半年，直隶省还决定“遴选品行端谨、文理明通、才可任事者数员，不分正佐，资送东洋学习巡警、监狱诸法，约期六个月”[③]。除官费赴日警务留学生外，直隶省自费赴日学习警察等专业的人也很多。

关于清末各省赴日警务留学生的具体数字，由于资料所限，无法统计比较。不过根据沈殿成整理的《清末各省留日毕业学生统计表》，清末各省官费、自费留日毕业生数量湖北居首，其后依次是江苏、浙江、四川、湖南、广东、直隶。直隶省留日学生数量排在全国第七位，居全国前列。[④] 这一数字结果虽然不是专门就日本警务留学生而言，但也基本上能够反映出清末各省赴日警务留学生的分布情况。光绪三十一年（1905 年）至光绪三十二年（1906 年）日本经纬学堂长期警务科、短期警务科和光绪三十二年（1906 年）至光绪三十三年（1907 年）日本东洋大学高等警务科、速成警务科中国留学生分布情况也与以上结果基本相同，直隶省在两所学校的毕业生人数也是排在前列。

① 《筹办警察情形折》，（清）端方：《端忠敏公奏稿》（卷五），沈云龙主编：《近代中国史料丛刊》第 10 辑，文海出版社 1967 年版，第 613 页。

② 《南洋官报》第 138 册，转引自黄晋祥：《日本与清末警政》，载《历史教学》1998 年第 3 期。

③ 《电商派员学习巡警监狱诸法》，载《申报》光绪三十二年五月二十七日（1906 年 7 月 16 日）。

④ 沈殿成：《中国人留学日本百年史》，辽宁教育出版社 1997 年版，第 213-215 页。

表 6-1　日本经纬学堂长期警务科、短期警务科中国留学生表

学校 学制	省份	毕业人数		学校 学制	省份	毕业人数
经纬学堂长期警务科，学制一年，1905 年 8 月开办，1906 年 9 月毕业	湖北	60		经纬学堂短期警务科，学制九个月，明治三十九年（1906 年）四月开办，同年十二月毕业	湖北	72
	直隶	26			江苏	20
	四川	20			四川	15
	湖南	7			安徽	12
	浙江	5			湖南	9
	山东	5			浙江	5
	广东	3			山东	3
	贵州	2			河南	2
	陕西	2			京城	2
	山西	1			直隶	1
					广西	1
					陕西	1
					云南	1

资料来源：《经纬学堂长期警务科毕业生姓氏及成绩表》《经纬学堂短期警务科毕业生姓氏及成绩表》，全国图书馆文献缩微复制中心：《清末官报汇编・官报》第 2 期，新华书店 2006 年版，第 5121-5126 页。

表 6-2　日本东洋大学高等警务科、速成警务科中国留学生表

学校 学制	省份	毕业人数		学校 学制	省份	毕业人数
东洋大学高等警务科，学制十个月，1906 年 7 月开办，1907 年 4 月毕业	江苏	11		东洋大学速成警务科，学制八个月，明治三十九（1906 年）年七月开办，四十年（1907 年）二月毕业	江苏	20
	湖南	7			湖北	16
	奉天	7			湖南	15
	浙江	6			安徽	9
	四川	6			山西	5
	湖北	3			直隶	4
	江西	3			浙江	4
	直隶	2			山东	4

续表

学校 学制	省份	毕业人数		学校 学制	省份	毕业人数
	广东	2			贵州	2
	山西	1			广东	1
	河南	1			江西	1
					陕西	1
					河南	1
					奉天	1

资料来源：《东洋大学各速成科毕业生及成绩表·四速成警务科毕业生》，全国图书馆文献缩微复制中心：《清末官报汇编·官报》第5期，新华书店2006年版，第5130、5131页；《东洋大学高等警务科卒业生姓名成绩表》，全国图书馆文献缩微复制中心：《清末官报汇编·官报》第5期，新华书店2006年版，第5185、5186页。

值得注意的是，直隶赴日警务留学生的数量不代表在直隶从事警务活动的日本归来警务留学生的数量。“由于地缘关系和北京是政治中心的缘故，相当多的华北籍留日学生回国后散布在家乡的各个城市，不少原籍江南的留日学生，也到北平、直隶省的天津、保定等一些较为发达的城市谋求职业。”① 因此，在直隶从事警务活动的赴日归国留学生可能要比直隶派出的赴日警务留学生多。这一点从宣统三年（1911年）直隶警务公所官员籍贯分布也可以看出。该年直隶警务公所科长、副科长、科员共计25人，其中直隶本地人只有1人。其余24人中，6人是直隶警察学堂毕业生，其余大部分人毕业学校、是否为留日学生没有标明。但是，这足以说明这些外省毕业生学成毕业后并没有回原籍工作，而是来到“北平、直隶省的天津、保定等一些较为发达的城市谋求职业”。其中，陈秉璐是安徽怀宁县人，留日警察毕业生；余耕礼是四川新都县，留日法政毕业生。

① 江沛：《留日及东游归国群体与直隶省的近代化进程：1900—1928》，载《史学月刊》2005年第5期。

表 6-3　宣统三年（1911 年）直隶警务公所人员表

科室	职别	姓名	籍贯	出身
	直隶巡警道	叶崇质	安徽	荫生
总务科	科长	张宏周	安徽合肥	北洋高等巡警学堂毕业生
	副科长	丁罍	湖南清泉县	毕业生
	科员	朱绍雍	河南光州	北洋高等巡警学堂毕业生
	科员	江毓麐	安徽怀宁县	监生
	科员	冯景桼	河南祥符县	北洋高等巡警学堂毕业生
	科员	姚兆鸾	安徽怀宁县	监生
	科员	王清骏	直隶东光县	北洋高等巡警学堂毕业生
行政科	科长	余恩纶	安徽桐城县	毕北洋高等巡警学堂毕业生
	副科长	朱堉	浙江仁和县	湖北巡警学堂毕业生
	科员	崔逢霖	安徽太平县	荫生
	科员	沈豫立	河南祥符县	荫生
	科员	钱杰	浙江桐乡县	毕业生
	科员	娄守愚	浙江会稽县	监生
司法科	科长	余耕礼	四川新都县	留日法政毕业生
	副科长	余上达	安徽怀宁县	优附贡生
	科员	隨良	汉军正白旗	廩贡
	科员	程世谦	河南光山县	监生
	科员	刘景范	安徽旌德县	举人
	科员	田文弨	湖北夏口厅	附生
卫生科	科长	张宏周	安徽合肥	北洋高等巡警学堂毕业生
	副科长	王景福	浙江山阴县	毕业生
	科员	杨卓家	湖南湘潭县	直隶高等巡警毕业生
	科员	王方瀛	河南固始县	北洋高等巡警学堂毕业生
	科员	陈秉璐	安徽怀宁县	留日警察毕业生
	科员	周尔昌	河南祥符县	监生

资料来源：内阁印铸局：《宣统三年冬季职官录》，沈云龙主编：《近代中国史料丛刊》第 29 辑，文海出版社 1968 年版，第 632-634 页；《直隶全省警务公所员司简明履历一览表》，载《直隶警察杂志》第一期，宣统二年八月十六日发行。

注：此处总务科科长与卫生科科长同为张宏周一人，因为直隶巡警道认为卫生科事务较简，应精简用人，故将总务科科长兼卫生科科长。

其次，在官绅赴日游历考察方面，直隶居全国之首。对于官绅出洋游历游学清政府是持鼓励态度的，清朝的实际掌权者慈禧懿旨说："已为职官者皆读书明理深知法度之人，令其出洋游历最为有益无弊，翰林尤宜多派出洋，满汉皆宜选派。"[①] 为鼓励更多的官绅出洋游历游学，光绪二十九年（1903年）张之洞、张百熙、荣庆上折奏请奖励职官游历游学，并得到了清廷的批准。该奏折规定了职官游历游学分类奖励办法，给予科名、予以升迁、破格奖励等，并要求"凡游历考察所及，均宜详细记载，笔之于书……凡应奖者，仍必须有答记著作实有所得者，方准给奖。年限虽多毫无记录者，仍不给奖"[②]。该奏折对近代中国游历游学特别是赴日游历游学的影响很大，《近代中国教育史料》点评："当日因急于变法，缺乏人才，故以科名奖励为饵，光绪三十年以后，赴日游历游学者特多，此片有重大关系也。"[③] 光绪三十一年七月（1905年8月）政务处又下令，要求各州县官到任之前需要先赴日本游历，考察庶政。随后光绪三十二年（1906年）又颁布了《通行京外给咨出洋游历简章文》，州县官赴日游历考察逐渐制度化。直隶首任巡警道舒鸿贻，光绪三十二年（1906年）赴日本游历，回国后著有《东瀛警察笔记》一书。

张之洞对于官绅赴日游历考察一事一直是持鼓励态度的，早在光绪二十九年（1903年）上折奏请奖励职官游历游学之前，他即在光绪二十七年（1901年）著名的《江楚会奏变法三折》中提出"广派游历"的建议，并认为"以先游日本为急务"。他认为赴日游历与欧美相比有两大优点：第一，日本语言文字与中国相近，华侨也多，因此翻译人员容易寻找，同时日本与中国距离较欧美近，这样就便于考察，获益相对于欧美较快；第二，日本诸事虽然是仿照西方，但是大都根据本国情形斟酌改易变通，而日本又与中国文化、国情等相近，因此适合中国采用。[④] 光绪三十一年三月（1905年5月），张之洞又札文湖北省，明确命令湖北实缺州县官员必须赴日游历，悉心考察，并规定考察人

---

① 《奏请奖励职官游历游学片》，舒新城：《近代中国教育史料》（第一册），上海中华书局1928年版，第172页。

② 《奏请奖励职官游历游学片》，舒新城：《近代中国教育史料》（第一册），上海中华书局1928年版，第173页。

③ 《奏请奖励职官游历游学片》，舒新城：《近代中国教育史料》（第一册），上海中华书局1928年版，第171、172页。

④ 《遵旨筹议变法谨拟采用西法十一条折》，苑书义、孙华峰、李秉新：《张之洞全集》，河北人民出版社1998年版，第1431页。对于张之洞所说的赴日游历的优点或者说是原因，日本学者也持相关论点。见［日］实藤惠秀著，谭汝谦、林启彦译：《中国人留学日本史》，生活·读书·新知三联书店，1983年版，第15-17页。

员必须细心记录，回国后将考察所记上呈校阅。[①] 在张之洞的主持下，光绪三十年（1904 年）至光绪三十一年（1905 年），湖北先后派出文武官员 95 人赴日本学习、考察警务。[②]

除张之洞统辖下的两湖大量派遣官绅赴日游历考察外，其他各省也先后派遣官绅赴日游历考察。但是，总体看来，直隶官绅赴日游历考察较他省更为突出。这是因为直隶总督袁世凯对派遣官绅赴日游历考察是非常重视的，光绪三十一年（1905 年），他与张之洞在全国率先提出实缺州县到任前须赴日游历考察的政策："今之识时务者，辄忧民智之不开。顾治民事者官也，而官之泄沓如故。作民望者绅也，而绅之蒙昧如故。欲求民智之开，非由官绅入手不可。开智之道，年少英俊者使之游学，年长更事者使之游历，二者分途并进，多历年所，收效必宏。直隶游学官绅士人，经臣先后派遣官费、自费各学生计一百数十人，络续东渡，但费重时长，暂难普及。因议订官绅游历之法，期于祛锢蔽而广见闻。亲民之官莫如牧令，凡学堂、警察、农工诸大政，皆关紧要，宜有师资。现通饬实缺州县人员，除到任已久，未便令离职守外，其余新选新补各员，未到任以前，酌给津贴，先赴日本游历三月，参观行政、司法各署及学校实业大概情形，期满回国，然后饬赴新任，并责令呈验日记以征心得。数年以后，出洋之地方官日见增多，庶新政不致隔膜。此派官游历之办法也。又以各州县学堂工艺诸端，官不能独任其劳，皆须绅董相助为理，特以风气未开，或漫不经心，或暗相掣肘。现通饬各属公举品端学粹之绅，咨送日本游历四月。应需经费有取诸学款者，有另行筹备者。每州县至少须送一人，选派护送员、译员随同东渡。此遣绅游历之办法也。方今时局更新，惟有上下一心，博采邻邦之良法。此项官绅游历为目前行政改良之渐，即将来地方自治之基。"[③]

在清廷和直隶地方政府的推动下，直隶官绅赴日游历考察活动频繁，人次高居全国之首。光绪二十八年（1902 年），北洋农务局总办黄璟率人赴日考察。光绪二十九年三月（1903 年 4 月），直隶派出凌福彭等近 60 人的考察团赴日本参观考察，其中有巡警学堂学生三名。同年八月（1903 年 9 月），天津府知府凌福彭率洋务委员富士英等赴日考察歌山织布厂、大阪府监狱习艺等事项。翌年，凌福彭再次赴日，用一个月的时间，专门考察了日本的监狱。在不

---

① 《鄂督张饬湖北实缺州县出洋游历博览周咨札》，载《申报》光绪三十一年三月二十九日（1905 年 5 月 3 日）。

② 陈彩霞：《张之洞与湖北近代警察制度的创建》，载《湖北警官学院学报》2011 年第 3 期。

③ 《遣派官绅出洋游历办法片》，天津图书馆、天津社科院历史研究所编：《袁世凯奏议》，天津古籍出版社 1987 年版，第 1161、1162 页。

到两年的时间里，天津府知府凌福彭三次被直隶总督袁世凯派赴日本考察。光绪三十一年（1905 年）下半年，直隶省更是先后分四批派遣了 200 多人赴日本游历考察：光绪三十一年五月（1905 年 6 月），派出第一期游历士绅 40 余人，历时五个月；六月（1905 年 7 月），派出第二期游历士绅 72 人；七月（1905 年 8 月），派出第三期游历士绅 60 余人，历时五个月；八月（1905 年 9 月），派出第四期游历士绅 50 余人。据统计，光绪二十七年（1901 年）至宣统二年（1910 年）间，清政府派遣赴日考察官绅共计 420 人，各地派遣赴日考察官绅 916 名，其中由直隶派出的官绅达到 225 名，高居全国各省各地之首。[①]

与大环境相适应，在赴日考察警务方面，直隶官绅人数也是位居全国之先。由于资料所限，清末各省赴日考察警务官绅人数无法统计，不过监狱是警政的重要方面之一，清末赴日考察监狱人员情况能够较好地说明这一问题。由下表可知，清末直隶赴日考察监狱人数 15 人，为全国最高。

表 6-4　清末各省赴日考察监狱人数一览表

	1903 年	1904 年	1905 年	1906 年	1907 年	1908 年	1909 年	1910 年	合计
直隶总督兼北洋大臣	2	4	4	5					15
南洋大臣				1					1
湖广总督			10						10
四川总督	7								7
两江总督					2				2
贵州巡抚			13		1				14
安徽巡抚				9					9
河南巡抚				1					1
浙江巡抚				2	1				3
山东巡抚				5					5
湖南巡抚					2				2
江苏巡抚				2					2
广东巡抚								1	1
陕西巡抚				4					4

资料来源：孔颖：《论清末日本狱制考察》，载《日本研究》2006 年第 4 期。

① 江沛：《留日及东游归国群体与直隶省的近代化进程：1900—1928》，载《史学月刊》2005 年第 5 期。

直隶官绅赴日游历考察不但批次多、人员数量多，而且涉及的州县也很多。其中有名可查的州县有迁安、柏乡、清丰、高邑、宁晋、栾城、巨鹿、博野、广昌、赵州、满城、抚宁、容城、无极、任丘、保定、曲周、邢台等府州县。[①] 特别值得一提的是，直隶赴日游历考察官绅书写有大量日记和考察记，如周学熙（北洋银元局总办、道员）《东游日记》、严修（翰林院编修、直隶学校司督办）《东游日记》、晏宗慈（直隶补用同知）《随搓日记》、胡景桂（直隶省学校司督办）《东瀛纪行》、王景禧（直隶学校司总办、翰林院编修）《日游笔记》、王用先（直隶河间府宁晋县士绅）《游东笔记》、田鸿文（直隶顺德府邢台县知县）《（乙已）东游日记》、刘瑞嶙（直隶正定府栾城县知县）《东瀛考政录》、郑元濬（直隶永平府抚宁县知县）《东游日记》、王锦文（直隶沧州士绅）《乙已东游日记》、段献增（直隶天津府盐山县知县）《东邻观政日记摘录稿》、罗毓祥（直隶知县）《东游日记》、涂福田（直隶顺德府巨鹿县知县）《东瀛见知录》、郭钟秀（直隶正定府井陉县知县）《东游日记》、恩惠（直隶赵州知州）《东瀛日记》、吴烈（直隶保定府满城县知县）《丙午东游日记》、兰陔（直隶易州广昌县知县）《谨将游历东洋考查各节钞》、逄恩承（直隶候补道）《日本最近政学调查记》、郑崧生（准补直隶保定府新城县知县）《瀛洲客谈》、王三让（直隶永平府卢龙县举人）《游东日记》等[②]。这些日记和考察记涉及日本的政治、法律、经济、文化、教育等各方面内容，对于普及政法知识、警察知识等起了重要作用。

官绅赴日游历考察，与警务留日学生集中学习知识不同：他们考察内容主要是实际政务，诸如农业、司法、监狱、警察、军事等，无所不及；他们游历考察的目的是回国后借鉴，仿效实践。更为重要的是这些官绅大多担任官职或影响一方，在职权范围内迅速将其在日本所学的知识用于实践，对直隶的警政建设产生了极大的推动作用。

例如，直隶狱政改革，主要是在赴日游历考察官员的推动下进行的，其中三度赴日考察的天津府知府凌福彭更是天津狱政改革的主持者。清末天津狱政改革取得了很大的成绩，成为地方模范监狱，在全国引起了巨大反响。光绪二十九年（1903 年）天津府知府凌福彭率人赴日考察，先后参观了东京监狱、土谷监狱、巢鸭监狱、大阪监狱、崛川监狱。回国后，凌福彭即上书直隶总督袁世凯，指出："方今各国环峙，非修内政无以定外交，内政之要，首在刑

① 孙雪梅：《清末民初中国人的日本观——以直隶省为中心》，天津人民出版社 2001 年版，第 38 页。

② 孙雪梅：《清末民初中国人的日本观——以直隶省为中心》，天津人民出版社 2001 年版，第 207-210 页。

律。监狱一日不改，则刑律一日不能修。现在保定、天津两处巡警之政已行，外人犯法者皆一律拿究，实为明效大著。镃基待时，正在今日至。直省民风质朴，俭而不勤，游惰者多，且每年例灾例赈习以为常，遂至流为乞丐而不自知。惩警场之设，事不得已。”[①] 建议效法日本，进行狱政改革。袁世凯批示由天津府知府凌福彭与天津巡警局共同协商狱政改革。光绪三十年（1904 年）天津罪犯习艺所创办，并“采择日本成法”[②]，制定《天津监狱习艺所办法》《天津监狱习艺所看守兵差务规则》《天津监狱习艺所办理事务章程》等一系列法规。数月后，天津罪犯习艺所已是“极形整齐，成效可观”[③]，堪称全国模范。刑部候补员外郎熙桢在考察日本监狱后认为：尽管国内其他省份在开办习艺所方面大多有名无实，但是就天津来说，其“监狱之规则，各员办事之条例，作业工师之服务，以及各种图表，均井井有条，实足与东瀛相颉颃”。因此，他建议有志于政法之人，如果不能远赴日本参观，不妨就近以天津作为学习榜样：“日本监狱以巢鸭最良，我国监狱以天津为最良。苟有志于法律者，不能法于东瀛，不妨近取于天津也。”[④] 天津罪犯习艺所为全国其他各省罪犯习艺所的兴建提供了榜样，产生了很大的影响。

在直隶狱政改革期间，其他曾经赴日游历考察的官员也积极建言献策。如留日两年、时任赤城县丞的涂景瑜，在对日本监狱实地考察后上书直隶总督，提出“狱政改良切要事宜六条”，即监狱改良宜先颁准则，宜于省城先行创设监狱局，监狱宜分路建设，各州县监狱积弊亟宜实行革除，州县班管宜实行禁革，职业学校宜广为设立。[⑤] 调查日本监狱员范倅炳上书直隶总督，指出：“日本维新以前，凡欧洲各国之人至东亚者，其领事皆有裁判权，率皆挟条约之定而服从本国之法律，以半开国法律严酷，不能与文明国法律相通。至其法律狱制改良以后，始改定条约而除去外国领事之裁判权，此亦我国所宜取法不容稍缓之图也。是监狱与法律、警察、卫生诸要政有形影表里之关系，皆宜切实举行，不使偏废，庶可日臻强盛矣。兹谨就考察日本，改良监狱制度，酌量

---

① 《天津府凌守福彭考查日本监狱情形节略》，甘厚慈：《北洋公牍类纂》，文海出版社 1966 年版，第 391 页。

② 《南段巡警局天津道府拟呈习艺所办法暨经费清折会禀并批》，甘厚慈：《北洋公牍类纂》，文海出版社 1966 年版，第 393 页。

③ 《直隶总督袁奏创设罪犯习艺所办理情形折》，载《东方杂志》第二年第五期（光绪三十一年五月二十五日发行），第 66 页。

④ （清）熙桢：《调查东瀛监狱记》，刘雨珍、孙雪梅编：《日本政法考察记》，上海古籍出版社 2002 年版，第 204 页。

⑤ 《留学日本警监学校赤城县丞涂景瑜上列宪改良直隶监狱条陈》，甘厚慈：《北洋公牍类纂续编》，文海出版社 1966 年版，第 272-282 页。

与吾国适宜而亟应仿行者，胪陈十条。”其所提改良监狱意见十条分别是：宜设监狱官吏学堂，以培养管狱人才；推广毕业看守之出路，以资鼓励；设拘置监，以羁押未决囚犯；设地方监，以拘禁已未决囚犯；设模范监狱，为全省之标准；监狱与习艺所宜各正名称，以定宗旨；重视教诲教育，以期化莠为良；囚人宜习轻本之工艺，以期出狱后易谋生业；编译东西各国监狱杂志诸书，以资考究；监狱外部宜建筑官舍，以免与民舍相接致失严整。[①] 调查日本监狱员高令蕴，在先后对日本东京、巢鸭、市容、小管、横滨、浦和各处监狱调查后上书直隶总督，提出：宜培养狱官人才为开创及日后扩充之张本，改良监狱须分期次第举办等意见。[②] 这些条陈、意见多被直隶总督采纳，对直隶的狱政改革产生了很大的影响。

赴日游历考察官绅对周围的同事、其他州县官员的视野、施政方针等也产生了直接的影响，使得直隶各州县在办警过程中纷纷以日本为仿效对象，借鉴日本警政办法。如大名县令李绮青在改良巡警的禀文中以日本作比较，指出：“揽观列强非有完备之警察不足以言自治，是以日本警察隶府县行政一部，而裁判属司法，捕盗归宪兵，权界清析。我国府县共治，法权歧出，若按列强成式必多窒碍难行。检查日本警察各学说，彼邦经营警政垂三十年，约略分两时期。第一期明治初年，采取法兰西，用集合法，东京各府县设警察署、警察分署。所谓警察署、警察分署者，即今日之巡警局、巡警分局也。迨明治十七八年间伊藤博文等考察回国，以德国警察为善，遂专用德国散在法。是时彼国宪法已成，地方自治公共团体已立，以警察直接于人民亦若阴受人民之监督，是以行之无弊。我国自治未完，议会未立，绅士无公民资格，宪兵无御暴能力。即境内警兵加意训练，略具形式，尚不离军队性质，于行政机关隔膜殊多。若仍在各村自行招募，自行捐办，无统治分治之人，无论积弊丛生，毒中地方而不觉。而此乡彼乡绵长一二十里不等，声气间隔，以少数之兵期弭多数之匪，岂可得乎？”[③] 庆云县在筹办巡警学堂的禀件中也是以日本作比较。[④]

---

① 范倅炳：《调查日本监狱员范倅炳上列宪改良直隶监狱条陈》，甘厚慈：《北洋公牍类纂续编》，文海出版社 1966 年版，第 282-298 页。

② 高令蕴：《调查日本监狱员高令蕴上列宪改良直隶监狱条陈》，甘厚慈：《北洋公牍类纂续编》，文海出版社 1966 年版，第 298-305 页。

③ 李绮青：《大名县李令绮青禀奉饬改良巡警情形文并批》，全国图书馆文献缩微复制中心：《清末官报汇编·北洋官报》（光绪三十四年正月二十九日），新华书店 2006 年版，第 877 页。

④ 章绍洙：《庆元县章令绍洙禀筹办巡警学堂及城乡巡警情形文并批》，甘厚慈：《北洋公牍类纂》，文海出版社 1966 年版，第 675 页。

再次，在聘用日本教习方面，直隶仅次于国都北京，远多于其他各省。直隶总督袁世凯对日本警察制度是非常赞赏的，在上任直隶总督前就欲仿效日本兴办巡警。当时日本人川岛浪速在北京协助清政府办理京师警务学堂，引起了袁世凯的注意。川岛浪速可能是袁世凯最早接触的日本警务人员。据日本黑龙会的《东亚先觉志》所言："义和团事变后，袁世凯由山东巡抚转任直隶总督而入京谒见时，有一天川岛与青木宣纯中佐同去袁的旅寓访问，讲述了振兴警察制度的意见，袁当即表示赞成，并宣称上任后尽快施行。到保定上任后不久，袁派冯国璋接川岛来谈创设警察的方法。川岛在保定居住了十几日，和袁任命的委员等商议，结论是要创立模范警察。"① 由此可见，袁世凯在直隶创办巡警之前就与日本警务人员进行了接触，受到了日本的影响。及至保定创办巡警，直隶总督袁世凯聘请了日本人三浦喜传作为顾问。三浦喜传不仅参与制定了直隶最早的警务章程《保定警务局章程》，帮助赵秉钧创办了保定巡警，而且对天津巡警的兴办也多有参与。他还曾担任北洋高等巡警学堂的总教习。三浦喜传何时离开直隶不得而知，不过根据他写给《直隶警察杂志》的发刊词可以判断至少在宣统二年八月（1910 年 9 月）他还在担任北洋高等巡警学堂总教习一职。

由于在警务教习方面人才缺乏，加之日本警务顾问的大力推荐，清末直隶的北洋巡警学堂和直隶警务学堂聘用了多名日本教习，其人数仅次于北京京师高等巡警学堂，远远超越其他各省（详见下表）。这一情况和清末直隶各种日本教习总人数在全国的比重情况基本相同。据不完全统计，光绪二十七年（1901 年），全国聘用各方面日本人才 26 名，有 13 人在直隶省工作；光绪三十年（1904 年），全国聘用日本人增至 218 名，其中在直隶工作的有 85 人；光绪三十三年（1907 年），全国聘用日本人达到 555 名，其中直隶有 174 人。清末直隶所聘用的日本教习始终居全国之首。②

① 转引自［日］吉泽诚一郎著，张利民译：《光绪末年天津巡警的创设和城市行政的变化》，天津城市社会学研究会、天津社会科学院历史研究所：《城市史研究》第 10 辑，天津古籍出版社 1995 年版，第 128 页。

② 江沛：《留日及东游归国群体与直隶省的近代化进程：1900—1928》，载《史学月刊》2005 年第 5 期。

表 6-5　清末各省警察学校日本教习一览表

省份	校名	教习姓名	职责
北京	京师高等巡警学堂	川岛浪速	监督
		浅井新太郎	教习兼翻译
		染川丰彦	教习
		町野武马	教习
		前田爱之进	教习
		岩井北子	教习
		上田大亮	教习
		野口清	教习
		赤须德治	教习
		长谷川辰之助	教习
		小河滋次郎	教习
		中村襄	教习
		志田钾太郎	教习
		潮村哲次郎	教习
		相苏清五郎	教习
		小平总治	教习
		阿部精二	教习
		久松省三	教习
		镰田弥助	教习
		太田原俭次	翻译
		佐藤长太郎	翻译
		稻田穰	教习
		内田茂太郎	教习
		堀内维一	教习
直隶	北洋巡警学堂（天津警务学堂）	三浦喜传	总教习兼警务顾问
		中岛比多吉	教习兼翻译
		镰田弥助	教习
		小川胜著	教习
		和泉正藏	教习
		原田俊三郎	教习
		天野健藏	教习
		村田	教习
		郫田宜宽	教习
		河崎武	教习兼翻译
		葛上德五郎	教习
		纲岗德五郎	教习
	直隶警务学堂	村田宜宽	宗教习
		镰田弥助	教习
		前田丰三郎	教习
山东	山东警务学堂	别府彦麿	教习
山西	山西警务学堂	柏原公敬	正教习
		寺坂藤楠	副教习
		有马金次	教习
江苏	南京巡警学堂	新纳时哉	教习
湖北	武昌高等巡警学堂	小平总治	教习
福建	福建警务学堂	佐仓孙三	教习
广东	广东警务学堂	大胁菊次郎	教习
浙江	宁波巡警学堂	石井信五郎	教习

资料来源：肖朗、施峥：《日本教习与京师警务学堂》，载《近代史研究》2004 年第 5 期；汪向荣：《日本教习》，中国青年出版社 2000 年版，第 72-107 页。

日本教习除在警务学堂教书授课外，许多人还在各级巡警局任职，担任顾问或稽查等，对清末直隶警政建设的影响不可低估。天津警政的创办，日本人原田俊三郎、伊藤次郎、中岛比多吉等人在其中发挥了重要作用。原田俊三郎、伊藤次郎曾被聘请为天津南段巡警总局总办赵秉钧的顾问和帮办，天津的许多警察规章就是在他们的指导下制定的。原田俊三郎后来还在直隶警务公所任职。中岛比多吉先是在保定警务学堂任职，光绪二十八年七月（1902 年 8 月）被调往天津，协助办理巡警事宜。《大公报》报道说："袁宫保于本埠巡警一事甚为认真，上月电招保定警务学堂译员中岛比多吉来津布置考察巡警事宜。闻中岛氏精通华语，留心远东问题，东方青年学界志士也。"① 天津巡警学堂日本教习郇田宜宽曾被任命为天津习艺所总稽查②；巡警教习村田氏"在本公馆内请四乡巡警各局巡官茶会，会议警务事宜，许久乃散"③；三浦喜传光绪三十年六月（1904 年 7 月）以天津警务学堂日本教习身份到保定查看警务事宜，受到了很高的礼遇："天津警务学堂日本教习三浦君，于十二日由津乘晚车到省查看警务事宜，各街巷站岗巡兵一律更换新衣，借壮观瞻。"④

第二节　清末直隶警政的不足

一、警政建设深受经费不足的长期困扰

财政紧张是清末中央政府和地方政府面对的一个严重问题。正常的开支，多次的对外对内战争，巨额的战败赔款等，使得各级政府焦头烂额。清末实行新政，各项事业次第展开，庞大的新政开支更使得财政危机雪上加霜。财政是施政的保证，政治离不开经济孤立运行。没有了充足财政的保驾护航，清末新政在施行过程中出现了种种困难。在全国上下财政吃紧的大环境下，警政建设也不可能幸免，即使如直隶这样重视警政建设的省份也是如此。而且直隶在八国联军侵华中受到巨大破坏，经济残破，财政窘迫。"至 1902 年 10 月，直隶财政已极为困窘，从山东借款二十万两白银支付赔款，剩余赔款则从本省土地税收支付。在这样困难的情形下，作为直隶总督的袁世凯很难正常施政，此后

① 《警员来津》，载《大公报》光绪二十八年八月初四日（1902 年 9 月 5 日）。

② 《南段巡警局天津道府拟呈习艺所办法暨经费清折会禀并批》，甘厚慈：《北洋公牍类纂》，文海出版社 1966 年版，第 393 页。

③ 《教员会议》，载《大公报》光绪三十一年八月十九日（1905 年 9 月 17 日）。

④ 《查看警务》，载《大公报》光绪三十年六月十六日（1904 年 7 月 28 日）。

的经济、教育、军事等新政更不必说。”[①] 据资料显示，直隶警政长期深受经费不足的困扰，直至清王朝灭亡，这一问题也未能得到解决。宣统二年（1910年）顺直谘议局就办警经费状况指出：“直隶全省警费，商铺捐外，概系亩捐，然皆年筹年款，无丝毫储蓄……直隶全省财政现象已极困难，警费一节其从容将事者虽间有之，而勉强支持者实居多数，甚且搜罗百计不获一钱，至今尚未设置或虽设置而旋复解散者亦时有所闻。”[②] 如盐山县，“光绪二十九年初设巡警局，城设巡官，乡责铺董。警兵在城者，由县筹饷，在乡者由各村醵摊。三十一年朝廷设巡警部（后改民政部），各州县益推行之。盐山以经费无出，仅于城内养警兵数名以塞责”[③]。大兴县，“巡警讲习所开办之后收效颇速，兹因经费困难拟将该所即行裁撤”[④]。香河县，巡警“肇始于清光绪三十年，奉直隶总督通令创办……其警额共募三百五十名，分驻各村。每名饷银三两，由各村青苗会自行筹发。并由顺天府领枪三百六十支，除县署十枝支，其余由各保按警额分领。嗣由顺天府派来教练官一员，设警察教练所于城内，轮调各警，分班教练。旋因款绌裁撤，由总董选任总教员一名，按期轮赴各保教练，每年春秋两季，全数调至城内合操，以别优劣。至三十三年，公议裁去巡警一百五十名，所余二百名，除本城外，各乡逐渐解散矣”[⑤]。安州，“传习所现因无款可筹，暂由各区长按星期轮流传习，分班抽练，俟经费稍充，另行择地开办”[⑥]。良乡县，县令惠年报称：“我良巡警，前虽设立有年，而涣散情形不堪言状，因无的款故。耳父台莅任后非不竭力整顿，然难筹有的款，究属难利推行。”[⑦] 广宗县，“警兵初招一百六十名，因经费支绌，屡经裁汰”[⑧]。沧

---

① Stephen R. Mackinnon：Power and Politics in Late Imperial China：Yuan Shi—kai in Bejing and Tianjin，1901-1908，University of California Press，1980年，第52页。

② 《顺直谘议局申覆咨询警务备荒警费案》，载《大公报》宣统二年十月初五日（1910年11月6日）。

③ 《民国盐山新志》卷十《法制略·新政篇七》（中国地方志集成·河北府县志辑·第43辑），上海书店出版社2006年版，第199页。

④ 《拟裁巡警讲习所》，载《大公报》光绪三十四年正月二十四日（1908年2月25日）。

⑤ 《民国香河县志》卷四《行政·组织·公安局》（中国地方志集成·河北府县志辑·第27辑），上海书店出版社2006年版，第53、54页。

⑥ 《安州刘牧宝泰禀整顿警务情形文并批》，全国图书馆文献缩微复制中心：《清末官报汇编·北洋官报》（宣统元年正月二十三日），新华书店2006年版，第1254页。

⑦ 《良乡县惠令年详城内巡警分班抽调粗具规模文并批》，全国图书馆文献缩微复制中心：《清末官报汇编·北洋官报》（宣统二年二月），新华书店2006年版，第2726页。

⑧ 《民国广宗县志》卷六《法制略》（中国地方志集成·河北府县志辑·第73辑），上海书店出版社2006年版，第44页。

县，“其应用经费由城乡酌摊，款无定数，警亦无定额……四乡警饷归各区董筹措，嗣因年岁告歉，警款支绌，警额饷额递次缩减”①。南乐县，县令廖毓英整顿警政，因经费支绌，不得已将本已低下的警薪进一步减低，并裁减警额②。衡水县，“本有新招马巡二十六名，步巡一百七十四名。马巡因经费支绌，欠饷太多，不得不悉数裁撤，以免饥噪。步巡以所欠过巨，来源甚微，亦不得不暂行从权减半裁撤”③。涞水县，县令汇报本县办警情况时说：“卑县巡警自三十一年春间，卑前县张令遵饬筹办，当在城内设立总局一所，将旧有练勇十名改编巡警，经费饷项仍取给于捐提、各牙纪、工艺经费内分拨支用。其城外关厢地面亦饬由绅董方骏臣等设立分局，招募警兵，遵章举办，一切饷费均由铺商居民常年认捐，然皆具体而微，规模狭隘。至山前四乡，虽节次谕办而风气痼弊，皆以经费难筹为辞，终属迁延观望。”④ 天津向称警政办理最佳，各地办警楷模，也是商贾云集，经济繁盛之地，但是其警政建设也受到经费不足的困扰，只能是勉强支应。直隶总督袁世凯就天津警款筹措之事上奏说：“综计每年饷项杂支及学堂、小轮经费，需款浩繁，非有大宗的款不能济事，不得不仍就津防练饷项下设法腾挪。查津防练军原存十三营，迭经酌量裁并，截至二十七年年底实存六营一哨，旋复裁撤一哨。二十八年秋间复添新练军两营，合为八营，计腾出练军五营全年之饷，移供警务七月之豁，是以二十八年份尚可勉强匀拨。二十九年则短绌甚距，且经按照奏定章程，参练马巡、河巡、暗巡等队，不敷更多，不得已复将练军裁撤四营，以资握注，犹觉竭蹶万分。诚以津防练饷皆系本省自筹，年来地方凋敝，筹不足数，遂致动形支绌。警兵饷项事关要政，不容稍有缺乏，经臣移挪补助，勉强供支，仍归津防练饷项下，按年造报，以符定章。”⑤ 在经费难筹的重压下，直隶甚至有张家口万全县县令陈振之兼察哈尔巡警工程总局差，因办警经费难筹而上禀辞职：“万全县陈振之大令所兼察哈尔巡警工程总局差，原有底款备充经费，前都护拨作

---

① 《民国沧县志》卷六《经制志·行政》（中国地方志集成·河北府县志辑·第42辑），上海书店出版社2006年版，第108页。

② 《南乐县廖令毓英详会议整顿警务办法文并批》，全国图书馆文献缩微复制中心：《清末官报汇编·北洋官报》（宣统元年正月二十三日），新华书店2006年版，第1254页。

③ 《衡水县王令光鸾禀警费实在不敷仍乞批准加收文并批》，全国图书馆文献缩微复制中心：《清末官报汇编·北洋官报》（宣统元年六月初四日），新华书店2006年版，第1763页。

④ 《涞水县汪令嘉架详现办巡警情形暨所筹经费文并批》，甘厚慈：《北洋公牍类纂》，文海出版社1966年版，第683页。

⑤ 袁世凯：《奏报天津及海口一带设立巡警情形事》，中国第一历史档案馆馆藏档案，军机处全宗，档案号：03—5518—090。

他用，现在所有薪饷一切开销均责成陈公自行筹捐办理。惟口地原有各捐商民已觉困难之至，新筹各捐为数无多，常年经费不足甚巨，陈公因之颇为棘手，日前特上禀溥都护恳求告退。经都护再三慰留，仍令接办。”①

办警经费难筹，长期深受经费不足的困扰，引发了种种问题，除了上面所说的导致警额受限，警政规模较小，还造成了警兵待遇、素质低下；因想尽办法筹措经费，引发民变等严重后果。

首先，办警经费不足导致警兵待遇低下，进而导致巡警素质低下。因为待遇低下使得一些人不愿意去应募巡警，而且待遇低下加剧了巡警贪污受贿、贪赃枉法的现象。这些不但导致了巡警素质的低下，而且使得清末警政更趋腐败，严重影响了警政建设的效果。如张家口，工巡局本来卓有成效，但是由于巡警收入极低，“每名祗日给铜元十五枚，昼夜站岗十二点钟之久，尚须调操两次，终日几无休息之时”，而且因“张垣米珠薪桂，不减京津，巡警有钱者垫赔已净，无钱者甚至枵腹从公，虽欲请假告退，而总局一概不准，以故勉强支持，实已筋疲力尽。闻刻下大都心灰，竞相率不辞而去”②。宁河县职绅冯永源向顺天府禀报，该县“乡间巡警俱以无赖游民充当，藉势滋扰，民受其累”③。民国《青县志》指出本县巡警与缉盗禁非等事漠不关心，惟与抓赌抓烟传案等事积极，因为从中可以提赏：“察其成效，所为缉盗贼禁非为以维持地方公安者，适得其反，盗匪日以炽，地方不得宁，是岂设警之本意，人民之所期望者哉？街市通衢平时不见一岗警，而僻处穷乡反甚畏乎见之（巡警下乡惟抓赌抓烟传案数端，冀得提赏，故乡民畏见）。质诸当局，则曰兵额少，机械缺。莫可如何也。”④ 民国《冀县志》也有相似的记载：“巡警之设筹费甚艰，城乡不能遍及，以之捕盗贼、卫闾阎则不足，其所谓尽职者，惟厉行烟赌之禁，藉端苛罚，以鱼肉乡民而已。”⑤ 民国《盐山新志》也指出：本县巡警“惟厉行烟赌之禁，日事苛罚，以为尽职而已（盐山烟赌犯由巡警发觉擒治者赏以罚款之半）。论者反颂不管事者，以为文毋害焉，殆非吾民所望于警政也”⑥。天津警政虽然号称各地模范，但是巡警贪污受贿、贪赃枉法之事也

---

① 《大令辞差》，载《大公报》宣统元年十月三十日（1909 年 12 月 12 日）。

② 《苦哉巡警》，载《大公报》宣统元年十月初三日（1909 年 11 月 15 日）。

③ 《禀陈警政滋事》，载《大公报》宣统元年闰二月初七日（1909 年 3 月 28 日）。

④ 民国《青县志》卷七《经制志·时政篇·警务》（中国地方志集成，河北府县志，第 46 辑），上海书店出版社 2006 年版，第 209 页。

⑤ 《民国冀县志》卷十七（中国地方志集成·河北府县志辑·第 53 辑），上海书店出版社 2006 年版，第 362 页。

⑥ 《民国盐山新志》卷十《法制略·篇七》（中国地方志集成，河北府县志，第 43 辑），上海书店出版社 2006 年版，第 200 页。

是时有发生。如《大公报》报道："西营门外第十四段二道警兵吴锡发，影射赌场，引诱赌者每日聚集其中。"① "督署西辕门外马路有一警兵与一贫妇拉扯不解，该贫妇大声哭喊。询之旁人，云该贫妇系缝穷者，该警兵令其缝补衣服数件仅与铜元一枚，贫妇因其太少，求添数枚，巡兵大怒，连批其颊，贫妇羞忿交加，遂言至营务处声冤不可，巡兵又将贫妇拖回，不准其往营务处。"② "河东水梯子四远茶园，有谢某因观剧口角被北段某局巡警兵多名私用军棒痛殴毒打，几置死地，复以火箸烧红，烙其右手，血肉溃烂，伤痕甚重。扭至本段，该管官偏听一面，棍责二百释放。舁至家中，皆而复甦生者。再种种惨状，已迭志本报。兹经本馆探实，谢某为木作手艺中人，与人向无冲突，而巡警兵之所啸聚群殴实别有原因。盖以该段警兵时常入园观剧，不名一钱，园主畏其官势，不敢作声，转加优待，但求不至逢彼之怒而已。日前园主与谢某口角，警兵遂大动热诚，异常处理，以为报答平日骚扰之意，其实警兵与谢某并无宿怨也。"③

其次，因办警经费不足，为完成上级交给的办警任务，各州县不得不千方百计地筹措经费（相关情况见文后附录3《直隶部分州县办警经费来源情况简表》），甚至是强行摊派。这使得本就对近代警察制度不甚了解的普通民众，甚至是一些地方士绅，充满怨言，并进而引发反抗警政的行为。围场自治生曹云汉、王之桢，学董刘丕承，警董刘昆，四乡绅董杨连桂等即指出："本地自创办新政以来，虽经历任经营筹划，一切款项随等随用，并未有的款。所有城乡学堂巡警诸新政当年经费均由民间地亩摊派，每顷竟摊至七八十吊之多，民间担负之重已达极点，实不堪命。况民间所摊之款必秋成后始能缴纳，春夏所需实无所出，除绅士竭力垫办外，尚需出息借贷，人不免畏难远怨。"④ 南乐县令廖毓英也不无担心地说：办警经费预算"不敷之款，万难再取诸民，恐致竭泽而渔，转生他项变计"⑤。结果不幸被他言中了，清末直隶各地抗交警款的反抗甚至暴动时有发生。例如，仅光绪三十四年（1908年）有案可查的抗警暴动就有六起：二月，隆平县举办四乡巡警，兼筹学堂经费，擅将各村"看青会"应摊粮麦改为折收制钱，数千名群众进城请求免捐，遭警兵开枪射

① 《包赌滋殴》，载《大公报》光绪二十九年四月十六日（1903年5月12日）。

② 《巡兵蛮横》，载《大公报》光绪三十一年八月初一日（1905年8月30日）。

③ 《观剧者咸有戒心》，载《大公报》光绪三十二年正月十四日（1906年2月7日）。

④ 《禀请筹办林业》，载《大公报》光绪三十四年八月初四日（1908年8月30日）。

⑤ 《南乐县廖令毓英详会议整顿警务办法文并批》，全国图书馆文献缩微复制中心：《清末官报汇编·北洋官报》（宣统元年正月二十三日），新华书店2006年版，第1254页。

击，死五人，伤六人。群众怒砸巡警局，释放在押囚犯①。五月，蔚州“农民数千人抗捐，进城捣毁巡警传习所，释放被押苦工”②；五月，景州“举办巡警，增加牲口捐，农民聚众抗捐”③；八月，冀州“筹办巡警，按亩抽捐，当地联庄会组织群众抗捐”④；深州，“先时巡警颇形腐败，其摊费种种勒派，民不聊生，以故聚众抗官之事时有所闻”⑤；南皮，因筹办警政经费大起风潮⑥。这些仅是影响较大、见于记载的反抗警政事件，至于那些规模较小、影响小、未被报道或记载的反抗警政事件数量肯定更多（其他一些反抗警政事件可见文后附录 5《直隶省民间反抗警事件政略表》）。

二、警政建设因人而异，显示出浓重的人治特征

人类社会，从奴隶社会到封建社会一直是人治社会，处于封建社会末期的晚清社会仍然如此。清末的警政建设充分体现了人治的特征。从一省来说，各省警政建设的好坏取决于本省督抚的态度。从州县来说，各州县警政建设的好坏取决于州县官员、巡警局官员的态度。就直隶省来说，往往是直隶警务处查得紧，州县官对警政建设重视，则下边就比较尽职尽责，警政建设成绩就比较好；一旦长官懈怠，则警务就较为混乱。如山海关管带吴乙皿⑦，天津探访局总办杨以德等，皆因尽职尽责而当地警政或本职警务颇有成绩。宁河县芦台镇办理巡警，初由局员平殿奎管理，警政效果较好，但是后来平殿奎因事出局，则警政效果大受影响：“平君奉盐店商总会公邀往沧盐等处缉私，委员出局，刻下局内外每日情形漫无纪律。该巡勇俱懒惰异常，虽街市泥污堆积，粪秽逼人，均不禁止过问。倘不早委精明妥实人员竭力整顿，其黑间恐无所底止矣。”⑧ 山海南关警政则因代理临榆县县令杨灏生的到任而前后相差甚远：“山

① 杨士骧：《奏为查办隆平县乡民因捐聚众滋事缘由事》，中国第一历史档案馆馆藏档案，宫中档全宗，04—01—12—0663—055。

② 河北省地方志编纂委员会：《河北省志 · 大事记》，河北大学出版社 1992 年版，第 165 页

③ 河北省地方志编纂委员会：《河北省志 · 大事记》，河北大学出版社 1992 年版，第 165 页。

④ 河北省地方志编纂委员会：《河北省志 · 大事记》，河北大学出版社 1992 年版，第 165 页。

⑤《刺史恤民》，载《大公报》光绪三十四年十月十六日（1908 年 11 月 9 日）。

⑥《札饬整顿警察》，载《大公报》光绪三十四年七月初八日（1908 年 8 月 4 日）。

⑦《巡警认真》，载《大公报》光绪三十年三月二十七日（1904 年 5 月 12 日）。

⑧《巡警急宜整顿》，载《大公报》光绪三十一年七月二十六日（1905 年 8 月 26 日）。

海南关巡警本系地面商家筹办，举有警董，设局抽款，管理收发等事，行之已久，颇著成效。自七月间，代理临榆县杨灏生大令到任，即派署内兼差者二人充南关稽查，又派采买者、书记者均在警局月支薪金，以致警款不敷。该令因传各栈店主人，饬令加收来往过客旅费。向例每住客一名宿膳洋五角，今则按每客收费六角，内提一角以抵警款。业经该令出示晓谕，一律遵行，违者定究不贷。噫！若非该令位置己人，则该关之警款又何至不给哉？窃叹我国之善政其壤于官家者大率类是。”①

有法不依现象的普遍存在更充分体现了警政建设的人治特征。清末的中国社会正在努力朝法治方向迈进，因为法治是人类社会发展的一种必然要求，正如康德所说：“大自然迫使人类去加以解决的最大问题，就是建立一个普遍法治的公民社会。”② 但是，人治向法治的迈进是艰难的，不可能是一蹴而就的。近代警察制度的创办可以说是近代中国向法制社会前进的一步，清政府颁布了《违警律》《报律》《结社集会律》等一系列法律，制定了《巡警道属官任用章程》《司法警察职务章程》《调查户口章程》等一系列法规章程，希望用这些法律来进一步加强对人民的统治，用这些法规章程来实现行政的去人治化。但是，法律的制定者、执行者在长期人治思想的熏陶下和权力便宜行事的诱惑下，却又不愿去遵守自己制定的法律法规，从而导致了种种有法不依现象的普遍发生。

清末直隶警政建设中的有法不依，一方面表现在巡警官弁本身违法违警事例的频繁发生，这在前文已经多次谈到；另一方面表现在其判决、奖惩等方面不依法律法规办事，往往依上级官员的个人好恶决定判罚的轻重，从而导致不依法治罪现象的普遍发生。如南段巡警第五局僧王祠四队巡弁王连升私藏军器被查获，仅受罚棍责一百二十，驱逐境外，不准在津逗留。③ 而五局一区巡警李书元乘火灾之际隐匿民间拜匣被查获，则受罚“发县监禁五年，以儆效尤，限满由县查看情形，禀请核夺”④。私藏枪械肯定是比隐匿民间拜匣要严重得多，但是二者所受处罚却有着天壤之别。再如曲周县巡警王奉先挟嫌妄拿平民李五，诬指为盗，被县令查获。曲周县酌拟监禁五年，上报督宪。督宪认为：“巡警王奉先挟嫌妄拿平民，诬指为盗，情极凶恶，该县谨拟监禁五年，不足蔽辜，应改为监禁十年，以示惩敬。”并批示：“仰即遵照办理，并录报司道

① 《警款支绌之原因》，载《大公报》宣统元年十月二十三日（1909 年 12 月 5 日）。

② ［德］康德，何兆武译：《历史理性批判文集》，商务印书馆 1997 年版，第 8 页。

③ 《私藏军械》，载《大公报》光绪三十一年二月初十六日（1905 年 3 月 21 日）。

④ 《督宪批示录要》，全国图书馆文献缩微复制中心：《清末官报汇编 · 北洋官报》（宣统元年六月十七日），新华书店 2006 年版，第 1830 页。

府、警务处查照。”① 五年之刑与十年之刑相差甚远，但全赖督宪批示而定。天津有人名瞿鸿宾，因其子忤逆不孝，在南段巡警总局状告其子忤逆。结果巡警局竟然判罚其子监禁十年。对此判罚，《大公报》也认为：“如此重治，此后不孝者当可知戒悔改。然监禁十年似乎定罪太重也。”② 天津报纸还曾报道说：天津“巡警对于偶有可疑之人，不问平日操业如何，即指为秘密会党，拘之入狱，既入狱后，又闻有刑讯逼其供认者，生死不明，殊属骇人听闻”③。可见有法不依之事并不是个别现象，而是比较普遍的。

由于警政建设中人治特征明显，尤其是具体到一地、一个巡警局，其警政建设的好坏更是取决于警官素质的高低。警官素质高，严于律己，勤于督查，则当地巡警办事认真，较少腐败；反之，则当地警政效果不佳，腐败严重。因此，有人即提出“巡官责人宜定限制”的建议：“今天津警务有为当事所宜注意者一事，特委当事陈之。其事为何？盖巡官责人亦定限制是也。查警察制度，凡警察官对于司法机关有辅助检察官而执行刑罚之职务。虽然辅助，则有而执行刑罚，则固非其本职。乃今之各局巡官中竟有擅用刑罚惩责无度者，故外间对于巡官有零碎知县之称。其甚者，如前有甲乙二巡官，因忿怒之私，而甲巡官竟责某人以八百军棍，因而伤重毙命。问其人所犯何罪，盖因携取娼寮一丝弦也。夫巡官执行刑罚固为辅助之职务所宜然，然以身犯微罪之人而擅责重刑，以致之死地，揆诸警察制度得毋谬乎？今宜由总办定以限制，凡重犯宜送总局惩办，巡官不得擅自处治；其轻罪责释之犯至多不得过若干棍。不然若任其所为，不予以限制，将来必至有滥用非刑而累及无辜者，是不可不防之于微也。”④

三、警政发展不平衡

由于各地办警经费足亏情况不同和人治的影响，清末直隶各地警政发展程度严重不平衡：“巡警之设原为保护地方之第一善政，即宪法之耳目也，往年设立警部，而各府厅州县或仍未举办，或办而有名无实，或反复扰索。”⑤ 直隶警政发展的不平衡主要表现在省城及重要城市商埠与一般州县城市发展的不

---

① 《天津县示》，载《大公报》光绪三十三年三月初五日（1907 年 4 月 17 日）。

② 《不孝者听》，载《大公报》光绪三十一年五月十四日（1905 年 6 月 16 日）。

③ 转引自：王先明、张海荣：《论清末警察与直隶、京师等地的社会文化变迁——以〈大公报〉为中心的探讨》，载《河北师范大学学报（哲学社会科学版）》2005 年第 1 期。

④ 《论巡官责人宜定限制》，载《大公报》光绪三十年十一月初六日（1904 年 12 月 12 日）。

⑤ 《立宪祛障录》，载《大公报》二千号祝典增刊，光绪三十四年正月初九日（1908 年 8 月 10 日）。

平衡、州县之间发展的不平衡、城乡之间发展的不平衡。

首先，省城及重要城市商埠与一般州县城市发展的不平衡。直隶警政最先创办于省城保定，初创时即有巡警五百名，以后还有增加。但是，省城保定的警政与天津还有一定的差距，天津警政初办时即有巡警三千余名，而且警种健全，是直隶和全国仿效的榜样。直隶最早的警校即保定巡警学堂、天津巡警学堂，最先在保定、天津两地开办，随后这两地又分别开办了北洋巡警学堂和通省巡警学堂两所高等警校，陆续培训了本地巡警人员和全省及全国部分省份的巡警人员。因此，两地的巡警官兵素质也相对高于他地。这两地警章及各项法规也比较完备，奖惩制度等能够较为严格地执行。更为重要的是，两地一是省城，一是北方最大商埠，经济发达，官员对警政也非常重视，故而两地的办警经费虽然不算充足，但是在直隶总督的协调下都能够得到保障。与保定、天津两大城市相比，直隶的其他州县则有非常明显的差距。在巡警人数方面，各州县即与保定、天津两地相差悬殊。直隶警务处曾对全省警政进行过统一考察、点验（对此前文已有论述），其中巡警人数在500人以上者只有五地，即宁晋县、定州、景州、正定县、沙河县，其余州县巡警人数大都在300人以下。[①]而且其中所列的各州县巡警人数不只是州县城的巡警人数，还包括下面乡镇的巡警人数，这样一来州县城的巡警人数又要减去一部分。不但如此，各州县的巡警人员素质、警政效果等与保定、天津相比也有不小的差距。如宣化府，"张理厅警董史化南、郝长久目不识丁，均称土豪。且史化南原系西宁县人，寄居张理厅，从前又系囚犯，更为众所不齿，揽权狂悖，结党压民。巡官张宪典，虽出身学堂，奈与史化南、郝长久狼狈为奸，惟弊是舞，内堂外堂名实全无，盗贼蜂聚，巡兵掠人，毫不过问。警董与巡官任事一载，百弊丛生，难以枚举"[②]。张家口，"自警察局改为巡警工程总局后，因经费不足，甚至无捐不加，然成效则绝无可观。该局提调、文案、收支及巡官等终日几无所事，非在外尽情嫖赌，即在局任意歌弹，实属不成事体"[③]。深州有巡官王炳麟、林桂田，劣董时之凯、王振纲等勾结，苛派亩捐，罚款浮开冒领，任意侵吞。[④]

其次，州县之间发展的不平衡。清末直隶各州县的办警经费，是各地自筹，省府不负责解决。对此直隶地方政府有规定："各州县创办巡警，皆由各

① 《直隶警务处详送州县巡警比较表恳请奖叙文并批》，甘厚慈：《北洋公牍类纂》，文海出版社1966年版，第654-657页。

② 《札文照录》，载《大公报》光绪三十四年九月十二日（1908年10月6日）。

③ 《工巡局总办之振作》，载《大公报》宣统元年九月二十一日（1909年11月3日）。

④ 《深州绅民上道宪公禀》，载《大公报》宣统二年九月初五日（1910年10月7号）；宣统二年九月初六日（1910年10月8日）。

该州县就地筹款，不得另请款项。”[①] 办警经费由各地自筹的政策造成了直隶各州县办警经费的筹措方式多种多样。光绪三十二年（1906 年），直隶警务处对各州县的警费筹措方法做了统一规定，要求各地“以二十顷地公养巡警一名，倘地面瘠苦或再展为三十顷养一名”[②]。这样按土地征收警捐逐成定制。但是，直隶各州县的警费筹措方法实际上仍未能得到完全统一。办警经费自筹，富裕地区经费相对充裕，则巡警人数较多，且警政效果相对较好；贫瘠地区经费短缺，则巡警人数很难保证，甚至因经费问题而裁减，这些地区的警政效果也因此大受影响。如上文所提到的直隶警务处考察点验中，巡警人数在 500 人以上只有五地，即宁晋县、定州、景州、正定县、沙河县。这五地巡警人数差别也比较大，宁晋县有巡警 758 人，定州有巡警 652 人，景州有巡警 600 人，正定县有巡警 523 人，沙河县有巡警 505 人。其他各州县人数就比较少了，多在 300 人以下，其中最少之州县竟然只有巡警 20 余人，如阜平县 28 人，行唐县 21 人，还不及宁晋等州县巡警人数的零头，实在是少得可怜。[③]

最后，城乡之间发展的极度不平衡。州县城警政的办理效果，虽然与大城市相比逊色，但是与乡镇相比还是要好得多。因为毕竟是一县要地，官府衙门在此，州县父母官长期生活在这里。乡镇警政的办理效果要比州县城差得多，有些地方只是应付了事，有些地方是旋办旋停，有些地方则根本就没有办理。于是，“论者乃有警察宜都会不宜村落之说”[④]。曾担任过巡警部、民政部尚书，对清末警政建设熟知的徐世昌也坦言乡镇巡警甚难办理：“前清末年，有乡镇巡警之议，迄难实行。盖乡镇与城市不同，村落又与乡镇不同，筹费难以，往往判若霄壤。”[⑤] 直隶如沧州，“惟查四乡巡兵，卑前署州赵牧惟庆创办之时，系按村庄之大小定巡兵之多寡，或一名或二三名不等，共计三百八十五名，散出各村无人管束，且皆未经传习，不知警章。原定区域五十三区，系旧有五十三铺改名为区，本属一时权宜之计。四乡虽分八九局，实则并未设立，

① 《筹办通省巡警学堂通饬各州县遵行各项章程》，甘厚慈：《北洋公牍类纂》，文海出版社 1966 年版，第 526、527 页。

② 《直隶警务处详报遵札核定通省各州县巡警试办章程文并批》，甘厚慈：《北洋公牍类纂》，文海出版社 1966 年版，第 646 页。

③ 《直隶警务处详送州县巡警比较表恳请奖叙文并批》，甘厚慈：《北洋公牍类纂》，文海出版社 1966 年版，第 654-657 页。

④ 《民国滦县志》卷六《政事・公安》（中国地方志集成・河北府县志辑・第 24 辑），上海书店出版社 2006 年版，第 168 页。

⑤ 徐世昌：《将吏法言》卷五《知事二・警察》，沈云龙主编：《近代中国史料丛刊续编》第 207 辑，文海出版社 1969 年版，第 258 页。

不过徒有虚名”①。宛平县属之清河镇，“该处现在正兴办警察，惟见其站岗者有警兵二名，一为六十余岁之老翁，一为眇目之村野，持棍而立”②。邢台县，“四乡巡警多行解散，业经本处札查切实筹办在案，嗣据该县禀覆拟秋收后邀集四乡绅董遵照颁发章程妥筹办法，以期进步。兹又据暗查员禀称，该县四乡巡警，今春尚有数十名，自点验后即全行解散。现在除城关有七十二名外，四乡并无一名。因此以至入秋来，该县四乡人民皆藉演戏聚赌，其状不一而足”③。邢台县乃顺德府首县，其乡镇警政尚且如此，该府其他县的警政情况就可想而知了。直隶省府也担心他县的效法，影响直隶全省的警政建设，因而要求邢台县迅速筹划：“该县四乡巡警既成复散，恐赌风既炽，盗贼亦将因之而起，急宜思患预防，设法筹备。况该县为顺郡首县，若不速行整顿，他县亦将效尤，殊于警政大有阻碍。为此合行札饬，札到，仰该县即行切实筹划，速行招集，补足原额，毋相延迟，仍将办理情形迅速禀报。”④

---

① 《沧州万牧和寅禀接办警务切实整顿文并批》，全国图书馆文献缩微复制中心：《清末官报汇编·北洋官报》（宣统元年六月二十一日），新华书店2006年版，第1850页。

② 《清河巡警之状态》，载《大公报》光绪三十二年三月二十六日（1906年4月19日）。

③ 《札饬补足警额》，载《大公报》光绪三十四年十一月初十日（1908年12月3日）。

④ 《札饬补足警额》，载《大公报》光绪三十四年十一月初十日（1908年12月3日）。

结　　语

“警察最为显著的特征不在于他们所表现出的特定的社会功能，而在于其在自己的国土内充当国家法律强制垄断力量的执行者。”① 清王朝和直隶省当局之所以重视警政建设，于捉襟见肘的政治、经济困境中大力兴办警政，也是希望借助警察这一专政工具加强对民众的控制，维护社会秩序，巩固其摇摇欲坠的统治，防范和镇压人民的不满、暴动与革命。清末近代警察制度的建立尽管有这样或那样的不足之处，但的确在一定程度上加强了政府的统治效力。

一方面，与传统治安体制相比，警察的社会控制力更强。“传统中国城市秩序和治安的控制，更注重依靠社会的力量，衙门在这些方面显得尤其无能为力。”② 而作为国家行政力量的警察则不同，他们清查户口、管理游民乞丐、查禁违法违警、监管报刊舆论与集会结社行为等，同时承担了市场营业管理、卫生防疫管理、路政交通管理、陋俗陋习整顿等部分职责。在警察具备切实履行职责能力的情况下，其职责越广泛，控制社会活动范围越大，社会约束力也就越强。而且为加强统治效力，对民众进行更为直接的管理，各州县在建立巡警总局之外，在总局下都设有若干分局，分局之下还酌情设有数量不等的巡警派出所（有的州县称作巡警驻在所）。在巡警认真履职，维护社会治安的情况下，这些分局、派出所就成了国家政权向下延伸的触角，它们的所在之处无疑就是国家政权的所到之处，从而大大加强了政府对基层社会的控制力。

另一方面，清末警制采取的是分区管理模式，该模式对后来真正的基层政权——区级行政机构和组织的建立产生了积极的影响。学者们大都认为区级政权的设置源于清末政府推行的地方自治：“在城镇乡自治章程的指导下，废除了绵延近千年的保甲制度，华北各地部分州县开始重新划分行政区域，实行自治……进入民国后，在清王朝城乡自治工作的基础上，华北地区县以下的区级

① ［英］罗伯特·雷纳著，易继苍、朱俊瑞译：《警察与政治》，知识产权出版社2008年版，第7页。

② 倪瑞英、赵克立、赵善继翻译，汪寿松、郝克路、王培利编校，刘海岩总校订：《八国联军占领实录：天津临时政府会议纪要》，天津社会科学院出版社2004年版，第380页。

行政机构和组织的建设工作得以继续进行……经过政府的努力，在三十年代前后，区级政权已经完全成为‘县政权的分支机构’，成为国家政府最低一级行政单位，并开始发挥重要功能作用，即区政权已成为国家政府赖以控制乡村政治、经济的最有力的工具。”① 诚然区政权萌发于清末地方自治区划分，但是如前文所述，清末自治区的划分与警区有着密切的联系。在直隶省，大部分州县的自治区划是依据原有警区，不再重新划分。直隶自治总局依据清政府颁布的《城镇乡地方自治章程》拟定的直隶《城镇乡地方自治章程施行细则》中还明确规定：“城镇乡之区域，得由各厅州县就现在之巡警区划，有不便者，由各州县酌量分划，禀候核夺。”② 因此，可以说清末的警区、自治区成为后来“县政权的分支机构”区级政权建立的基础。区政权的建立使得县政权与村镇之间形成了一个新的行政管理层次，改变了旧时县级行政层次少、管理过宽的弊端。这也使得政府统治效力下移，控制能力加强。

清末警政的兴办，不管是从巡警职能的履行，还是从警制分区管理模式对基层区政权建立的影响来看，都使得政府社会控制能力得到了增强。因此，应该说清政府部分地实现了建立近代警察制度的初衷。但是，近代警察制度的建立并没能挽狂澜于既倒，扶大厦于将倾，阻止清王朝的灭亡。这是因为，清末政府社会控制能力的增强并不能等同于中央政府控制能力的增强。因为，警察不等同于政府，地方政府也不等同于中央政府。清末对地方警察拥有直接控制权力的是地方政府，巡警部只是拥有“督饬办理”③ 之责，这种“督饬办理”不是直接指挥而是监督、指导，是一种间接方式。继巡警部之后的民政部职权有所扩大，但是也很难直接插手地方警政。直隶巡警道任免事件即是一个例证。如前文所述，对于直隶巡警道的人选，直隶地方政府根据清廷政策规定，推荐了两名直隶本地官员，但是民政部并没有从这两名直隶地方官员中选任直隶巡警道，而是选任了民政部官员舒鸿贻为直隶巡警道。应该说第一回合的斗争，民政部获胜。但是，舒鸿贻任职伊始即与直隶地方关系紧张，与直隶总督的关系也不融洽，并遭到了顺直谘议局的多次弹劾，因此半年之后舒鸿贻就借口回籍修墓请假，假满回津即被改委通永道。直隶巡警道从此一直是由直隶地方官选任。直隶巡警道任免事件也显示了清末政府试图加强中央集权的意图和

---

① 乔志强主编：《近代华北地区社会变迁》，人民出版社 1998 年版，第 779-782 页。

② 《直隶自治总局拟定城镇乡地方自治章程施行细则》，甘厚慈：《北洋公牍类纂续编》，文海出版社 1966 年版，第 96 页。

③ 朱寿朋：《光绪朝东华录》，中华书局 1958 年版，第 5408 页。

在此情形下中央政府与地方政府利益争夺、矛盾不断扩大的一面[①]。在清末中央政权虚弱，地方督抚权力不断扩大的情况下，借助警察组织所增强的政府控制能力，大多是地方政府对本辖区控制能力的增强，而不是中央政府控制能力的增强。而且由于地方政府对本地方社会控制能力的增强，进一步增强了其与中央政府对抗的实力，加大了地方政府的离心力。在各种因素的作用下，地方主义最终跳出了国家体制的控制，成为清王朝灭亡的原因之一。因此，清政府的灭亡并不能代表清末警察制度的兴办没有成绩可言。

清末，包括警察局和近代警察制度等一些近代行政机构、力量和政治制度建立了，而清王朝却灭亡了，这是一个多么讽刺的对比，也是一个值得人们深入思考的问题。

① 学者们大都认为晚清国家权力由中央向地方逐渐下移，以皇权为核心的中央集权体制逐渐为以督抚为核心的地方分权体制所代替，从而形成了内轻外重的政治局面。清末新政和预备立宪时期清廷中央试图通过改革加强中央集权，但从实际后果看，这一努力并没有收到预期效果，反而使中央与地方矛盾进一步扩大，进一步增强了地方对中央的离心力。刘伟：《晚清督抚政治——中央与地方关系研究》，湖北教育出版社 2003 年版；张海鹏主编：《中国近代通史》，凤凰出版传媒集团、江苏人民出版社 2006 年版；刘伟：《清末中央与地方关系的调整》，载《北京科技大学学报（社会科学版）》1999 年第 4 期；楚双志：《晚清中央与地方关系新格局的形成》，载《辽宁大学学报（哲学社会科学版）》2006 年第 5 期，等。

参考文献

一、史料

[1] 上海商务印书馆编译所编纂:《大清新法令(1901—1911)点校本》,商务印书馆2011年版。

[2] 中国第一历史档案馆:《清末结社集会档案》,载《历史档案》2012年第1期。

[3] 国家图书馆分馆编选:《(清末)时事采新汇选》,北京图书馆出版社2003年版。

[4] 张涛:《津门杂记》,光绪十年刻本。

[5]《直隶风土调查录》,商务印书馆1915年版。

[6] 京师警察厅:《京师警察法令汇编纂》,撷华书局1916年版。

[7] 舒新城:《近代中国教育史料》,中华书局1928年版。

[8] 刘锦藻:《清朝续文献通考》,商务印书馆1936年版。

[9] 王守恂:《天津政俗沿革记》,1938年刻本。

[10] 中国史学会主编:《中国近代史资料丛刊·中日战争》,上海新知识出版社1956年版。

[11] 中国史学会主编:《中国近代史资料丛刊·辛亥革命》,上海人民出版社1957年版。

[12] 王铁崖:《中外旧约章汇编》,三联书店1957年版。

[13] 国家档案局明清档案馆编:《戊戌变法档案史料》,中华书局1958年版。

[14] 朱寿朋:《光绪朝东华录》,中华书局1958年版。

[15] 皮锡瑞:《师伏堂日记》,载《湖南历史资料》1959年第1期。

[16] 中国史学会主编:《中国近代史资料丛刊·戊戌变法》,上海人民出版社1961年版。

[17] 房兆楹:《清末民初洋学学生题名录初辑》(中央研究院近代史研究所史料丛刊),精华印书馆1962年版。

[18] 沈云龙主编:《袁世凯史料汇刊》,文海出版社1966年版。

［19］甘厚慈：《北洋公牍类纂》，文海出版社 1966 年版。

［20］甘厚慈：《北洋公牍类纂续编》，文海出版社 1966 年版。

［21］沈祖宪、吴闿生：《容庵弟子记》，文海出版社 1966 年版。

［22］周馥：《秋浦周尚书（玉山）全集》，沈云龙主编：《近代中国史料丛刊初编》第 82 辑，文海出版社 1967 年版。

［23］端方：《端忠敏公奏稿》，沈云龙主编：《近代中国史料丛刊》第 10 辑，文海出版社 1967 年版。

［24］徐世昌：《退耕堂政书》，沈云龙主编：《近代中国史料丛刊》第 23 辑，文海出版社 1968 年版。

［25］内阁印铸局：《宣统三年冬季职官录》，沈云龙主编：《近代中国史料丛刊》第 29 辑，文海出版社 1968 年版。

［26］徐世昌：《将吏法言》，沈云龙主编：《近代中国史料丛刊续编》第 207 辑，文海出版社 1969 年版。

［27］国立故宫博物院故宫文献编辑委员会编：《袁世凯奏折专辑》，广文书局有限公司 1970 年版。

［28］政学社：《大清法规大全》，商务印书馆 1972 年版。

［29］刘坤一：《刘忠诚公（坤一）遗集》，沈云龙主编：《近代中国史料丛刊》第 26 辑，文海出版社 1976 年版。

［30］撷华书局编：《宣统已酉大政记》，沈云龙主编：《近代中国史料丛刊续编》第 25 辑，文海出版社 1976 年版。

［31］赵尔巽：《清史稿》，中华书局 1977 年版。

［32］故宫博物院明清档案部编：《清末筹备立宪档案史料》，中华书局 1979 年版。

［33］刘真主编，王焕琛编著：《留学教育：中国留学教育史料》，国立编译馆 1980 年版。

［34］广东省社会科学院历史研究室、中国社会科学院近代史研究所中华民国史研究室、中山大学历史系孙中山研究室：《孙中山全集》（第二卷），中华书局 1981 年版。

［35］中国社会科学院近代史研究所近代史资料编辑组编：《义和团史料》，中国社会科学出版社 1982 年版。

［36］张振鹤、丁原英：《清末民变年表》，中国社会科学院近代史研究所近代史资料编辑：《近代史资料》（总 40 号），中国社会出版社 1982 年版。

［37］夏东元编：《郑观应集》，上海人民出版社 1982 年版。

［38］孙宝瑄著：《忘山庐日记》，上海古籍出版社 1983 年版。

［39］陈夔龙著：《梦蕉亭杂记》，上海古籍出版社 1983 年版。

［40］刘鱼珍、孙雪梅著：《日本政法考察记》，上海古籍出版社 1983 年版。

［41］胡林翼：《胡文忠公遗集》，沈云龙主编：《近代中国史料丛刊续编》第 34 辑，文海出版社 1985 年版。

［42］［澳］骆惠敏编，刘桂梁等译：《清末民初政情内幕》，知识出版社 1986 年版。

［43］天津图书馆、天津社科院历史研究所：《袁世凯奏议》，天津古籍出版社 1987 年版。

［44］［清］官修：《清实录·德宗景皇帝实录》，中华书局 1987 年版。

［45］［清］官修：《清实录·宣统政纪》，中华书局 1987 年版。

［46］刘大鹏遗著，乔志强标注：《退想斋日记》，山西人民出版社 1990 年版。

［47］陈学恂、田正平编：《中国近代教育史资料汇编·留学教育》，上海教育出版社 1991 年版。

［48］天津档案馆、南开大学分校档案系编：《天津租界档案选编》，天津人民出版社 1992 年版。

［49］中国社会科学院中国边疆史地研究中心主编：《光绪朝黑龙江将军奏稿》，全国图书馆文献缩微复制中心，1993 年。

［50］戴鸿映编：《旧中国治安法规选编》，群众出版社 1995 年版。

［51］中国第一历史档案馆编：《光绪朝朱批奏折》，中华书局 1995 年版。

［52］中国第一历史档案馆：《光绪宣统两朝上谕档》，广西师范大学出版社 1996 年版。

［53］天津历史博物馆编：《北洋军阀史料》，天津古籍出版社 1996 年版。

［54］秦国经主编：《清代官员履历档案全编》，华东师范大学出版社 1997 年版。

［55］中国第一历史档案馆编：《清末直隶警务处拟定客店戏场及预防传染病章程》，载《历史档案》1998 年第 4 期。

［56］苑书义、孙华峰、李秉新著：《张之洞全集》，河北人民出版社 1998 年版。

［57］王伯恭著：《蜷庐随笔》，山西古籍出版社 1999 年版。

［58］王锡彤著，郑永福点注：《抑斋自述》，河南人民出版社 2001 年版。

［59］倪瑞英、赵克立、赵善继翻译，汪寿松、郝克路、王培利编校，刘海岩总校订：《八国联军占领实录：天津临时政府会议纪要》，天津社会科学院出版社 2004 年版。

［60］夏东元著：《盛宣怀年谱长编》，上海交通大学出版社 2004 年版。

[61]［清］宪政编查馆编：《清末民初宪政史料辑刊》，北京图书馆出版社 2005 年版。

[62] 全国图书馆文献缩微复制中心编：《清末官报汇编》，新华书店 2006 年版。

[63]［民国］白凤文等修，高毓浵等纂：《静海县志》，成文出版社 1966 年版。

[64]［民国］任傅藻修，穆祥仲等纂：《东明县新志》，成文出版社 1968 年版。

[65]［民国］高步清等修，苗毓芳等纂：《交河县志》，成文出版社 1969 年版。

[66]［清］宋荫桐纂修，清光绪三十二年手抄本，民国年间补抄稿本：《安国县新志稿》，成文出版社 1969 年版。

[67]［民国］仇锡廷等纂修：《蓟县志》，成文出版社 1969 年版。

[68]［民国］金润壁修，张林，焦遇祥编辑：《平山县志料集》，成文出版社 1976 年版。

[69]《民国景县志》（中国地方志集成·河北府县志辑·第 50 辑），上海书店出版社 2006 年版。

[70]《民国冀县志》（中国地方志集成·河北府县志辑·第 53 辑），上海书店出版社 2006 年版。

[71]《民国大名县志》（中国地方志集成·河北府县志辑·第 59 辑），上海书店出版社 2006 年版。

[72]《民国邯郸县志》（中国地方志集成·河北府县志辑·第 60 辑），上海书店出版社 2006 年版。

[73]《民国续修馆陶县志》（中国地方志集成·河北府县志辑·第 62 辑），上海书店出版社 2006 年版。

[74]《民国成安县志》（中国地方志集成·河北府县志辑·第 63 辑），上海书店出版社 2006 年版。

[75]《民国邱县志》（中国地方志集成·河北府县志辑·第 63 辑），上海书店出版社 2006 年版。

[76]《民国鸡泽县志》（中国地方志集成·河北府县志辑·第 64 辑），上海书店出版社 2006 年版。

[77]《民国武安县志》（中国地方志集成·河北府县志辑·第 64 辑），上海书店出版社 2006 年版。

[78]《民国肥乡县志》（中国地方志集成·河北府县志辑·第 65 辑），上海书店出版社 2006 年版。

[79]《民国磁县志》(中国地方志集成·河北府县志辑·第66辑),上海书店出版社2006年版。

[80]《民国邢台县志》(中国地方志集成·河北府县志辑·第66辑),上海书店出版社2006年版。

[81]《民国宁晋县志》(中国地方志集成·河北府县志辑·第66辑),上海书店出版社2006年版。

[82]《民国柏乡县志》(中国地方志集成·河北府县志辑·第67辑),上海书店出版社2006年版。

[83]《民国任县志》(中国地方志集成·河北府县志辑·第68辑),上海书店出版社2006年版。

[84]《民国南宫县志》(中国地方志集成·河北府县志辑·第69辑),上海书店出版社2006年版。

[85]《民国沙河县志》(中国地方志集成·河北府县志辑·第70辑),上海书店出版社2006年版。

[86]《民国威县志》(中国地方志集成·河北府县志辑·第70辑),上海书店出版社2006年版。

[87]《民国新河县志》(中国地方志集成·河北府县志辑·第71辑),上海书店出版社2006年版。

[88]《民国清河县志》(中国地方志集成·河北府县志辑·第72辑),上海书店出版社2006年版。

[89]《民国广宗县志》(中国地方志集成·河北府县志辑·第73辑),上海书店出版社2006年版。

[90]《民国密云县志》(中国地方志集成·北京府县志辑·第6辑),上海书店出版社2002年版。

[91]《民国顺义县志》(中国地方志集成·北京府县志辑·第6辑),上海书店出版社2002年版。

[92]《民国良乡县志》(中国地方志集成·北京府县志辑·第7辑),上海书店出版社2002年版。

[93]《民国晋县志》(中国地方志集成·河北府县志辑·第5辑),上海书店出版社2006年版。

[94]《民国续修藁城县志》(中国地方志集成·河北府县志辑·第6辑),上海书店出版社2006年版。

[95]《民国高邑县志》(中国地方志集成·河北府县志辑·第7辑),上海书店出版社2006年版。

[96]《民国重修无极县志》(中国地方志集成·河北府县志辑·第8辑),

上海书店出版社 2006 年版。

[97]《民国元氏县志》(中国地方志集成·河北府县志辑·第 9 辑),上海书店出版社 2006 年版。

[98]《民国宣化县新志》(中国地方志集成·河北府县志辑·第 10 辑),上海书店出版社 2006 年版。

[99]《民国卢龙县志》(中国地方志集成·河北府县志辑·第 20 辑),上海书店出版社 2006 年版。

[100]《民国迁安县志》(中国地方志集成·河北府县志辑·第 20 辑),上海书店出版社 2006 年版。

[101]《民国昌黎县志》(中国地方志集成·河北府县志辑·第 20 辑),上海书店出版社 2006 年版。

[102]《民国临榆县志》(中国地方志集成·河北府县志辑·第 21 辑),上海书店出版社 2006 年版。

[103]《民国安次县志》(中国地方志集成·河北府县志辑·第 23 辑),上海书店出版社 2006 年版。

[104]《民国滦县志》(中国地方志集成·河北府县志辑·第 24 辑),上海书店出版社 2006 年版。

[105]《民国霸县新志》(中国地方志集成·河北府县志辑·第 26 辑),上海书店出版社 2006 年版。

[106]《民国涿县志》(中国地方志集成·河北府县志辑·第 26 辑),上海书店出版社 2006 年版。

[107]《民国香河县志》(中国地方志集成·河北府县志辑·第 27 辑),上海书店出版社 2006 年版。

[108]《民国固安县志》(中国地方志集成·河北府县志辑·第 28 辑),上海书店出版社 2006 年版。

[109]《民国文安县志》(中国地方志集成·河北府县志辑·第 29 辑),上海书店出版社 2006 年版。

[110]《民国清苑县志》(中国地方志集成·河北府县志辑·第 29 辑),上海书店出版社 2006 年版。

[111]《民国三河县新志》(中国地方志集成·河北府县志辑·第 33 辑),上海书店出版社 2006 年版。

[112]《民国定县志》(中国地方志集成·河北府县志辑·第 35 辑),上海书店出版社 2006 年版。

[113]《民国新城县志》(中国地方志集成·河北府县志辑·第 37 辑),上海书店出版社 2006 年版。

[114]《民国雄县新志》（中国地方志集成·河北府县志辑·第38辑），上海书店出版社2006年版。

[115]《民国徐水县新志》（中国地方志集成·河北府县志辑·第38辑），上海书店出版社2006年版。

[116]《民国高阳县志》（中国地方志集成·河北府县志辑·第38辑），上海书店出版社2006年版。

[117]《民国望都县志》（中国地方志集成·河北府县志辑·第40辑），上海书店出版社2006年版。

[118]《民国完县新志》（中国地方志集成·河北府县志辑·第40辑），上海书店出版社2006年版。

[119]《民国满城县志略》（中国地方志集成·河北府县志辑·第40辑），上海书店出版社2006年版。

[120]《民国沧县志》（中国地方志集成·河北府县志辑·第42辑），上海书店出版社2006年版。

[121]《民国盐山县志》（中国地方志集成·河北府县志辑·第43辑），上海书店出版社2006年版。

[122]《民国交河县志》（中国地方志集成·河北府县志辑·第45辑），上海书店出版社2006年版。

[123]《民国青县志》（中国地方志集成·河北府县志·第46辑），上海书店出版社2006年版。

[124]《民国青县志》（中国地方志集成·河北府县志辑·第46辑），上海书店出版社2006年版。

[125]《民国南皮县志》（中国地方志集成·河北府县志辑·第47辑），上海书店出版社2006年版。

[126]《民国献县志》（中国地方志集成·河北府县志辑·第49辑），上海书店出版社2006年版。

二、著作

[1] 南京国民政府内务部警政司主编：《中国警察行政》，商务印书馆1935年版。

[2] 南京国民政府内务部警政司主编：《中国消防警察》，商务印书馆1935年版。

[3] 陈允文著：《中国的警察》，商务印书馆1935年版。

[4] 闻钧天著：《中国保甲制度》，直学轩1933年版。

[5] 李英著：《日本警察制度》，商务印书馆1936年版。

［6］黄福庆著：《清末留日学生》，中央研究院近代史研究所 1975 年版。

［7］方汉奇著：《中国近代报刊史》，山西人民出版社 1981 年版。

［8］张德泽著：《清代国家机关考略》，中国人民大学出版社 1981 年版。

［9］侯宜杰著：《袁世凯一生》，河南人民出版社 1982 年版。

［10］王家俭著：《清末民初我国警察制度现代化研究（1901—1928）》，商务印书馆 1984 年版。

［11］罗尔纲著：《绿营兵志》，中华书局 1984 年版。

［12］中国社会科学院法学研究所法律史研究室编著：《中国近警察制度简论》，群众出版社 1985 年版。

［13］河北省地名办公室编：《河北政区沿革志》，河北省科学技术出版社 1985 年版。

［14］天津社会科学院历史研究所天津简史编写组编著：《天津简史》，天津人民出版社 1987 年版。

［15］来新夏主编：《天津近代史》，南开大学出版社 1987 年版。

［16］徐纯性主编：《河北城市发展史》，河北教育出版社 1991 年版。

［17］河北省地方志编纂委员会编：《河北省志·大事记》，河北大学出版社 1992 年版。

［18］河北省地方志编纂委员会编：《河北省志·建置志》，河北人民出版社 1993 年版。

［19］罗澎伟主编：《近代天津城市史》，中国社会科学出版社 1993 年版。

［20］林维业等著：《中国警察史》，辽宁人民出版社 1993 年版。

［21］韩延龙主编：《中国近代警察制度》，中国人民公安大学出版社 1993 年版。

［22］朱绍侯主编：《中国古代治安制度史》，河南大学出版社 1994 年版。

［23］熊月之著：《西学东渐与晚清社会》，上海人民出版社 1994 年版。

［24］河北省地方志编纂委员会编：《河北省志·教育志》，中华书局 1995 年版。

［25］潘长兴编著：《公安学通论》，中国人民公安大学出版社 1995 年版。

［26］从翰香主编：《近代冀鲁豫乡村》，中国社会科学出版社 1995 年版。

［27］王先明：《近代绅士：一个封建阶层的历史命运》，天津人民出版社 1997 年版。

［28］苑书义、任恒俊、董丛林著：《艰难的转轨历程——近代华北经济与社会发展研究》，人民出版社 1997 年版。

［29］沈殿成主编：《中国人留学日本百年史》，辽宁教育出版社 1997 年版。

［30］廖一中著：《一代枭雄袁世凯》，北京图书馆出版社 1997 年版。
［31］乔志强著：《近代华北农村社会变迁》，人民出版社 1998 年版。
［32］赵秀玲著：《中国乡里制度》，社会科学文献出版社 1998 年版。
［33］刘志琴主编，闵杰著：《近代中国社会文化变迁录》，浙江人民出版社 1998 年版。
［34］衡志义主编：《清代直隶总督研究》，中国文联出版社 1999 年版。
［35］叶孝信主编：《中国法制史》，北京大学出版社 2000 年版。
［36］徐永志著：《开埠通商与津冀社会变迁》，中央民族大学出版社 2000 年年版。
［37］惠生武著：《警察法论纲》，中国政法大学出版社 2000 年版。
［38］韩延龙、苏亦工等著：《中国近代警察史》，社会科学文献出版社 2000 年版。
［39］汪向荣著：《日本教习》，中国青年出版社 2000 年版。
［40］黄建明著：《警察行为学》，中国人民公安大学出版社 2001 年版。
［41］马小泉著：《国家与社会：清末地方自治与宪政改革》，河南大学出版社 2001 年版。
［42］张鸣著：《乡村社会权力和文化结构的变迁（1903—1953）》，广西人民出版社 2001 年版。
［43］虞和平主编：《中国现代化历程》，江苏人民出版社 2001 年版。
［44］孙雪梅著：《清末民初中国人的日本观：以直隶为中心》，天津人民出版社 2001 年版。
［45］董丛林等著：《清末直隶新政研究》，河北人民出版社 2002 年版。
［46］吴毅著：《村治变迁中的权威与秩序》，中国社会科学出版社 2002 年版。
［47］刘伟著：《晚清督抚政治——中央与地方关系研究》，湖北教育出版社 2003 年版。
［48］尚小明著：《留日学生与清末新政》，江西教育出版社 2003 年版。
［49］李喜所著：《中国近代社会与文化研究》，人民出版社 2003 年版。
［50］张德美著：《探索与抉择——晚清法律移植研究》，清华大学出版社 2003 年版。
［51］苑书义等主编：《河北经济史（第三卷）》，人民出版社 2003 年版。
［52］马敏著：《官商之间：社会巨变中的近代绅商》，华中师范大学出版社 2004 年版。
［53］穆玉敏著：《北京警察百年》，中国人民公安大学出版社 2004 年版。
［54］魏光奇著：《官治与自治——20 世纪上半期的中国县制》，商务印

书馆 2004 年版。

［55］来新夏主编：《天津的九国租借》，天津古籍出版社 2004 年版。

［56］陈永森著：《告别臣民的尝试——清末民初的公民意识与公民行为》，中国人民大学出版社 2004 年版。

［57］孟庆超著：《中国警察近代化研究——以法文化为视角》，中国人民公安大学出版社 2006 年版。

［58］万川著：《中国警政史》，中华书局 2006 年版。

［59］费孝通著：《中国绅士》，中国社会科学出版社 2006 年版。

［60］李宗一著：《袁世凯传》，国际文化出版公司 2006 年版。

［61］张海鹏主编：《中国近代通史》，凤凰出版传媒集团、江苏人民出版社 2006 年版。

［62］楚双志著：《变革中的危机——袁世凯集团与清末新政》，九州图书出版社 2008 年版。

［63］白文刚著：《应变与困境：清末新政时期的意识形态控制》，中国传媒大学出版社 2008 年版。

［64］徐建平著：《清末直隶宪政改革研究》，中国社会科学出版社 2008 年版。

［65］汤伏祥著：《外国人眼中的袁世凯》，广东人民出版社 2008 年版。

［66］肖红松著：《近代河北烟毒与治理研究》，人民出版社 2008 年版。

［67］肖世杰著：《清末监狱改良：思想与体制的重塑》，法律出版社 2009 年版。

［68］春杨著：《晚清乡土社会民事纠纷调解制度研究》，北京大学出版社 2009 年版。

［69］周执前著：《国家与社会：清代城市管理机构与法律制度变迁研究》，巴蜀书社 2009 年版。

［70］王智军著：《警察的政治属性》，社会科学文献出版社 2009 年版。

［71］周保明著：《清代地方吏役制度研究》，上海世纪出版集团、上海书店出版社 2009 年版。

［72］段自成著：《清代北方官办乡约研究》，中国社会科学出版社 2009 年版。

［73］王先明著：《变动时代的乡绅——乡绅与乡村社会结构变迁（1901-1945）》，人民出版社 2009 年版。

［74］魏光奇著：《有法与无法——清代的州县制度及其运作》，商务印书馆 2010 年版。

［75］张小莉著：《清末“新政”时期文化政策研究》，人民出版社 2010

年版。

[76] 路彩霞著：《清末京津公共卫生机制演进研究 1900—1911》，湖北人民出版社 2010 年版。

[77] 张学军著：《直隶商会与乡村社会经济（1903—1937）》，人民出版社 2010 年版。

[78] 董丛林著：《清季北洋势力崛起与直隶社会变动》，科学出版社 2011 年版。

[79] 王志亮著：《清末民初中国监狱现代转型》，中国法制出版社 2011 年版。

[80] 池子华、李红英、刘玉梅著：《近代河北灾荒研究》，合肥工业大学出版社 2011 年版。

[81] 严加红著：《文化理解视野中的教育近代化——以清末出洋游学游历为实证个案》，西安交通大学出版社 2011 年版。

[82] 张建明、蔡炎斌、张丽园著：《公安学基础理论》，中国人民公安大学出版社 2011 年版。

[83] 李细珠著：《地方督抚与清末新政——晚清权力格局再研究》，社会科学文献出版社 2012 年版。

[84] 赵艳玲著：《清末民初的代议制——从顺直谘议局到直隶省议会的案例考察》，社会科学文献出版社 2012 年版。

[85] ［美］任达著，李仲贤译：《新政革命与日本——中国（1898—1912）》，江苏人民出版社 1998 年版。

[86] ［美］黄宗志著：《近代华北的小农经济与社会变迁》，中华书局 2000 年版。

[87] ［美］张仲礼著：《中国绅士：关于其在 19 世纪中国社会中作用的研究》，上海社会科学院出版社 2002 年版。

[88] ［美］罗伯特·兰沃西、劳伦斯·特拉维斯著，尤小文译：《什么是警察：美国的经验（第三版）》，群众出版社 2004 年版。

[89] ［美］李怀印著，岁有生、王士皓译：《华北村治——晚清和民国时期的国家与乡村》，中华书局 2008 年版。

[90] ［美］杜赞奇著，王福明译：《文化、权力与国家：1900—1942 年的华北农村》，凤凰出版传媒集团、江苏人民出版社 2010 年版。

[91] ［美］罗伯特·雷纳著，易继苍、朱俊瑞译：《警察与政治》，知识产权出版社 2008 年版。

[92] ［日］内藤顺太郎、张振秋译：《袁世凯正传》，广益书局 1914 年版。

[93] [日] 实藤惠秀著，谭汝谦、林启彦译：《中国人留学日本史》，生活·读书·新知三联书店 1983 年版。

[94] [日] 中国驻屯军司令部编，侯振彤译：《二十世纪初的天津概况》，天津市地方史志编修委员会总编辑室 1986 年版。

[95] [日] 服部宇之吉等编，张宗平、吕永和译：《清末北京志资料》，燕山出版社 1994 年版。

[96] [日] 野村浩一著，张学锋译：《近代日本对中国认识》，中央编译出版社 1999 年版。

[97] [日] 佐藤铁治郎著，孔祥吉、[日] 村田雄二郎整理：《一个日本记者笔下的袁世凯》，天津古籍出版社 2005 年版。

[98] John K. Fairbank, Edwin O. Reischauer, Albert M. Craig: East Asia: The Modern Transformation, Boston, 1965.

[99] Stephen R. Mackinnon: Power and Politics in Late Imperial China: Yuan Shi - kai in Bejing and Tianjin (1901—1908), University of California Press, 1980.

三、论文

[1] 金旭：《我国近代的警察》，载《电大法学》1984 年第 3 期。

[2] 廖一中：《袁世凯与巡警的创建》，载《天津社会科学》1984 年第 5 期。

[3] [日] 吉泽诚一郎、张利民译：《光绪末年天津巡警的创设和城市行政的变化》，天津城市社会学研究会、天津社会科学院历史研究所：《城市史研究》(第 10 辑)，天津古籍出版社 1995 年版。

[4] 苏全有：《徐世昌与中国军警近代化》，载《福建论坛》1996 年第 3 期。

[5] 米红、蒋正华：《民国人口统计调查和资料的研究与评价》，载《人口研究》1996 年第 6 期。

[6] 米红、李树茁、胡平、王琼：《清末民初的两次户口人口调查》，载《历史研究》1997 年第 1 期。

[7] 帅建祥：《清末巡警制度述论》，载《四川师范学院学报（社会科学版）》1997 年第 2 期。

[8] 黄晋祥：《论清末警政演变的历史轨迹》，载《社会科学家》1997 年第 2 期。

[9] 黄细嘉：《近代的团练和团练制度》，载《历史教学》1997 年第 10 期。

[10] 马小泉：《地方自治：晚清新式绅商的公民意识与政治参与》，载《天津社会科学》1997年第4期。

[11] 黄晋祥：《日本与清末警政》，载《历史教学》1998年第3期。

[12] 魏光奇：《地方自治与直隶“四局”》，载《历史研究》1998年第2期。

[13] 袁小红：《中国近代警察教育考略》，载《湖南公安高等专科学校学报》1999年第2期。

[14] 袁小红：《黄遵宪警政思想述略》，载《中国人民公安大学学报》1999年第1期。

[15] 袁小红：《戊戌维新运动中的警政思想初探》，载《湖南公安高等专科学校学报》1999第4期。

[16] 魏光奇：《清代直隶的里社与乡地》，载《中国史研究》2000年第1期。

[17] 吴沙：《清末传统治安制度向近代警察制度的转变》，载《公安研究》2001年第2期。

[18] 吴沙：《论郑观应的警政思想》，载《公安研究》2001年第7期。

[19] 李怀印：《晚清及民国时期华北村庄中的乡地制——以河北获鹿县为例》，载《历史研究》2001年第6期。

[20] 王飚：《袁世凯与近代巡警制度》，载《湖南公安高等专科学校学报》2001年第5期。

[21] 孟庆超：《简论清末巡警的创建》，载《理论探索》2002年第6期。

[22] 孟庆超：《清末建警失败原因分析》，载《中国人民公安大学学报》2002年第5期。

[23] 黄晋祥：《绅商与清末的办警方式及其经费问题》，载《晋阳学刊》2002年第6期。

[24] 田玉洪：《黄遵宪的警政思想及其实践活动探析》，载《山东教育学院学报》2002年第4期。

[25] 楚双志：《新政期间袁世凯对直隶吏治的整顿》，载《北京科技大学学报（社会科学版）》2002第2期。

[26] 杨学新：《清末直隶总督与外籍教习》，载《河北大学学报（哲学社会科学版）》2003年第1期。

[27] 夏敏：《晚清时期中国近代警察制度建设》，载《江苏警察学院学报》2003年第4期。

[28] 徐乃龙：《中国近代警察高等教育述论》，载《公安教育》2003年第12期。

［29］黄晋祥：《清末警察教育述论》，载《安庆师范学院学报》2003 年第 2 期。

［30］杨玉环：《论中国近代警察制度的开创》，载《辽宁大学学报（哲学社会科学版）》2003 第 6 期。

［31］郭玉家、马学春：《清末新政与中国警政近代化》，载《许昌学院学报》2003 年第 3 期。

［32］郑晓红：《中国近代警政的滥筋——湖南保卫局》，载《安庆师范学院学报（社会科学版）》2003 第 5 期。

［33］孙海泉：《清代中叶直隶地区乡村管理体制——兼论清代国家与基层社会的关系》，载《中国社会科学》2003 年第 3 期。

［34］侯欣一：《清末法制变革中的日本影响——以直隶为中心的考察》，载《法制与社会发展》2004 第 5 期。

［35］肖朗、施峥：《日本教习与京师警务学堂》，载《近代史研究》2004 年第 5 期。

［36］侯利敏：《中国近代警察制度的形成与发展》，载《河南政治管理干部学院学报》2004 年第 6 期。

［37］刘增合：《鸦片税收与清末警政改革》，载《江苏社会科学》2004 第 4 期。

［38］赵平：《论近代警察制度在中国的形成与发展》，载《郑州航空工业管理学院学报（社会科学版）》2004 年第 4 期。

［39］李宁：《略论促成清政府建立近代警察制度的主要原因》，载《河北法学》2004 年第 1 期。

［40］王宏伟：《浅析晚清直隶州县巡警几个特点》，载《首都师范大学学报（社会科学版）》2004 年增刊。

［41］公一兵：《北京近代警察制度之区划研究》，载《北京社会科学》2004 年第 4 期。

［42］牛贯杰：《从“守望相助”到“吏治应以团练为先”——由团练组织的发展演变看国家政权与基层社会的互动关系》，载《中国农史》2004 年第 1 期。

［43］孟庆超、牛爱菊：《中国警政近代化过程中的文化阻力》，载《湖南公安高等专科学校学报》2005 年第 2 期。

［44］江沛：《留日学生、东游官绅与直隶省的近代化进程：1900-1928》，载《史学月刊》2005 年第 5 期。

［45］孟庆超、牛爱菊：《试论近代中国警政遭遇的经济困惑》，载《山东警察学院学报》2005 年第 1 期。

[46] 孟庆超：《论近代中国警察权力的程序化》，载《云南大学学报法学版》2005年第6期。

[47] 孟庆超、宫淑艳：《近代中国警察教育之探索》，载《山东警察学院学报》2005年第5期。

[48] 冷光伟：《郑观应警政思想述评》，载《贵州师范大学学报（社会科学版）》2005年第6期。

[49] 王先明、张海荣：《论清末警察与直隶、京师等地的社会文化变迁——以大公报为中心的探讨》，载《河北师范大学学报（哲学社会科学版）》2005年第1期。

[50] 魏光奇：《清末民初地方自治下的“绅权”膨胀》，载《河北学刊》2005年第6期。

[51] 孟庆超：《试论民主、民权观念在近代中国警察领域的实践》，载《北京人民警察学院学报》2005年第3期。

[52] 孔颖：《论清末日本狱制考察》，载《日本研究》2006年第4期。

[53] 王培利：《近代天津“警区”的形成》，载《历史教学》2006年第12期。

[54] 田玉洪：《晚清直隶绿营裁军述论》，载《衡水学院学报》2006年第4期。

[55] 王宏伟：《晚清州县保甲组织探析：以直隶为中心》，载《求索》2006年第3期。

[56] 孟庆超、王志宇、祁俊远：《近代中国警察教育的职业化及其反思》，载《湖北警官学院学报》2006年第1期。

[57] 孟庆超、牛爱菊：《论近代中国警察教育的统一及层次化》，载《铁道警官高等专科学校学报》2006年第3期。

[58] 何文平：《清末广东巡警的创建与官绅关系》，载《中山大学学报（社会科学版）》2006年第5期。

[59] 邱远猷：《黄遵宪的狱政警政思想》，载《江苏警官学院学报》2006年第5期。

[60] 刘海文、殷国辉：《清末巡警部与高等巡警学堂》，载《河南大学学报（社会科学版）》2006年第1期。

[61] 孟庆超：《论近代中国警察权力行使的统一化》，载《武警学院学报》2006年第2期。

[62] 邱华东、史群：《张謇的警政思想及其实践》，载《南通大学学报（社会科学版）》2006年第5期。

[63] 王良胜:《清末警察与天津城市管理的近代化》,载《乐山师范学院学报》2007 年第 1 期。

[64] 胡志国:《清末新政的困境——以财政危机为中心》,载《井冈山学院学报(哲学社会科学)》2007 年第 9 期。

[65] 李志茗:《袁世凯幕府与清末新政》,载《史林》2007 年第 6 期。

[66] 夏敏:《川岛浪速与晚清警政建设》,载《湖北警官学院学报》2007 年第 4 期。

[67] 董纯朴:《略论中国近代警察教育制度及影响》,载《云梦学刊》2007 年第 5 期。

[68] 肖朗、施峥:《中国近代高等警察教育综论》,载《浙江大学学报(人文社会科学版)》2007 年第 1 期。

[69] 杨玉环:《试论中国近代警察制度的特点》,载《齐鲁学刊》2007 年第 2 期。

[70] 王倩、罗福惠:《清末留日学生与游日官绅之比较——以立宪风潮中直隶游日官绅为中心的考察》,载《鄂州大学学报》2007 年第 1 期。

[71] 徐建平:《清末直隶行政区划改革研究》,载《北京社会科学》2008 年第 2 期。

[72] 王良胜:《扩张与困顿:从警政经费看晚清地方警政建设》,载《贵州文史丛刊》2008 年第 1 期。

[73] 吕惠玲、杨亚敏:《从新制度经济学角度看晚清近代警政的创建》,载《云南警官学院学报》2008 年第 6 期。

[74] 夏菲:《论清末我国对西方警察制度的移植》,载《新疆警官高等专科学校学报》2008 年第 4 期。

[75] 周执前:《清末警政与中国城市管理的法治化》,载《长沙大学学报》2008 年第 6 期。

[76] 迟永恒、庞虎:《康有为警政思想探析》,载《江西公安专科学校学报》2008 年第 2 期。

[77] 鄢定友、郝骥:《黄遵宪警政改革思想的历史学分析》,载《河南公安高等专科学校学报》2008 年第 2 期。

[78] 刘锦涛:《袁世凯警政思想初探》,载《历史档案》2008 年第 4 期。

[79] 彭雪芹:《近代中国早期警察观念探析》,载《河南大学学报(社会科学版)》2009 年第 6 期。

[80] 牛楠、庞虎:《论清末"以警御侮"的警政思想》,载《东华大学学报(社会科学版)》2009 年第 1 期。

[81] 刘锦涛:《论袁世凯警政思想历史借鉴意义》，载《兰台世界》2009年11月。

[82] 彭雪芹:《晚清议设巡警道初探》，载《史学月刊》2009年第11期。

[83] 梁翠、杨晓辉、王妤:《巡捕与警察——论我国近代警察产生的萌芽》，载《河南公安高等专科学校学报》2009年第6期。

[84] 张红侠、张振毅:《天津近代的警察组织》，载《法制与社会》2009年1月（上）。

[85] 张德美:《清代保甲制度的困境》，载《政法论坛》2010年第6期。

[86] 梁翠:《论清末政府的警政建设及其得失》，载《辽宁警专学报》2010年第2期。

[87] 汪勇:《略论清末警政建立对租借警察的借鉴》，载《山西大学学报（哲学社会科学版）》2010年第1期。

[88] 汪勇:《中国近代警察勤务制度的早期探索》，载《中国人民公安大学学报（社会科学版）》2010年第6期。

[89] 姚岚:《康有为的警政思想》，载《法制与经济》2010年第4期。

[90] 李自典:《近代京师警察职业群体略论（1901—1927年）》，载《历史档案》2010年第2期。

[91] 肖红松、陈桦:《清末直隶戒烟活动论析》，载《社会科学战线》2010年第2期。

[92] 何洪涛:《直隶时期袁世凯警政建设的路径与成就探析》，载《社科纵横》2011年第4期。

[93] 李宜超:《试论绅商与清末警政改革》，载《湖北警官学院学报》2011年第4期。

[94] 梁翠、杨晓辉、王智新:《论黄遵宪的警政理念和实践尝试》，载《辽宁警专学报》2011年第3期。

[95] 何洪涛:《清末早期改良派警政思想刍论》，载《人民论坛学术前沿》2011第8期。

[96] 柳卫民:《徐世昌警察教育思想探析》，载《湖北警官学院学报》2011年第1期。

[97] 崔岷:《“靖乱适所以致乱”:咸同之际山东的团练之乱》，载《近代史研究》2011年第5期。

[98] 崔岷:《“抗粮”与“敛费”:咸同之际山东田赋锐减的团练因素》，载《山东师范大学学报（人文社会科学版）》2012年第4期。

[99] 谢明刚:《清末直隶警政述论》,河北师范大学 2002 年硕士论文。

[100] 范红霞:《清末新政时期直隶地方自治》,河北师范大学 2002 年硕士论文。

[101] 申晓勇:《结社集会律与晚清社会》,华中师范大学 2002 年硕士论文。

[102] 刘静:《留日人员与清末法制改革》,河北大学 2005 年硕士论文。

[103] 郑跃涛:《清末顺直谘议局研究》,河北大学 2005 年硕士论文。

[104] 殷国辉:《清末巡警部考述》,河南师范大学 2006 年硕士论文。

[105] 冷光伟:《晚清警察腐败研究》,贵州师范大学 2006 年硕士论文。

[106] 贾蕊华:《试论清末广东警政》,暨南大学 2006 年硕士论文。

[107] 丁小珊:《清代城市消防管理研究》,四川大学 2006 年硕士论文。

[108] 杨发源:《清代地方城市治安管理研究——以重庆为中心》,四川大学 2006 年硕士论文。

[109] 肖世杰:《清末监狱改良》,湘潭大学 2007 年博士论文。

[110] 张利荣:《清末民初甘肃的警政建设》,暨南大学 2007 年博士论文。

[111] 吕书额:《河北省地方保卫团研究(1901—1937 年)》,首都师范大学 2007 年博士论文。

[112] 杨雪英:《1902—1928 年山东警政研究》,山东师范大学 2008 年硕士论文。

[113] 贺雩:《略论近代云南警察制度》,云南师范大学 2008 年硕士论文。

[114] 许雪溢:《清末浙江警政建设述论》,浙江大学 2008 年硕士论文。

[115] 王洪兵:《清代顺天府与京畿社会治理研究》,南开大学 2009 年博士论文。

[116] 李垚甫:《晚清警政及其反腐法制研究》,华中科技大学 2009 年硕士论文。

[117] 方靖:《近代西方警政的东渐及其在广州的实践》,暨南大学 2010 年博士论文。

[118] 彭雪芹:《纳民轨物:晚清巡警道研究》,中山大学 2010 年博士论文。

[119] 孙新丽:《清末民初直隶留学教育探究》,河北大学 2010 年硕士论文。

[120] 郭靖:《清代直隶乡村社会组织结构的五种类型——以 9 府 54 州县为例》,中国社会科学院研究生院 2011 年硕士论文。

[121] 蒋薇：《清末北京城市治安管理制度研究》，中国政法大学 2011 年硕士论文。

[122] 程亮：《近代东北地区警察制度研究》，辽宁大学 2012 年硕士论文。

[123] 田小雄：《论清末禁烟运动对清末新政的影响》，吉林大学 2012 年硕士论文。

附录1　保定、天津及直隶部分州县警员薪水简表

表1　保定警务局光绪二十八年（1902年）警员薪水表

	官　职	月　薪
保定警务局	总办	薪水银100两，公费银150两，合计银250两
	提调兼发审委员	40两
	正文案委员	36两
	副文案委员	20两
	收支委员	24两
	正医官	30两
	副医官	16两
	考功委员	24两
	卫生委员	24两
	除秽委员	24两
	巡官	36两
	巡弁	24两
	巡记	12两
	巡长	10两5钱
	正巡目	5两4钱
	副巡目	4两8钱
	巡兵	4两2钱

资料来源：天津图书馆、天津社科院历史研究所编：《袁世凯奏议》，天津古籍出版社1987年版，第607页。

表 2 保定工巡总局光绪三十年（1904 年）警员薪水表

	官职	月薪		官职	月薪
总局	总办	月薪 200 两，月支公费银 120 两，共计 320 两	警务分局	巡官	月薪 40 两，月支公费银 30 两，共计 70 两
	提调	120 两		巡弁	26 两
	总稽查	60 两		巡记	12 两
	副稽查	20 两		一等巡长	10 两 5 钱
	文案	40 两		二等巡长	8 两 8 钱
	收支	40 两		三等巡长	7 两
	除秽	24 两		一等巡警	5 两 5 钱
	医官	20 两		二等巡警	4 两 8 钱
	庶务	20 两		三等巡警	4 两 2 钱
	巡查	12 两		局役	4 两
	暗查	10 两		区官	40 两
	差遣队长	10 两		书记	8 两
	差遣队兵	4 两 8 钱	工程局	总办	免
	清书	6 两		提调	60 两（津贴）
	号目	6 两		劝捐绅	30 两（车马费）
	号兵	5 两		房捐委员	24 两
	伙夫	3 两		灯捐委员	24 两
探访局	探访	45 两		铺捐委员	24 两
	探长	12 两		车捐委员	24 两
	探查	6 两		监工委员	24 两
	伙夫	3 两		监工委员	18 两
民事三所	民事官	40 两		监工委员	12 两
	刑事官	40 两		东门车捐委员	18 两
	检事官	40 两		南门车捐委员	18 两
	书记官	12 两		西门车捐委员	18 两
	清书	4 两		北门车捐委员	18 两
	传事吏	4 两		船捐委员	24 两
	执刑卒	4 两		船捐亲兵	京钱 8000 两
	检查吏	4 两		四门车捐亲兵	京钱 8000 两

资料来源：甘厚慈：《北洋公牍类纂》，文海出版社 1966 年版，第 549-552 页。

表3 天津南段巡警总局光绪三十一年（1905年）警员薪水表

	官 职	月 薪		官 职	月 薪
总监官房	总监（总办）	月薪300两，月支公费200两，共计500两		一等巡警	6两6钱
	一等警监	100两		二等巡警	6两3钱
	二等警监	80两		三等巡警	5两9钱
	三等警监	60两	备差队	队官	30两
	四等警监	40两		一等巡长	10两8钱
	一等书记长	60两		二等巡长	8两7钱
	二等书记官	40两		一等巡警	6两6钱
	四等书记官	20两		二等巡警	6两3钱
	书记生	12两		三等巡警	5两9钱
值日所	课长	40两	军乐队	队官	30两
	总务课员	24两		一等乐目	8两7钱
	庶务课员	24两		二等乐目	7两3钱
	考绩课课员	24两		三等乐目	6两6钱
	审判课员	24两	马巡队	队官	30两
发审处	书记生	12两		副官	20两
	检事长	100两		一等巡长	10两8钱
	正审官	60两		二等巡长	8两7钱
	帮审官	50两		一等巡警	6两6钱
	一等书记官	60两		二等巡警	6两3钱
	二等书记官	40两		三等巡警	5两9钱
	录供书记生	16两	河巡队	队官	30两
	一等巡长	10两5钱，津贴5钱		副官	16两
	二等巡长	8两4钱，津贴6钱		管驾	16两
董理处	传事史	5两6钱		巡弁	16两
	董事员	150两，伙食12两		书记生	12两
	书记官	40两，伙食6两		大副	10两8钱
	司账	30两，伙食6两		升火	10两8钱
	册报	24两，伙食6两		舵工	8两3钱
	司事	12两，伙食四两		篙工	7两8钱
	差弁	8两		二等水手	7两8钱
	听差	4两2钱		三等水手	5两9钱

续表

	官职	月薪		官职	月薪
稽查处	一等稽查	16 两	消防队	指挥官	40 两，公费 10 两
	二等稽查	14 两		队官	30 两，公费 10 两
	三等稽查	12 两		副官	16 两，公费 4 两
养病房	医官	60 两		一等巡长	10 两 8 钱
	书记生	18 两		二等巡长	8 两 7 钱
	护夫	6 两 3 钱		一等巡警	6 两 6 钱
差遣队	队官	30 两		二等巡警	6 两 3 钱
	副官	24 两		三等巡警	5 两 9 钱
	二等巡长	8 两 7 钱			
探访队	局长	60 两	天津南段巡警总局第一局第一区	局长（一等巡官）	60 两、公费 40 两共计 100 两
	书记官	30 两		副官（三等巡官）	24 两
	差弁	12 两		检事（三等检事）	12 两
	队官	30 两		一等巡长	10 两 8 钱
	副官	24 两		二等巡长	8 两 7 钱
	书记生	12 两		三等巡长	7 两 3 钱
	一等暗查	15 两		一等巡警	6 两 6 钱
	二等暗查	12 两		二等巡警	6 两 3 钱
	三等暗查	9 两		三等巡警	5 两 9 钱
	四等暗查	7 两			
	五等暗查	6 两			
电线队	巡弁	40 两			
	一等巡长	25 两			
	二等巡长	20 两			
	巡警	8 两			
备注	天津南段巡警总局下辖五分局，即第一分局、第二分局、第三分局、第四分局、第五分局。各分局下辖四区，第一区不设区长，以分局局长兼领。各分局第二、三、四区各设区长（二等巡官）一名，其薪水为 40 两、公费 20 两共计 60 两；其余副官、检事、一等巡长、二等巡长、三等巡长、一等巡警、二等巡警、三等巡警等薪水与第一区相同。				

资料来源：甘厚慈：《北洋公牍类纂》，文海出版社 1966 年版，第 620-625 页。

表4 天津四乡海河巡警总局光绪三十一年（1905年）警员薪水表

	官　职	月　薪
总局	总监	免
	警监（提调）	薪水100两，车马费30两，公费30两，共计160两
	检事员	40两
	清书	8两
	听差	4两8钱
	值日所课员	30两
	四乡总巡	薪水30两，伙食12两，公费20两，共计62两
	二等巡弁	8两
	马巡	薪水4两8钱，马干4两2钱
	海河总巡	薪水30两，伙食12两，月支公费20两，共计62两
天津四乡东南西北四分局	巡官	薪水24两，伙食12两，马干8两4钱，公费16两，共计60两4钱
	三等巡官	薪水16两，伙食公费12两，马干4两2钱，共计32两2钱
	二等巡弁	8两
	三等巡弁	薪水8两，马干4两2钱，共计12两2钱
	巡查	6两
	东局巡警	5、6两不等
	南局巡警	4、5、6两不等
	西局巡警	7、8两不等
	北局巡警	6、7两不等

续表

	官　职	月　薪		官　职	月　薪
海河一局	巡官	薪水 30 两，津贴 30 两，伙食公费 22 两，马干 5 两 2 钱，共计 87 两 2 钱	海河三局	巡官	薪水 24 两，伙食 12 两，马干 8 两 4 钱，公费银 16 两，共计 60 两 4 钱
	三等巡官	薪水 16 两，伙食公费 12 两，马干 4 两 2 钱，共计 32 两 2 钱		三等巡官	薪水 16 两，伙食公费 12 两，马干 4 两 2 钱，共计 32 两 2 钱
	二等巡弁	8 两		二等巡弁	8 两
	三等巡弁	5 两 3 钱		三等巡弁	薪水 8 两，马干 4 两 2 钱，共计 12 两 2 钱
	巡查	4 两 8 钱		巡查	6 两
	巡警	5、6 两不等		巡警	4、5 两不等
海河二局	巡官	薪水 24 两，伙食 12 两，马干 8 两 4 钱，公费银 16 两，共计 60 两 4 钱	海河四局	巡官	薪水 24 两，伙食 12 两，马干 8 两 4 钱，公费银 16 两，共计 60 两 4 钱
	三等巡官	薪水 16 两，伙食公费 12 两，马干 4 两 2 钱，共计 32 两 2 钱		二等巡弁	8 两
	二等巡弁	8 两		三等巡弁	薪水 8 两，马干 4 两 2 钱，共计 12 两 2 钱
	三等巡弁	薪水 8 两，马干 4 两 2 钱，共计 12 两 2 钱		巡警	4 两
	巡查	6 两			
	巡警	5、6 两不等			

资料来源：甘厚慈：《北洋公牍类纂》，文海出版社 1966 年版，第 637-640 页。

表5 直隶部分州县警员薪水简表

州县	月薪及统计时间	资料来源
宁河县芦台镇	巡官16两，巡弁8两，司事4两，巡记4两，巡长4两2钱，巡兵4两。 统计时间：光绪三十年（1904年）	《宁河县吴令筹办芦台巡警酌拟章程禀并批》，全国图书馆文献缩微复制中心：《清末官报汇编·北洋官报》（光绪三十年九月初四），新华书店2006年版，第314页
赵州	东、西、南、北四局区长月薪8元，分局区长月薪6元，警董月薪6元，巡长月薪4元，巡警月薪制钱3000文。 统计时间：光绪三十二年（1906年）	《赵州四乡巡警办法》，甘厚慈辑：《北洋公牍类纂》，文海出版社1966年版，第681页
大名县	一等巡长月京钱12吊，二等巡长月京钱10吊，巡记俸给比照巡长，一等巡兵月京钱8吊，二等巡兵月京钱7吊，三等巡兵月京钱6吊。 统计时间：光绪三十四年（1908年）	《大名县李令绮青禀奉饬改良巡警情形文并批》，全国图书馆文献缩微复制中心：《清末官报汇编·北洋官报》（光绪三十四年正月二十九日），新华书店2006年版，第877页
武强县	总局，巡官月支薪水银12两，巡弁月支薪水银8两，巡记月支薪水银4两。总局下设东、西、南、北四分局，四分局各设警董兼书记一员，月支薪水6两。东、北两分局各设副巡官一员兼区长，月支薪水银10两；南、西两分局各设区长一员，月之薪水银8两。总局与东局巡警每名每日支饷京钱300文，南、西、北三局巡警每名每日支饷250文。总局及东局各设巡长一名，每日支饷京钱300文。 统计时间：光绪三十四年（1908年）	《直隶武强县禀定整顿全境巡警现行章程》，全国图书馆文献缩微复制中心：《清末官报汇编·北洋官报》（光绪三十四年三月二十八日），新华书店2006年版，第1032页
长垣县	巡官月薪制钱18000文，区董月饷制钱6000文，区长月薪制钱6000文，巡长月饷制钱4500文，马巡每名月给乾饷制钱9000文，步巡月饷制钱3000文。 统计时间：光绪三十四年（1908年）	《长垣县拟改良巡警规条》，全国图书馆文献缩微复制中心：《清末官报汇编·北洋官报》（光绪三十四年四月初二日），新华书店2006年版，第1044页

续表

州县	月薪及统计时间	资料来源
张家口	张家口工巡局未改良以前巡警系仿照陆军章程每名月给饷银4两5钱，无分等第。宣统元年改为三等，巡警每名只日给铜元15枚。 统计时间：宣统元年（1909年）	《苦哉巡警》，载《大公报》宣统元年十月初三日（1909年11月15日）
乐亭县	巡长月支东钱42吊，巡目月支东钱30吊，巡兵月支东钱24吊。 统计时间：光绪三十年（1904年）	《乐亭县筹办学堂工艺巡警情形》，全国图书馆文献缩微复制中心：《清末官报汇编·北洋官报》（光绪三十年十月初八日），新华书店2006年版，第523、524页
宣化	巡警初创时巡官月支银20两。宣统二年巡警薪饷为：城内巡长一等钱26.9千，二等钱23.9千，三等钱21.9千；四乡巡长一等钱23.12千，二等钱22.12千，三等钱21.12千；城内及四乡巡警一等钱18.9千，二等钱17.9千，三等钱16.9千。 统计时间：光绪三十三年（1907年）	《民国宣化县新志》卷十《警察志》（中国地方志集成·河北府县志辑·第10辑），上海书店出版社2006年版，第401页
平山县	巡兵月饷京钱八千至六千不等。 统计时间：光绪三十年（1904年）	《平山县方令汝霖禀现办巡警大概情形文并批》，甘厚慈辑：《北洋公牍类纂》，文海出版社1966年版，第696页
南乐县	县城巡兵月饷京钱7吊500文，四乡巡兵月饷京钱7吊。 统计时间：光绪三十四年（1908年）	《南乐县廖令毓英详会议整顿警务办法文并批》，全国图书馆文献缩微复制中心：《清末官报汇编·北洋官报》（宣统元年正月二十三日），新华书店2006年版，第1254页
元氏县	巡官月薪制钱8吊，巡警月饷4吊。 统计时间：光绪三十年（1904年）	《民国元氏县志》《行政·公安局》（中国地方志集成·河北府县志辑·第9辑），上海书店出版社2006年版，第319页

续表

州县	月薪及统计时间	资料来源
临榆县联峰山巡警分局	巡长月饷75吊，巡兵月饷45吊。 统计时间：宣统元年（1909年）	《临榆县联峰山巡警分局造送宣统元年春夏秋冬季收支清册》，河北省档案馆馆藏档案，全宗号657，目录号1，卷号179

附录2　直隶省部分州县办警概况简表

州县	创办时间	警　力	警　区	资料来源
静海县	光绪二十八年（1902年）	初时仅城内有巡警若干名，后划为5个警区，每区置巡官一人，巡警若干名	5区	民国白凤文等修，高毓浵等纂：《静海县志》亥集《政事部·行政志·警卫》，成文出版社1966年版，第1343页
临榆县	光绪二十八年（1902年）	警政创办之初有巡警80名，后增至300余名	警政创办之初，原设1总局1分局6区20小分局	《临榆县马令庆麟详明遵章整顿巡警饷项文并批》，全国图书馆文献缩微复制中心：《清末官报汇编·北洋官报》（宣统元年闰二月初八日），新华书店2006年版，第1480页。《民国临榆县志》卷十二《武备篇·营制》（中国地方志集成·河北府县志辑·第21辑），上海书店出版社2006年版，第562页
盐山县	光绪二十九年（1903年）	警政初创时共巡警200余名，后来因经费难筹，仅于城内养警兵数名	光绪三十三年以县城为中区，以四乡为东、西、南、北4区	《民国盐山县志》卷十《法制略·新政篇七·警政》（中国地方志集成·河北府县志辑·第43辑），上海书店出版社2006年版，第119页

续表

州县	创办时间	警　力	警　区	资料来源
元氏县	光绪三十年（1904年）	初时城内总局设巡官1人，巡警20名。光绪三十二年又添设马巡14名，步巡20名，全县划分14区，每区设巡警7~10名不等	光绪三十二年分全境为14区	《民国元氏县志》《行政·公安局》（中国地方志集成·河北府县志辑·第9辑），上海书店出版社2006年版，第319页
密云	光绪三十年（1904年）	初有巡警210名，宣统元年整顿巡警，挑选合格者120名，其余全行淘汰	12区	《密云县张令梦笔禀筹设巡警教练所请查核文并批》，全国图书馆文献缩微复制中心：《清末官报汇编·北洋官报》（宣统元年十一月初四日），新华书店2006年版，第2372页
东明县	光绪三十年（1904年）	光绪三十年时，全境保甲二十八处，每处设巡警局一所，置巡警4名，县马队28名亦改为巡警	光绪三十二年划城厢为四区。光绪三十三年城乡巡警局停止，复组织巡警总局，并28局为11局，直隶于总局，全境为11警区，后划分为5区	民国任傅藻修，穆祥仲等纂：《东明县新志》卷八《县政府·警察》，成文出版社1968年版，第521页
平山县	光绪三十年（1904年）	光绪三十年初办警，后扩充，计共警兵260名，预备巡兵480名	5局12区	民国金润璧修，张林、焦遇祥编辑：《平山县志料集》卷十五《故事》，成文出版社1976年版，第181页。 《平山县方令汝霖禀现办巡警大概情形文并批》，甘厚慈：《北洋公牍类纂》，文海出版社1966年版，第696页

续表

州县	创办时间	警　力	警　区	资料来源
青县	光绪三十年（1904年）	光绪三十年创办，光绪三十一年推广四乡巡警。初时警兵275名，宣统三年裁兵减饷，缩兵额100余人	光绪三十一年分全境为20区，宣统三年改为5区，以治城为中区，外分为东、西、南、北四区，后北区旋设旋裁，旋裁旋复	《民国青县志》卷七《经制志·时政篇·警务》（中国地方志集成·河北府县志辑·第46辑），上海书店出版社2006年版，第208页
高邑县	光绪三十年（1904年）	光绪三十年初办巡警时，仅设立巡警十名。光绪三十二年时，城内总局正副巡官2人，马步长警40余人，四乡划为4区，每区各设区长一人，长警20余名。宣统二年裁减警力，全县共有马步长警90名	5区	《高邑县高令倡率捐资创立巡警请颁发章程并请立案禀并批》，全国图书馆文献缩微复制中心：《清末官报汇编·北洋官报》（光绪三十年九月初三日），新华书店2006年版，第308页。 《民国高邑县志》卷三《行政》（中国地方志集成·河北府县志辑·第7辑），上海书店出版社2006年版，第37页
怀来县	光绪三十年（1904年）	原马步巡兵270余名	原分为6局21区，光绪三十三年划分10区	《怀来县王令忠荫禀到任后整顿学堂巡警工业树艺情形文并批》，全国图书馆文献缩微复制中心：《清末官报汇编·北洋官报》（光绪三十四年正月二十六日），新华书店2006年版，第861页
涿县	光绪三十年（1904年）		光绪三十年初办巡警，划为13区，宣统三年办理自治全县划为9自治区，警区亦合并一致	《民国涿县志》第四编《党政组织·第一卷》（中国地方志集成·河北府县志辑·第26辑），上海书店出版社2006年版，第56页

续表

州县	创办时间	警　力	警　区	资料来源
清河县	光绪三十年（1904年）	初马步巡兵180名	初城内设一总局，全县分8局8区，后改为4局4区7巡所	《清河县梁令禀整顿警务酌改警区巡所文并批》，全国图书馆文献缩微复制中心：《清末官报汇编·北洋官报》（宣统元年五月初二日），新华书店2006年版，第1608页
邢台县	光绪三十年（1904年）	初城内设马巡8名，步巡25名		《民国邢台县志》卷三《经政·兵防》（中国地方志集成·河北府县志辑·第66辑），上海书店出版社2006年版，第194页
沧县	光绪三十年（1904年）	初办时款无定数，警亦无定额，宣统元年马、步巡警共261名，后因款绌，递次缩减	初时城内设总局，四乡设分局，宣统元年四乡改为4区	《民国沧县志》卷六《经制志·行政》（中国地方志集成·河北府县志辑·第42辑），上海书店出版社2006年版，第108页
故城县	光绪三十年（1904年）	初时城内巡警20名，巡长2名	全县按8乡设立8段	《故城县举办城乡巡警大概情形绘送图说照片禀并批》，全国图书馆文献缩微复制中心：《清末官报汇编·北洋官报》（光绪三十年九月十一日），新华书店2006年版，第357、358页
大名县	光绪三十年（1904年）	初办时以部分绿营兵改充巡警，并用绿营汛弁兼带巡警，有步巡600余名。光绪三十三年整顿后设巡警500名，预备巡警200名	初办时以全境56堡改为56区。光绪三十三年整顿，城内设总局，四乡设7区，后分为中区、东区、西区	《大名县李令绮青禀奉饬改良巡警情形文并批》，全国图书馆文献缩微复制中心：《清末官报汇编·北洋官报》（光绪三十四年正月二十九日），新华书店2006年版，第877页。 《民国大名县志》卷六《建置志·警局》（中国地方志集成·河北府县志辑·第59辑），上海书店出版社2006年版，第73页

续表

州县	创办时间	警　力	警　区	资料来源
乐亭县	光绪三十年（1904年）	巡警40名		《乐亭县筹办学堂工艺巡警情形禀》，全国图书馆文献缩微复制中心：《清末官报汇编·北洋官报》（光绪三十年十月初七日），新华书店2006年版，第516页
香河县	光绪三十年（1904年）	初警额350名，后裁减为200名，后因款绌，除本城外，各乡逐渐解散		《民国香河县志》卷四《行政·组织·公安局》（中国地方志集成·河北府县志辑·第27辑），上海书店出版社2006年版，第53、54页
武邑县	光绪三十年（1904年）	初时巡警仅50名，后增添马巡40名，步巡100名		《内务·各省内务汇志·直隶》，载《东方杂志》第五年第二期（光绪三十四年二月二十五日发行），第135页
安平县	光绪三十年或三十一年（1904年或1905年）	共巡警302名（含马巡），后又添募预备巡警150名	初8区，后增为12区	《内务·各省内务汇志·直隶》，载《东方杂志》第四年第七期（光绪三十三年七月二十五日发行），第359页。 《安平县金令禀整顿全境巡警文并批》，《北洋公牍类纂》，文海出版社1966年版，第673、674页
邯郸县	光绪三十一年（1905年）	初巡警427名，后又添募预备巡警800余名	初时城内设总局，四乡划为21区，每区各设分局一所。光绪三十四年改为四关及附近村庄设立中区，其余四乡分为6区，设巡所15处，每区设分局一所	《内务·各省内务汇志·直隶》，载《东方杂志》第四年第六期（光绪三十三年六月二十五日发行），第295页。 《邯郸县郑令思壬禀酌拟巡警章程文并批》，全国图书馆文献缩微复制中心：《清末官报汇编·北洋官报》（光绪三十四年正月初八日），新华书店2006年版，第829页

续表

州县	创办时间	警　力	警　区	资料来源
冀州	光绪三十一年（1905年）	光绪三十二年有巡警85名，后增为巡警434名	初分为21区，城内为中区，北路附之东路2区，南路5区，西南路5区，西路4区，西北路4区。后并为11区，随后又分为12区	《民国冀县志》卷十七（中国地方志集成·河北府县志辑·第53辑），上海书店出版社2006年版，第362页
南宫县	光绪三十一年（1905年）	初城内马、步巡兵60名，后增添，全县巡兵共700余名	8区	《民国南宫县志》卷十《法制志·新政篇》（中国地方志集成·河北府县志辑·第69辑），上海书店出版社2006年版，第61页
满城县	光绪三十一年（1905年）	初办警察在清光绪三十一年，当时雇募警兵十余人，聊以塞责而已。光绪三十二年分区，设置区长，并添设警董，上宪委派警学专门人才督带，称总巡官，自是稍具警模		《民国满城县志略》第四编《党政组织·第一卷·县政·机关组织》（中国地方志集成·河北府县志辑·第40辑），上海书店出版社2006年版，第445页
安国县	光绪三十一年（1905年）	巡兵344名	12区	宋荫桐纂修：《安国县新志稿》《兵政》，成文出版社1969年版，第385页
沙河县	光绪三十一年（1905年）	光绪三十四年划全境为8区，每区各设巡警数十名	光绪三十四年划全县为8区，宣统二年改为5区	《民国沙河县志》卷四《经政志·警政》（中国地方志集成·河北府县志辑·第70辑），上海书店出版社2006年版，第51页

续表

州县	创办时间	警　力	警　区	资料来源
交河县	光绪三十一年（1905年）	光绪三十四前巡警270余名，后裁留巡警100余名	初为5局40区，后改为5局13区，光绪三十四年又改为5局30区，后又奉巡警道谕改为5区	民国高步清等修，苗毓芳等纂：《交河县志》卷四《经政志·巡警》，成文出版社1969年版，第565页
安次县	光绪三十一年（1905年）		初为13区，宣统元年并为8区	《民国安次县志》卷一《地理志》（中国地方志集成·河北府县志辑·第23辑），上海书店出版社2006年版，第451页
玉田县	光绪三十二年（1906年）	警兵240，含马巡8名	分为24区	《内务·各省内务汇志·直隶》，载《东方杂志》第三年第八期（光绪三十二年七月二十五日发行），第184页
南乐县	光绪三十二年（1906年）	巡警170余名，预备巡兵300名	城内设总局，四乡分为11区	《内务·各省内务汇志·直隶》，载《东方杂志》第五年第四期（光绪三十四年四月二十五日发行），第260页
南皮县	光绪三十二年（1906年）	宣统元年时全县共有巡警140名（含马巡6名）	宣统元年分为13区，城内设总局。宣统二年六月并13区为6区	《民国南皮县志》卷五《政治志上·治安》（中国地方志集成·河北府县志·第47辑），上海书店出版社2006年版，第154页
庆云县	光绪三十二年（1906年）	巡警240名		《庆云县章令绍洙禀筹办巡警学堂及城乡巡警情形文并批》，甘厚慈：《北洋公牍类纂》，文海出版社1966年版，第675-678页
新城县	光绪三十二年（1906年）	警兵170余名	分为13区，中区为一区，南、北、东、西各三区	《民国新城县志》卷五《地事篇·建置·职官》（中国地方志集成·河北府县志辑·第37辑），上海书店出版社2006年版，第405页

续表

州县	创办时间	警力	警区	资料来源
雄县	光绪三十二年(1906年)	警兵120人	分东、西、南、北、中5区	《民国雄县新志》第三册《法制略·警卫篇·公安局》(中国地方志集成·河北府县志辑·第38辑),上海书店出版社2006年版,第67页
文安县	光绪三十二年(1906年)		初为18区,宣统二年改为八区	《民国文安县志》卷一《方舆志·乡镇》(中国地方志集成·河北府县志辑·第29辑),上海书店出版社2006年版,第46页
成安县	光绪三十二年(1906年)	初马巡50名,步巡78名,后警额为马巡50名,步巡50名	划全县为5区,中区附设总局	《民国成安县志》卷七《行政·公安局》(中国地方志集成·河北府县志辑·第63辑),上海书店出版社2006年版,第71页
望都县	光绪三十二年(1906年)	初创时有巡警243名,光绪三十三年减为137名,预备巡兵106名	巡警初办时,城内设一总局,东、南、北三关各设分局一所,其余四乡择其适中之地分设分局四所,划为27区。光绪三十三年裁并区域为10区。后再划全县为5警区,城内及三关为中区,余按四路分为4区	《各省内务汇志·直隶》,载《东方杂志》第四年第十二期(光绪三十三年十二月二十五日发行),第563页。 《民国望都县志》卷三《建置志·区乡》(中国地方志集成·河北府县志辑·第40辑),上海书店出版社2006年版,第96页

续表

州县	创办时间	警力	警区	资料来源
束鹿县	光绪三十二年（1906年）	初办巡警时全境警兵480余名，光绪三十四年整顿后全境马步巡警共347名，预备兵120名	初创时城内设总局，四乡划分4区，各设区局一所，4区共辖分局41所。光绪三十四年集合归并为5局11区	《束鹿县张令凤台禀现办巡警筹定薪饷暨分派毕业生训练文并批》，甘厚慈《北洋公牍类纂》卷九《警察三》，第669-673页。《束鹿县冯令宗岱禀遵设巡警教练所开办情形文并批》，全国图书馆文献缩微复制中心：《清末官报汇编·北洋官报》（宣统元年七月初六日），新华书店2006年版，第1927页
固安县	光绪三十二年（1906年）		光绪三十二年划全境为9区	《民国固安县志》卷二《经制志·官制》（中国地方志集成·河北府县志辑·第28辑），上海书店出版社2006年版，第83页
隆平县	光绪三十二年（1906年）	巡警422名	7局22区	《隆平县设立公议局警务研究所禀请核示文并批》，载《大公报》光绪三十二年五月二十九日（1906年7月20号）
任县	光绪三十二年（1906年）	巡警267名	5局12区	《内务·各省内务汇志·直隶》，载《东方杂志》第三年第十一期（光绪三十二年十月二十五日发行），第238页
新河县	光绪三十二年（1906年）	初时共有警兵30名		《民国新河县志》《经政考七·军警门》（中国地方志集成·河北府县志辑·第71辑），上海书店出版社2006年版，第422页
蓟县	光绪三十二年（1906年）		28区	民国仇锡廷等纂修：《蓟县志》卷二《官师·警察所》，成文出版社1969年版，第131页
威县	光绪三十三年（1907年）	初时巡警360名，宣统元年减为240名	5区	《民国威县志》卷八《政事志下·警察》（中国地方志集成·河北府县志辑·第70辑）上海书店出版社2006年版，第273页

续表

州县	创办时间	警　力	警　区	资料来源
宣化县	光绪三十三年（1907年）	光绪三十四年时共有巡警317名，含马巡5名	宣统二年遵谕改为5区	《民国宣化县新志》卷十《警察志》（中国地方志集成·河北府县志辑·第10辑），上海书店出版社2006年版，第401页
无极县	光绪三十三年（1907年）	初时城内设巡警总局，置总巡官二人，马步长警数十人，均驻总局，并将全县划为10区，各置区官一人，长警数人或十数人不等。宣统二年时全县共有巡警百余人	初分全县为10区，宣统二年时并为5区	《民国重修无极县志》卷二《建置志·武备》（中国地方志集成·河北府县志辑·第8辑），上海书店出版社2006年版，第365页
磁州	光绪三十三年（1907年）	巡兵320名，预备巡兵80名	初为8区，宣统时改为5区	《民国磁县志》第十四章《武备》（中国地方志集成·河北府县志辑·第66辑），上海书店出版社2006年版，第64页。《内务·各省内务汇志·直隶》，载《东方杂志》第四年第十二期（光绪三十三年十二月二十五日发行），第563页
长垣县	光绪三十三年（1907年）	初为马步巡兵446名，后改为步巡320名，马巡20名	初时全县原有61里改为61区，划分7总局61分局。光绪三十四年将7局改作7区，下设61巡所	《内务·各省内务汇志·直隶》，载《东方杂志》第五年第六期（光绪三十四年六月二十五日发行），第376页

续表

州县	创办时间	警力	警区	资料来源
霸县	光绪三十三年（1907年）	警额270名，另外还有预备巡警若干名，后经裁减至宣统三年有警兵120名	初为22区，后改为5区	《民国霸县新志》卷三《治安》（中国地方志集成·河北府县志辑·第26辑），上海书店出版社2006年版，第388页。 《霸州禀开办巡警传习所章程》，甘厚慈：《北洋公牍类纂》，文海出版社1966年版，第698-700页
晋州	光绪三十四年（1908年）	巡警264名		《饬查巡官职务》，载《大公报》光绪三十四年七月二十三日（1908年8月19日）
广宗县	光绪三十三年（1907年）	警兵初招160名，因经费支绌，屡经裁汰	光绪三十四年分划全县为4区	《民国广宗县志》卷六《法制略》（中国地方志集成·河北府县志辑·第73辑），上海书店出版社2006年版，第44页
武强县	不详	警政创办初时，只有县城及大范镇设有警局，设马步巡勇16名，后分全县为5局16区，每区各设警兵4名，四关设14名，马巡2名。总局及四分局共巡警84名，巡长2名。全县村庄240处，大村、中村各设1名，小村或一二村或三五村合设1名	5局16区	《武强县韩令炳枢禀到任后改良巡警办法请立案文并批》，全国图书馆文献缩微复制中心：《清末官报汇编·北洋官报》（光绪三十四年三月二十五日），新华书店2006年版，第1025页。 《内务·各省内务汇志·直隶》，载《东方杂志》第五年第六期（光绪三十四年六月二十五日发行），第376页

续表

州县	创办时间	警　力	警　区	资料来源
卢龙县	不详	初仅马巡10名，无步巡，后办警258名，但半皆有名无实，后任县令又于四乡旧额之外推广正兵22名，招募预备兵223名	城内为总区设总局一所，四乡东西南北为四分区，后改为7区	《内务·各省内务汇志·直隶》，载《东方杂志》第四年第四期（光绪三十三年四月二十五日发行），第177页。 《内务·各省内务汇志·直隶》，载《东方杂志》第五年第一期（光绪三十四年正月二十五日发行），第51页
蔚州	不详	初马步巡勇100名，后因经费太巨裁40名，后又因经费支绌裁去20名，仅留步勇30名，马勇10名		《内务·各省内务汇志·直隶》，载《东方杂志》第五年第一期（光绪三十四年正月二十五日发行），第52页
安州	不详	巡兵原定182名	10区	《安州刘牧宝泰禀整顿警务情形文并批》，全国图书馆文献缩微复制中心：《清末官报汇编·北洋官报》（宣统元年正月二十三日），新华书店2006年版，第1254页
开州	不详	原为步巡191名，后增练巡警	设10区16局	《开州朱牧佑保禀整顿巡警遵饬先从开办传习所入手文并批》，全国图书馆文献缩微复制中心：《清末官报汇编·北洋官报》（光绪三十四年四月十四日），新华书店2006年版，第1078页
良乡县	不详		城内设总局，四乡设8区	《良乡县惠令年详城内巡警分班抽调粗具规模文并批》，全国图书馆文献缩微复制中心：《清末官报汇编·北洋官报》，新华书店2006年版，第2726页

续表

州县	创办时间	警　力	警　区	资料来源
冀州	不详		全境分11区	《冀州祝牧芾开办教练所暨整顿巡警办法文并批》，全国图书馆文献缩微复制中心：《清末官报汇编·北洋官报》（宣统元年五月十四日），新华书店2006年版，第1670页
钜鹿县	不详	光绪三十四年时有巡警240名	城内设总局，四乡按东西、南、北、四路酌要划分8区，并增设巡所16处	《钜鹿县葛令龙三禀遵饬开会决议巡警改良事宜文并批》，全国图书馆文献缩微复制中心：《清末官报汇编·北洋官报》（宣统元年二月二十五日），新华书店2006年版，第1413页
深泽县	不详	设马步巡警300余名，后奉饬核减，减定城乡马步正巡202名	城内设总局，四乡划分4区10局	《深泽县孙令毓琇禀在任次第举办新政情形文并批》，全国图书馆文献缩微复制中心：《清末官报汇编·北洋官报》（宣统元年闰二月初三日），新华书店2006年版，第1449页
藁城县	不详	旧设正巡280名，预备巡警170名。宣统元年拟定正巡250名，预备巡警80名	全境旧分5局10区，设总局1处，下设4分局。宣统元年将分局去掉，10区设10区长	《藁城县陈令汝贤禀改编警制造呈图式预算表暨筹办教练所文并批》，全国图书馆文献缩微复制中心：《清末官报汇编·北洋官报》（宣统元年五月初一日），新华书店2006年版，第1603页
鸡泽县	不详	现役集合兵137名，现役散在兵63名，预备兵100名		《直隶警务处详覆遵饬派员点验鸡泽县巡警情形并恳给奖文并批》，甘厚慈：《北洋公牍类纂》，文海出版社1966年版，第651-654页

续表

州县	创办时间	警力	警区	资料来源
景州	不详	光绪三十四年，本城设总局一所，四乡5局8区分辖78巡所，共设巡官4员，警董14员，巡长78员，马巡16名，步巡490名，预备巡兵800名	初时设13警区，光绪三十四年改为城设总局1所，四乡设5局8区	《署景州严牧以盛稟筹款整顿巡警恳予捐绅奖励文并批》，全国图书馆文献缩微复制中心：《清末官报汇编·北洋官报》（光绪三十三年十一月初五日），新华书店2006年版，第687页。《景州严牧以盛稟整顿巡警拟定职务权限文并批》，全国图书馆文献缩微复制中心：《清末官报汇编·北洋官报》（光绪三十四年正月初九日），新华书店2006年版，第834页
衡水	不详	本有新招马巡26名，步巡174名。马巡因经费支绌，欠饷太多，不得不悉数裁撤。步巡以所欠过巨，来源甚微，亦不得不暂行从权减半裁撤		《衡水县王令光鸾稟警费实在不敷仍乞批准加收文并批》，全国图书馆文献缩微复制中心：《清末官报汇编·北洋官报》（宣统元年六月初四日），新华书店2006年版，第1763页
蠡县	不详	正兵240名，副兵360名	城乡共分7区	《蠡县高令景祺稟办理全境巡警呈送章程文并批》，甘厚慈：《北洋公牍类纂》，文海出版社1966年版，第687、688页
新乐县	不详	全境巡警自裁兵加饷后实存仅120余名		《新乐县麦令汝良稟捐筹经费招募马勇协同马巡练军分路巡逻文并批》，全国图书馆文献缩微复制中心：《清末官报汇编·北洋官报》（宣统元年七月初二日），新华书店2006年版，第1907页。

注：表中所列巡警数目及警区随着时间的变化有所变化。

附录3　直隶省部分州县办警经费来源情况简表

州县	经费来源	材料来源
隆平县	办警初时，因各村向有看青会，每亩麦秋摊麦一斤，秋季摊粮二升，将此款移作办理巡警及津贴学堂之需。后改为折成制钱，随粮带征，每亩四十文	杨士骧：《奏为查办隆平县乡民因捐聚众滋事缘由事》，中国第一历史档案馆馆藏档案，宫中档全宗，04—01—12—0663—055
围场	光绪三十二年袁世凯又将围场四汛弁兵裁撤腾出俸饷充作围场四乡巡警经费。其常年经费为按地亩摊派，随粮带征	袁世凯：《奏请将四汛官兵裁撤腾出俸饷等银项补充围场四乡巡警经费等事》，中国第一历史档案馆馆藏档案，军机处全宗，档案号：03—5744—053
景县	光绪三十四年知州因警费无常款，呈准随粮带征，每粮银一两，于上下忙各征制钱一千四百文	《民国景县志》卷三《行政·局之沿革及组织》（中国地方志集成·河北府县志辑·第50辑），上海书店出版社2006年版，第121页
东明县	光绪三十二年筹办警学经费，知县同保琛从诸绅议，禀明督宪按亩加捐，随粮征收，地分上、中、下三等，上等每亩制钱十八文，中等每亩十文，下等每亩四文，共收制钱一万四千三百九十余吊……警务用钱九千六百二十余吊。 自清光绪末年开办自治研究所并劝学所无款，拟每状纸一张加收制钱一百五十文，后每张收洋一角，作为警学补助费	民国任傅藻修，穆祥仲等纂：《东明县新志》卷七《亩捐·正捐》，《状纸捐》，成文出版社第467、489页

续表

州县	经费来源	材料来源
望都县	按亩摊捐，每大粮地每亩岁摊制钱四十文，荒草地每亩岁摊制钱二十文，其余地每亩岁摊制钱三十文。后改为随粮带征	《按亩摊捐警费》，载《大公报》光绪三十四年八月二十一日（1908 年 9 月 16 日）。《民国望都县志》卷四《政治制一・财政》（中国地方志集成・河北府县志辑・第 40 辑），上海书店出版社 2006 年版，第 86 页
献县	每亩征收警捐洋二分	《民国献县志》卷七（上）《经制志》（中国地方志集成・河北府县志辑・第 49 辑），上海书店出版社 2006 年版，第 218 页
满城县	亩捐	《民国满城县志略》卷五《县政・机关组织》（中国地方志集成・河北府县志辑・第 40 辑），上海书店出版社 2006 年版，第 445 页
安平县	铺捐、马尾行捐，另外筹有亩捐，每亩京钱五十文	《安平县金令禀整顿全境巡警文并批》，《北洋公牍类纂》，文海出版社 1966 年版，第 673-674 页
威县	警款按亩派敛，后改为随粮带征	《民国威县志》卷八《政事志下・警察》（中国地方志集成・河北府县志辑・第 70 辑），上海书店出版社 2006 年版，第 273 页
成安县	警款每亩捐制钱二十四文，商人富者捐制钱十千，次者捐钱三、四、五千不等	《民国成安县志》卷七《行政・公安局》（中国地方志集成・河北府县志辑・第 63 辑），上海书店出版社 2006 年版，第 71 页
南宫县	按亩加捐，每亩京钱八十文，随粮带征	《民国南宫县志》卷十《法制志・新政篇》（中国地方志集成・河北府县志辑・第 69 辑），上海书店出版社 2006 年版，第 61 页

续表

州县	经费来源	材料来源
新河县	每亩加捐二十四文充作警费	《民国新河县志》《经政考七·军警门》(中国地方志集成·河北府县志辑·第71辑),上海书店出版社2006年版,第422页
广宗县	本县地每亩派京钱二十文作警款,光绪三十四年冬将新政经费(含警费)与旧日差徭合并征收,按亩摊派	《民国广宗县志》卷七《财政略》(中国地方志集成·河北府县志辑·第73辑),上海书店出版社2006年版,第56页
盐山县	初时城内警费由县筹措,乡镇警费由各村醵摊,后于光绪三十三年创征亩捐为警学二者专款,每大地亩捐京钱一百二十六文,其款警用六成有六	《民国盐山县志》卷十《法制略·新政篇七·警政》(中国地方志集成·河北府县志辑·第43辑),上海书店出版社2006年版,第119页
南皮县	光绪三十二年初创巡警,令较大村庄雇佣壮丁一名充当警察,光绪三十四年增加亩捐,每亩制钱五十文,内以七成充警费	《民国南皮县志》卷五《政治志上·治安》(中国地方志集成·河北府县志·第47辑),上海书店出版社2006年版,第154页
元氏县	初时经费由城关大小商铺摊捐,光绪三十二年警款又由各村按户摊派	《民国元氏县志》(中国地方志集成·河北府县志辑·第9辑)《行政·公安局》,第319页;《故事·史事》,上海书店出版社2006年版,第492页
束鹿县	城内总局经费由抽提皮毛、花生、棉花三宗牙用充作常年经费,还有裁提乡间冬防、窝铺、更棚漏规化私为公一项。四乡则按亩征收,每亩京钱六十文	《束鹿县张令凤台禀现办巡警筹订薪饷分派毕业生训练文并批》,甘厚慈:《北洋公牍类纂》,文海出版社1966年版,第669-672页
庆云县	亩捐京钱五十文,此外该县河淤地开垦隐匿者甚多,派人清丈,每年欠解河淤租全数清解,其余全归巡警应用。宣统三年改为随粮带征	《庆云县章令绍洙禀筹办巡警学堂及城乡巡警情形文并批》,甘厚慈:《北洋公牍类纂》,文海出版社1966年版,第675-678页
安次县	常年经费多取之于青苗会款,夙无青款之部分则按亩摊款	《民国安次县志》卷一《地理志》(中国地方志集成·河北府县志辑·第23辑),上海书店出版社2006年版,第451页

续表

州县	经费来源	材料来源
交河县	初时筹有铺捐、户捐，后又加亩捐，每亩六十文，随粮带征。宣统二年，亩捐减为四十八文，警界用其二分	民国高步清等修，苗毓芳等纂：《交河县志》卷四《经政志·巡警》，成文出版社1969年版，第565页
冀县	亩捐、商捐，后因商捐不敷于宣统元年增派粮地捐，每亩八十文	《民国冀县志》卷十七（中国地方志集成·河北府县志辑·第53辑），上海书店出版社2006年版，第363页
涞水县	城局所用经费系由捐提税牙拔充工艺局经费内分拔，关厢巡警费由城关商铺居民常年认捐，四乡则按亩摊派，民粮地每亩京钱一百文，旗租地每亩京钱五十文，后改为随粮带征	《涞水县汪令嘉榘详现办巡警情形暨所筹经费文并批》，《北洋公牍类纂》，文海出版社1966年版，第682-686页
任县	警费初有铺捐、村捐，光绪三十三年停止，村捐改为随粮征，每粮银一两加征制钱八百四十文	《民国任县志》卷三《经政》（中国地方志集成·河北府县志辑·第68辑），上海书店出版社2006年版，第424页
平山县	常年经费先尽迎神赛会、演戏一切无益之举化为有用，并试办粮食斗捐，每斗抽大钱二文，洋油、棉花每斤一文。回舍一镇有牲畜集市，每价钱一千酌收捐五文。另外查有不入祀典庙产之确有盈余者商提一二成以上	《平山县方令汝霖禀现办巡警大概情形文并批》，甘厚慈：《北洋公牍类纂》，文海出版社1966年版，第695-698页
无极县	各村按粮银多寡摊派警款	《民国重修无极县志》卷二《建置志·武备》（中国地方志集成·河北府县志辑·第8辑），上海书店出版社2006年版，第365页
青县	初为村捐，不计亩数，但以村庄之大小按月摊纳，后改为随粮带征	《民国青县志》卷七《经制志·时政篇·警务》（中国地方志集成·河北府县志辑·第46辑），上海书店出版社2006年版，第208页
张家口	经费由各商行摊捐，后开办戏捐、妓捐，戏园每开演一日与工巡局捐口钱三千，头等妓馆每人月捐洋三元，二等每人月捐洋一元五角	《踊跃输捐》，载《大公报》光绪二十八年十二月二十五日（1903年1月23日）。《捐及娼优》，载《大公报》宣统元年九月初六日（1909年10月19日）

续表

州县	经费来源	材料来源
新城县	警款按十三区平均分摊	《民国新城县志》卷三《地图篇，区村》（中国地方志集成·河北府县志辑·第37辑），上海书店出版社2006年版，第372页
沧县	初办时，其应用经费由城乡酌摊，款无定数。宣统元年时，所需经费，本城由商户摊捐，四乡警饷归各区董筹措	《民国沧县志》卷六《经制志·行政》（中国地方志集成·河北府县志辑·第42辑），上海书店出版社2006年版，第108页
磁州	每年各摊警费约京钱900吊	《内务·各省内务汇志·直隶》，载《东方杂志》第四年第十二期（光绪三十三年十二月二十五日发行），第563页
玉田县	经费除拔用青苗会支更费外，并向各区等摊，每大区各一百二十两，中区各八十两，小区各六十两	《内务·各省内务汇志·直隶》，载《东方杂志》第三年第八期（光绪三十二年七月二十五日发行），第184页
霸州	每亩制钱六十文	《霸州禀准开办巡警传习所章程》，甘厚慈：《北洋公牍类纂》，文海出版社1966年版，第698-701页
固安县	初时款归自筹，后改为车捐，不久改为各村摊派	《民国固安县志》卷二《经制志·官制》（中国地方志集成·河北府县志辑·第28辑），上海书店出版社2006年版，第83页
饶阳县	警费按地亩捐办，每亩捐京钱一百文，宣统元年夏改为随粮带征	《饶阳县徐令永棨禀学警各款应仍照旧捐办文并批》，全国图书馆文献缩微复制中心：《清末官报汇编·北洋官报》（宣统二年二月初三日），新华书店2006年版，第2649页
卢龙县	城内警费由各铺商按月筹捐，四乡警费以各村向有之青苗会款及冬防、窝铺、支更等费悉数提充，不敷另再就地筹捐	《卢龙县拟呈创设城乡巡警简明规则》，甘厚慈：《北洋公牍类纂》，文海出版社1966年版，第693-695页

续表

州县	经费来源	材料来源
高阳县	城内警费由绅商铺户每年认筹，另外将词讼状纸由县出售以充警费，四乡各局则责成村正按青苗支更费各归各村自行筹给	《内务·各省内务汇志·直隶》，载《东方杂志》第四年第七期（光绪三十三年七月二十五日发行），第359页
赵州	将裁汰保正、保地查提粮差中饱盈余各项酌拨巡警经费	《赵州四乡巡警办法》，甘厚慈：《北洋公牍类纂》，文海出版社1966年版，第680、681页
昌黎县	抽提看青支更之款为四乡警局薪饷，由各局自理，不敷之数按村摊派，城内警局专持铺捐	《民国昌黎县志》卷四《行政志·自治之经费》（中国地方志集成·河北府县志辑·第20辑），上海书店出版社2006年版，第263页
蠡县	城内总局经费，每租票加钱四文，纳租每百加钱二文，还有状纸钱。四乡警费由各村摊交	《蠡县高令景祺禀办理全境巡警呈送章程文并批》，甘厚慈：《北洋公牍类纂》，文海出版社1966年版，第689-691页
安州	房铺车等捐	《保定工巡总局批示》，全国图书馆文献缩微复制中心：《清末官报汇编·北洋官报》（宣统元年七月十七日），新华书店2006年版，第1984页
清河县	每亩随粮带征京钱六十文，作警政常年经费	《民国清河县志》卷四《政事志上·财政》（中国地方志集成·河北府县志辑·第72辑），上海书店出版社2006年版，第85页
宣化	以亩捐为主，另外还有骡马牛捐、车捐	《札文照录》，载《大公报》光绪三十四年九月十二日（1908年10月6日）
安次县	其常年经费多取之于青苗会款，夙无青苗款之部分则按亩摊款	《民国安次县志》卷一《地理志》（中国地方志集成·河北府县志辑·第23辑），上海书店出版社2006年版，第451页

续表

州县	经费来源	材料来源
邯郸县	初时每亩地摊京钱四十五文，后加一文	《邯郸县郑令思壬禀酌拟巡警章程文并批》，全国图书馆文献缩微复制中心：《清末官报汇编·北洋官报》（光绪三十四年正月初八日），新华书店 2006 年版，第 829 页
完县	花店捐款每年九百五十吊，为巡警筹备经费	《禀请拨用花捐》，载《大公报》光绪三十四年八月初十日（1908 年 9 月 5 日）
开州	自创办学堂巡警以来，所有常年的款，每年按每亩出资制钱十五文，分春、秋两忙带收	《圣贤后裔亦抗捐耶》，载《大公报》光绪三十四年九月初六日（1908 年 9 月 30 日）
故城县	以旧有青苗会款举办巡警	《故城县举办城乡巡警大概情形绘送图说照片禀并批》，全国图书馆文献缩微复制中心：《清末官报汇编·北洋官报》（光绪三十年九月十一日），新华书店 2006 年版，第 357、358 页
长垣县	按粮计地，随地出资，酌定上、中、下三等，上地亩出制钱二十文，中地亩出制钱十文，下地亩出制钱四文，分上、下两忙督绅抽收，以八成作为警费	《武强县韩令炳枢禀到任后改良巡警办法请立案文并批》，全国图书馆文献缩微复制中心：《清末官报汇编·北洋官报》（光绪三十四年三月二十五日），新华书店 2006 年版，第 1025 页
深州	亩捐京钱一百文，另有铺捐、集捐、戏捐、栈捐等各项捐款	《深州绅民上道宪公禀》，载《大公报》宣统二年九月初五日（1910 年 10 月 7 日）
乐亭县	初时各铺摊捐，后改为城关内外大小各铺以及烟馆客店一律捐资	《乐亭县筹办学堂工艺巡警情形禀》，全国图书馆文献缩微复制中心：《清末官报汇编·北洋官报》（光绪三十年十月初八日），新华书店 2006 年版，第 523、524 页
晋州	经费除总局外皆按村摊派	《饬查巡官职务》，载《大公报》光绪三十四年七月二十三日（1908 年 8 月 19 日）

续表

州县	经费来源	材料来源
沙河县	煤厘分成提充巡警经费	《督宪杨据沙河县雷令其源禀查过各窑煤斤并收煤厘办理新政暨请免缴税银札饬矿政调查局核议文》，全国图书馆文献缩微复制中心：《清末官报汇编·北洋官报》（宣统元年闰二月十七日），新华书店2006年版，第1527页
大名县	按亩派捐，每地一亩捐京钱四十五文	《大名县李令绮青禀奉饬改良巡警情形文并批》，全国图书馆文献缩微复制中心：《清末官报汇编·北洋官报》（光绪三十四年正月二十九日），新华书店2006年版，第877页
藁城县	城内持商铺捐，四乡则由各村自筹自办，后改为随粮带征	《藁城县陈令汝贤禀改编警制造呈图式预算表暨筹办教练所文并批》，全国图书馆文献缩微复制中心：《清末官报汇编·北洋官报》（宣统元年五月初一日），新华书店2006年版，第1603页
万全县	巡警经费除总局筹有的款外，四乡巡警均由各村分筹，或按地亩，或按牲口，各照本村行差旧规均匀摊捐	《万全县饶令怀义禀遵章会议警务情形文并批》，全国图书馆文献缩微复制中心：《清末官报汇编·北洋官报》（宣统元年正月二十八日），新华书店2006年版，第1280页
深泽县	总局经费由县令按月倡捐、绅商月捐、杂税牙用并串票盈余、戏捐等，四乡每亩岁摊京钱八十文	《深泽县孙令毓琇禀在任次第举办新政情形文并批》，全国图书馆文献缩微复制中心：《清末官报汇编·北洋官报》（宣统元年闰二月初二日），新华书店2006年版，第1449页
临榆县	巡警创办之初，原设一总局一分局六区二十小分局，各局兵饷均由各小分局自筹自发	《临榆县马令庆麟详明遵章整顿巡警饷项文并批》，全国图书馆文献缩微复制中心：《清末官报汇编·北洋官报》（宣统元年闰二月初八日），新华书店2006年版，第1480页。

附录 4　直隶警务公所员司简明履历一览表

职别	姓名	别字	年龄	原官出身	任事日期
科长	张宏周	辅廷	36	指分直隶候补知县，北洋高等巡警毕业生	光绪二十九年前充南段巡警总局提调
	桂　严	玉辉	32	知县用分省试用县丞，北洋高等巡警毕业生	光绪三十四年四月前南段巡警总局供差
	余耕礼	静波	43	直隶补用知县拔贡，留东法政毕业生	光绪三十一年三月前南段巡警总局供差
副科长	孙际云	昆池	52	陆军部主事监生	宣统二年三月到差
	朱　堉	植君	28	州同衔候选，巡警毕业生	光绪三十四年七月前南段巡警总局供差
	潘方耀	炳章	27	记名七品警官，北洋高等巡警正科毕业生	宣统二年二月前南段巡警总局供差
	余思纶	渭贤	36	直隶候补知县，北洋高等巡警毕业生	光绪二十九年前南段巡警总局供差
科员	朱绍雍	劼甫	25	记名七品警官，北洋高等巡警正科毕业生	宣统二年二月前南段巡警总局供差
	江毓麐	育霖	33	候选县丞	宣统二年三月到差
	冯景涛	叔和	27	县丞职衔，北洋高等巡警正科毕业生	光绪三十二年六月前南段巡警总局供差
	姬兆鸾	吟愚	31	直隶试用府经历监生	宣统二年二月前南段巡警总局供差
	王清骏	绍严	28	记名七品警官，北洋高等巡警正科毕业生附生	宣统二年四月前南段巡警总局供差
	崔逢霖	雨山	44	前贵州广顺州知州荫生	宣统二年四月到差

续表

职别	姓名	别字	年龄	原官出身	任事日期
	沈豫立	幼梅	45	内阁中书截取同知荫生	光绪三十三年前保定警务处供差
	刘启綦	尧初	47	直隶议叙知县举人	光绪三十三年十二月前保定警务处供差
	娄守愚	绩臣	36	候选府经历监生	光绪三十二年前保定警务处供差
	余上达	虚谷	43	直隶候补知县优附贡生	宣统二年三月前南段巡警总局供差
	田文绍	时卿	43	候选县丞附生	光绪三十二年四月前南段巡警工总局供差
	程世谦	吉荪	39	直隶试用知县监生	光绪三十二年六月前保定警务处供差
	隋　良	季周	42	民政部裁缺七品警官改外以知县补用廪贡生	宣统二年三月到差
	杨卓家	子瑜	31	直隶高等巡警毕业生	光绪三十四年十月前南段巡警总局供差
	王方赢	子益	30	北洋高等巡警毕业生，附贡生	光绪三十四年正月前南段巡警总局供差
	陈秉璐	伯弢	32	度支部主事，留东警察毕业生	宣统元年四月到差
	周尔昌	杏农	49	前原补知州	宣统元年八月前南段巡警总局供差
委员	鲁寿彭	柱臣	27	记名七品警官，北洋高等巡警正科毕业生	宣统二年二月前南段巡警总局供差
	章　炯	廉卿	39	分省试用州同	宣统二年四月到差
	陆　浩	辑王	39	分省试用县丞	宣统二年四月到差
	黄本惠	亮臣	41	指分直隶补用知县	宣统二年三月到差
	袁克新	宪初	25	分省试用知州，北洋高等巡警正科毕业生	宣统二年五月到差

续表

职别	姓名	别字	年龄	原官出身	任事日期
	龚乃侃	植菴	56	候选直隶州州判	宣统二年五月到差
	阮　崇	伯强	30	安徽理化专科毕业生	宣统二年七月到差
	龚家禧	无	无	无	无
	谭文声	郁廷	34	花翎同知衔广东补用州同廪贡生	宣统二年五月到差
	储永忠	逸臣	29	候选县丞，北洋高等巡警毕业生，优廪生	宣统二年四月到差
	袁克靖	定生	29	候选知县，北洋高等巡警正科毕业生	宣统二年五月到差
	董希贤	荣卿	27	候选县丞，北洋高等巡警毕业生	宣统二年七月到差
	程宣龄	秀华	32	直隶候补知县	宣统元年十月前南段巡警总局供差
	吴　超	无	无	无	无
	刘景范	芷若	39	直隶议叙知县	宣统元年二月到差
	吕文德	莱臣	30	记名七品警官，北洋高等巡警正科毕业生，优贡生	宣统二年二月前南段巡警总局供差
	杨可权	仲衡	24	北洋高等巡警毕业生	宣统二年五月到差
	金国瑛	粹纯	24	记名七品警官，北洋高等巡警正科毕业生	宣统二年七月到差
	张文焕	子光	31	记名七品警官，北洋高等巡警正科毕业生	宣统二年七月到差
	龙敏修	莲甫	32	分省试用州判，北洋高等巡警正科毕业生	宣统二年七月到差
	罗选青	芝冈	31	县丞衔附生	光绪三十三年五月前保定警务处供差
	张崇阶	式如	27	广西试用县丞，监生	宣统二年三月前保定警务处供差

续表

职别	姓名	别字	年龄	原官出身	任事日期
侦探员	童　俊	克山	26	候选知县，留东法政毕业生	宣统元年八月前南段巡警总局供差
	胡名臣	铁藩	26	候补巡检，留东警察毕业生	宣统元年十二月前南段巡警总局供差
交涉员	刘傅绶	心组	41	北洋海军毕业生	光绪三十三年十二月前南段巡警总局供差
教练员	何桂福	锡王	55	蓝翎四品衔尽先拔补千总	宣统元年九月前南段巡警总局供差
	刘锡钧	勤舫	无	无	无

资料来源：《直隶全省警务公所员司简明履历一览表》，载《直隶警察杂志》第一期，宣统二年八月十六日发行。

附录5　直隶省民间反抗警政事件略表

时　间	发生州县及情况	资料来源
光绪三十年二月（1906年3月）	兴隆州县李国枫强迫乡民缴纳学捐、巡警捐，数千群众进城交涉，巡警开枪，乡民死9人，伤8人	河北省地方志编纂委员会：《河北省志·大事记》，河北大学出版社1992年版，第162页
光绪三十二年闰四月十四日（1906年6月5日）	平山、灵寿两县举办警察，抽收捐款，农民聚众反抗，拆毁衙署大堂，殴击知县，毁学堂两所	河北省地方志编纂委员会：《河北省志·大事记》，河北大学出版社1992年版，第164页
光绪三十四年二月十六日（1908年3月18日）	隆平县举办四乡巡警，兼筹学堂经费，擅将各村“看青会”应摊粮麦改为折收制钱，数千名群众进城请求免捐，遭警兵开枪射击，死5人，伤6人。群众怒砸巡警局，释放在押囚犯	杨士骧：《奏为查办隆平县乡民因捐聚众滋事缘由事》，中国第一历史档案馆馆藏档案，宫中档全宗，04—01—12—0663—055
光绪三十四年五月十五日（1908年6月13日）	景州举办巡警，增加牲口捐，农民聚众抗捐	河北省地方志编纂委员会：《河北省志·大事记》，河北大学出版社1992年版，第165页
光绪三十四年五月二十三日（1908年6月21日）	蔚州农民数千人抗捐，进城捣毁巡警传习所，释放被押苦工	河北省地方志编纂委员会：《河北省志·大事记》，河北大学出版社1992年版，第165页
光绪三十四年八月（1908年9月）	冀州筹办巡警，按亩抽捐，当地联庄会组织群众抗捐	河北省地方志编纂委员会：《河北省志·大事记》，河北大学出版社1992年版，第165页
光绪三十四年十月（1908年11月）前	深州先时巡警颇形腐败，其摊费种种勒派，民不聊生，以故聚众抗官之事时有所闻	《刺史恤民》，载《大公报》光绪三十四年十月十六日（1908年11月9日）

续表

时　间	发生州县及情况	资料来源
光绪三十四年（1908年）	南皮县因筹办警政经费大起风潮	《札饬整顿警察》，载《大公报》光绪三十四年七月初八日（1908年8月4日）
宣统元年五月（1909年6月）	遵化县农民聚众反抗“新政”，驱逐巡警	河北省地方志编纂委员会：《河北省志·大事记》，河北大学出版社1992年版，第166页
宣统元年七月（1909年8月）	遵化县农民数千人进城，要求撤销东三堡学堂、巡警等“新政”	河北省地方志编纂委员会：《河北省志·大事记》，河北大学出版社1992年版，第166页
宣统元年八月十六日（1909年9月29日）	丰润县以办学堂、巡警等“新政”为名，擅自抽收席捐，织席农民成立“得胜会”，贩席商人数千人抗捐，以“毁学杀绅”为号召。23日，乡民暴动，捣毁学堂、警局，围困丰润县署	河北省地方志编纂委员会：《河北省志·大事记》，河北大学出版社1992年版，第166页
宣统二年三月（1910年4月）	青县农民抗拒警捐	河北省地方志编纂委员会：《河北省志·大事记》，河北大学出版社1992年版，第166页
宣统二年六月二十一日（1910年7月27日）	易州近年借口办理学堂、巡警、自治等“新政”，筹款加捐，民情久已不满。而该州自治局开办后，局绅张某竟将义仓积谷尽行出售，一面又抽捐，名曰充自治经费，饱入私囊。五月初，张某又借调查户口，按户敛钱。时值天旱，各乡农民托词求雨，进城请愿，要求取消摊派。二十一日，四五千人焚毁自治局、中学堂。又拥至梁格庄行宫，打破宫门，并向知县提出“归还义仓积谷，不再敛派钱文，将自治、警务董治以死罪，永不许若辈再办学堂巡警等事”，共八项条件	张振鹤、丁原英：《清末民变年表》（下），中国社会科学院近代史研究所近代史资料编辑：《近代史资料》总40号，中国社会出版社1983年版，第103页
宣统二年七月三十日（1910年9月3日）	遵化县以杨渠源为首，聚众万人，抗拒征收警捐、学捐，包围县城三天	河北省地方志编纂委员会：《河北省志·大事记》，河北大学出版社1992年版，第166页

续表

时　间	发生州县及情况	资料来源
宣统三年十月(1911年11月)	宣化府龙门县李大令将厅属各村正副传案百余名，令将警务款项并前二年所欠之款均行交出，各村正副因连年荒旱恳求缓征，李大令领差役等将众殴打，以致大起冲突。村正聚众将李大令扭住殴打，并将大堂所设公案一并打碎，始行出衙回村。李大令传众警兵追赶，开枪击伤数名。众村正副等复返警局，遂将学堂砸捽一空，并将枪支毁坏六十余杆。该城居民分抢盐斤一无所存，始各回村	《直隶·宣化又激成民变》，载《大公报》宣统三年十一月初九日，1911年12月28日